I.A. LA PLUS GRANDE MUTATION DE L'HISTOIRE

Titre original : *AI Superpowers. China, Silicon Valley, and the New World Order*
Éditeur original : Houghton Mifflin Harcourt Publishing, New York, 2018

Les Arènes
17-19, rue Visconti, 75006 Paris
Tél. : 01 42 17 47 80
arenes@arenes.fr
www.arenes.fr

I.A. LA PLUS GRANDE MUTATION DE L'HISTOIRE

Comment la Chine devient le leader de l'intelligence artificielle et pourquoi nos vies vont changer

★

KAI-FU LEE

Traduit de l'anglais (États-Unis) par Élise Roy

les arènes

À Raj Reddy,
mon mentor en intelligence artificielle et dans la vie.

Préface
à l'édition française

Au cours de mon doctorat à l'université Carnegie Mellon, à la fin des années 1980, je me suis passionné pour l'apprentissage automatique et la reconnaissance vocale. Ces deux technologies avaient pour point commun une niche scientifique fascinante : l'intelligence artificielle (IA). J'étais à mille lieues d'imaginer que, trois décennies plus tard, elle deviendrait le moteur de la plus vaste révolution technologique de l'Histoire.

À l'époque, si l'on m'avait demandé de prédire le rapport de force mondial de l'intelligence artificielle en matière de recherche et d'innovation, j'aurais parié que l'Europe se retrouverait au coude à coude avec les États-Unis. C'est d'ailleurs sur le continent européen que sont nés les inventeurs du *deep learning*, Geoffrey Hinton, Yann LeCun et Yoshua Bengio, récompensés par le prix Turing en 2018.

Mais les événements ont pris une tournure étrange. Bien que l'Europe se soit maintenue dans la course pour ce qui est de la recherche fondamentale, ses scientifiques et ses ingénieurs ont fui en masse, soit aux États-Unis, dans des entreprises où les attendaient des emplois motivants et rémunérateurs, soit dans des filiales américaines implantées sur le sol européen. De fait, les États-Unis consacrent des montants particulièrement alléchants à l'intelligence artificielle, et tous les géants occidentaux du secteur s'y sont implantés. Ce sont d'excellents arguments pour attirer les jeunes talents impatients de concevoir les solutions qui, à l'aide de l'IA, transformeront bientôt la vie de tous les jours et le monde du travail.

En parallèle, la Chine s'est imposée comme un leader mondial dans les différentes applications de l'intelligence artificielle et leur conversion en profits. Dans ce livre, j'explique sur quoi repose cette domination technologique. Pour commencer, il y a tout simplement l'immensité de la population chinoise et son adoption enthousiaste de la technologie mobile, qui fait désormais partie du quotidien. Les précieuses données ainsi accumulées, ressource stratégique dans cette nouvelle ère, confèrent au pays un avantage décisif. S'ajoutent à cela plusieurs autres atouts : une génération d'entrepreneurs acharnés, un secteur régi par un principe monopolistique où « le gagnant rafle tout », des fonds de capital-risque solidement établis et de fortes incitations gouvernementales à développer cette technologie.

Bien que l'Europe progresse aussi dans tous ces domaines, elle n'a pas une minute à perdre si elle entend rattraper la Chine et les États-Unis, devenus des superpuissances de l'intelligence artificielle. Et le combat promet d'être rude. Le Vieux Continent doit créer des emplois pour les ingénieurs qui sortent de ses universités d'excellence. L'écosystème de capital-risque européen s'améliore, mais il lui faudra mettre les bouchées doubles pour soutenir les entrepreneurs locaux – et les dissuader d'aller voir ailleurs. Quant à l'Union européenne, elle peut trouver dans la commercialisation de l'intelligence artificielle une occasion de consolider son approche fondée sur le marché unique.

Chacun sait que les Européens sont très attachés au respect de leur vie privée. Sur ce point, les autorités de régulation et les décideurs politiques doivent s'efforcer de trouver le bon équilibre entre deux objectifs : encadrer l'intelligence artificielle et encourager l'innovation. La protection des données personnelles est une question complexe qui implique des choix et des compromis. Il est essentiel que la loi aide à prévenir les abus, et tout aussi important d'instaurer un contrôle plus efficace des technologies déployées.

L'intelligence artificielle est l'électricité de demain : omniprésente, indispensable. Nous avons donc une lourde responsabilité : l'utiliser pour le bien de l'humanité – en créant des emplois, en faisant progresser la médecine, en révolutionnant la production industrielle, en généralisant l'accès à une éducation de qualité ou en mettant au point de petites et grandes inventions qui nous facilitent la vie au quotidien.

Cette transition est déjà en marche. L'impact de l'intelligence artificielle sur l'ensemble de nos industries, notamment la disruption massive du marché du travail, se fera sentir dans une quinzaine d'années. Il nous faut développer dès maintenant les infrastructures qui permettront d'atténuer la violence du choc.

Pour ma part, je suis fondamentalement optimiste : l'intelligence artificielle peut améliorer notre existence. Je n'ignore pas pour autant ses possibles dérives. Tout en luttant pour la domination technologique, nos pays doivent agir de concert pour faire en sorte que l'IA réalise tout son potentiel. Je recommande vivement aux entreprises, en Europe et ailleurs, d'intégrer cette technologie dans leurs stratégies d'accroissement des profits, et de mettre en place des formations continues pour que leurs salariés puissent s'adapter aux changements à venir. Quant aux gouvernements, je ne doute pas que, face à la plus grande mutation technologique de l'Histoire, ils sauront ériger l'enseignement, la formation et les créations d'emplois au rang de priorités.

Cette foi inébranlable est une force qui m'anime jour après jour. Je souhaite que le livre que vous avez entre les mains continue d'alimenter les débats et soit une source d'inspiration pour faire avancer l'intelligence artificielle dans la bonne direction.

Kai-Fu Lee

Introduction

Toute profession comporte des obligations et des joies. En tant qu'investisseur en capital-risque, l'une de mes obligations est de prononcer des discours sur l'intelligence artificielle (IA) devant des membres de l'élite économique et politique du monde entier. Mais pour mon plus grand bonheur, mon métier m'offre aussi l'occasion d'aborder exactement le même sujet… avec des élèves de maternelle. Chose étonnante, il n'est pas rare que ces deux publics, pourtant si différents, aient des interrogations très similaires. Récemment, dans une école maternelle de Pékin, un petit groupe d'enfants de 5 ans m'a bombardé de questions sur le futur que nous réserve l'intelligence artificielle :

« Est-ce qu'on va avoir des maîtresses-robots ? »

« Qu'est-ce qui va se passer s'il y a une voiture-robot qui rentre dans une autre voiture-robot et qu'on est blessé ? »

« Est-ce que les gens vont se marier et faire des bébés avec les robots ? »

« Est-ce que les ordinateurs vont devenir tellement intelligents qu'ils vont nous commander ? »

« Si les robots font tout, qu'est-ce qu'on va faire, nous ? »

Outre que ces questions m'ont rappelé celles posées par les personnages les plus puissants de la planète, l'échange de ce jour-là m'a paru révélateur à plus d'un titre. En premier lieu, il montrait que l'intelligence artificielle s'est hissée au premier rang de nos préoccupations. Il y a seulement quelques années, c'était le domaine exclusif des laboratoires de recherche et des films de science-fiction. Le citoyen lambda comprenait vaguement que l'IA consistait à fabriquer des robots capables de penser comme les humains, mais cette perspective n'avait quasiment aucun lien avec son quotidien.

Les choses ont bien changé. De nos jours, les journaux multiplient les articles sur les toutes dernières innovations en matière d'intelligence artificielle. Il ne se passe pratiquement pas une journée sans qu'un séminaire d'entreprise ou une conférence explique comment exploiter cette technologie pour accroître ses profits. Les gouvernements du monde entier publient tous, l'un après l'autre, leur plan national pour mieux la maîtriser. L'intelligence artificielle s'est brusquement retrouvée au cœur du débat publique, et ce pour de bonnes raisons.

Aujourd'hui, les grandes avancées théoriques aboutissent enfin à des mises en pratique concrètes qui sont sur le point de transformer nos vies. L'intelligence artificielle fait déjà fonctionner la plupart de nos applications et sites préférés ; dans quelques années, elle conduira nos voitures, gérera nos portefeuilles d'actions, fabriquera la majorité de nos biens de consommation et nous mettra peut-être au chômage. Tous ces usages sont porteurs d'autant de promesses que de dangers potentiels ; nous devons nous préparer aux unes comme aux autres.

Le deuxième élément significatif de mon échange avec ces enfants était le lieu où il se déroulait. Il y a peu de temps encore, en matière d'intelligence artificielle, la Chine accusait sur les États-Unis un retard qui se comptait presque en décennies. Pourtant, ces trois dernières années, la fièvre de l'IA s'est emparée du pays, générant subitement une ferveur qui n'a d'équivalent nulle part ailleurs. Cette passion a franchi les frontières du domaine technologique et des entreprises pour gagner les décideurs politiques, avant de se répandre dans toute la société, jusqu'aux écoles maternelles de Pékin.

L'enthousiasme général que suscite l'intelligence artificielle en Chine reflète et entretient la force croissante du pays dans ce secteur. Entreprises et chercheurs chinois en IA ont déjà rattrapé une bonne partie de leur retard sur leurs homologues américains, en testant des algorithmes et des modèles de gestion innovants destinés à révolutionner leur économie. Ensemble, ils ont élevé la Chine au rang de superpuissance de l'intelligence artificielle, seule nation réellement capable de concurrencer les États-Unis sur ce nouveau terrain. Ces deux pays peuvent choisir de rivaliser ou de coopérer. Selon leur décision et la manière dont ils vont procéder, l'économie et la gouvernance du monde en seront bouleversées de façon différente.

Ma conversation avec cette classe m'a finalement révélé une vérité plus profonde : face à l'intelligence artificielle du futur, nous sommes tous exactement comme ces élèves de maternelle. Les questions sans réponse se bousculent dans nos têtes alors que nous tentons de deviner ce qui nous attend, partagés entre un émerveillement d'enfant et des inquiétudes d'adulte. Nous voulons savoir comment l'automatisation permise par l'intelligence artificielle va affecter nos emplois et notre place dans la société. Nous voulons connaître les acteurs – individus et États – qui tireront les bénéfices de cette incroyable technologie. Nous nous demandons si celle-ci est capable de nous propulser vers l'abondance matérielle et si notre humanité aura encore voix au chapitre dans un monde dirigé par des machines intelligentes.

Personne ne détient les réponses. Cette incertitude fondamentale doit justement nous pousser à poser ces questions et à réfléchir du mieux que nous pouvons aux différentes manières d'y répondre. Voilà ce que je tente de faire ici. Je ne suis pas l'oracle qui saura prédire à coup sûr ce à quoi l'intelligence artificielle va donner naissance. En revanche, je peux apporter mon expérience de chercheur en IA, de dirigeant d'entreprise de technologie et, désormais, d'investisseur en capital-risque sur les marchés chinois et américain. J'espère que cet ouvrage contribuera à expliquer comment nous en sommes arrivés là et nourrira de nouveaux débats sur les horizons qui s'ouvrent à nous.

Pourquoi est-il si difficile de prédire le dénouement quand il est question d'intelligence artificielle ? En partie parce que cette histoire ne nous parle pas seulement de machines. Elle nous parle aussi d'êtres humains, du libre arbitre qui nous permet de prendre des décisions et de façonner notre propre destin. Notre futur sous le signe de l'IA n'aura d'autres auteurs que nous-mêmes ; il reflétera nos choix et nos actions. Je forme le vœu que, au cours de ce voyage, chacun réussisse à puiser au plus profond de lui, mais aussi chez les autres, des valeurs et une sagesse qui puissent nous servir de guides.

Gardons à l'esprit cette ambition et, sans plus tarder, commençons notre exploration.

1
La Chine et son « moment Spoutnik »

Avec ses lunettes à monture carrée, le jeune Chinois de 19 ans affalé sur son siège n'avait guère l'allure d'un héros taillé pour livrer l'ultime combat du genre humain. Cravate et costume noirs, chemise blanche, Ke Jie se massait les tempes, confondu par la difficulté du casse-tête qu'il avait sous les yeux. Lui dont l'assurance naturelle confinait parfois à la prétention s'agitait maintenant nerveusement dans son fauteuil en cuir. Transposé dans un autre décor, on aurait pu le prendre pour un de ces gamins de lycée privé qui se torturent les méninges face à un problème de géométrie insurmontable.

Il n'en était rien : en cet après-midi de mai 2017, Ke Jie était engagé dans une lutte acharnée contre l'une des machines les plus douées de la planète. AlphaGo, pure merveille d'intelligence artificielle, était le champion de Google, l'entreprise incarnant l'élite de la high-tech mondiale. Le champ de bataille ? Un plateau quadrillé de dix-neuf lignes horizontales sur dix-neuf lignes verticales et parsemé de petites pierres noires et blanches – le matériel nécessaire au jeu de go, dont l'apparente simplicité est trompeuse. Au cours d'une partie, les deux joueurs placent tour à tour leurs pierres sur le plateau, qu'on appelle *goban*, en tentant d'encercler celles de l'adversaire. Nul être humain ne surpassait Ke Jie dans cet art, mais le joueur auquel il se mesurait ce jour-là était d'un niveau inégalé.

Le go, dont l'invention remonterait à plus de deux mille cinq cents ans, est le doyen des jeux de société encore pratiqués de nos jours. Dans la Chine antique, il était considéré comme l'un des quatre arts que tout lettré se devait de maîtriser. Il était censé conférer à ses adeptes un raffinement intellectuel et une sagesse comparables à ceux que procure la pratique du zen. Contrairement aux échecs ou à d'autres jeux occidentaux qui reposent sur une tactique sommaire, le jeu de go est fondé sur un lent et patient effort de positionnement et d'encerclement, ce qui en fait une forme d'art, un véritable état d'esprit.

L'ancienneté du go n'a d'égale que sa complexité. Si neuf petites phrases suffisent pour en exposer les règles élémentaires, le nombre de positions qu'il est possible de prendre sur un tablier de go dépasse le nombre d'atomes que contient l'univers connu[1]. Dans ce jeu, les combinaisons sont si nombreuses que, pour la communauté des chercheurs en IA, concevoir un programme capable de battre le champion du monde a longtemps fait figure d'Everest infranchissable. L'ampleur même du défi décourageait toute tentative. Les poètes dans l'âme estimaient que les machines ne pourraient jamais acquérir cette caractéristique purement humaine : notre don quasi mystique pour le jeu. Les ingénieurs pensaient tout simplement que l'éventail des possibilités offertes par le *goban* était trop vaste pour les capacités de calcul d'un ordinateur.

Pourtant, ce jour-là, AlphaGo ne s'est pas contenté de battre Ke Jie ; il l'a mis en pièces, méthodiquement. Au cours de trois parties de plus de trois heures chacune, Ke Jie a jeté toutes ses forces dans la bataille. Il a successivement testé différentes approches : la prudence, l'agression, la défense, puis les coups aléatoires. Rien ne semblait fonctionner. AlphaGo ne lui laissait aucune ouverture. Au contraire : il resserrait lentement son étau autour de lui.

Vu de Pékin

Selon l'endroit d'où vous avez regardé ce duel, vous en avez probablement tiré des enseignements différents. Aux États-Unis, certains observateurs ont lu dans la victoire d'AlphaGo non seulement le triomphe de la machine sur l'homme, mais aussi celui de la technologie occidentale sur le reste du monde. Durant les deux décennies précédentes, les entreprises de la Silicon Valley avaient conquis les marchés internationaux. Quiconque voulait rester en contact avec ses amis et faire des recherches sur Internet devait passer par Facebook, Google et leurs semblables. Au passage, ces mastodontes du Web avaient écrasé des start-up locales aux quatre coins de la planète, de la France à l'Indonésie, conférant aux Américains une suprématie numérique à la hauteur de leur puissance militaire et économique dans le monde réel. Avec AlphaGo – création de la start-up d'IA britannique DeepMind, rachetée par Google en 2014 –, l'Occident semblait prêt à perpétuer sa domination à l'ère de l'intelligence artificielle.

Pour ma part, en regardant par la fenêtre de mon bureau tandis que Ke Jie disputait ses parties, j'ai vu un tout autre spectacle. Sinovation Ventures, ma société d'investissement en capital-risque, a son siège à Pékin, dans le quartier de Zhongguancun (prononcer « djong-gouan-soun »), qu'on surnomme souvent la « Silicon Valley chinoise ». Aujourd'hui, c'est là que bat le cœur de la communauté de l'IA en Chine. Pour les gens d'ici, la consécration d'AlphaGo a constitué un défi autant qu'une source d'inspiration. Elle a marqué en Chine le « moment Spoutnik » de l'intelligence artificielle.

Cette expression nous ramène au milieu du siècle dernier. En octobre 1957, l'Union soviétique a lancé et mis sur orbite le premier satellite artificiel. L'événement a eu sur le peuple et le gouvernement des États-Unis un impact psychologique aussi immédiat que profond. Cette preuve de la supériorité technologique soviétique a plongé l'opinion publique dans une véritable angoisse. On a vu certains Américains essayer de suivre la trajectoire du satellite dans le ciel nocturne, quand d'autres se branchaient sur la fréquence du Spoutnik pour recevoir les transmissions radio. De ce choc ont découlé plusieurs événements : la décision de créer la NASA (National Aeronautics and Space Administration), l'augmentation des subventions publiques allouées à l'enseignement des mathématiques et des sciences et, finalement, le vrai démarrage de la course pour la conquête spatiale. Cette mobilisation nationale a porté ses fruits douze ans plus tard, lorsque Neil Armstrong est devenu le premier homme à poser le pied sur la Lune.

AlphaGo pouvait déjà se vanter de quelques coups d'éclat. En mars 2016, lors d'une série de cinq parties face au légendaire joueur coréen Lee Sedol, l'ordinateur en avait remporté quatre. Cette confrontation, passée quasiment inaperçue aux États-Unis, avait rassemblé plus de 280 millions de téléspectateurs en Chine[2]. Du jour au lendemain, la fièvre de l'intelligence artificielle s'était emparée du pays. Si elle n'avait pas égalé l'ampleur de la réaction américaine au lancement du Spoutnik, elle avait allumé chez les acteurs de la high-tech chinoise une flamme qui ne s'est jamais éteinte depuis lors.

Quand tous les investisseurs, entrepreneurs et décideurs publics de Chine concentrent leurs efforts sur une seule industrie, ils peuvent faire trembler la terre. Les capital-risqueurs, les géants de la technologie et le gouvernement ont brusquement inondé les start-up de capitaux, provoquant une accélération sans précédent de la recherche et des créations d'entreprises. Puis les étudiants ont suivi le mouvement : ils se sont inscrits en masse dans des programmes de troisième cycle, sans perdre une miette des conférences données par les chercheurs à travers le monde, suivies en streaming sur leur smartphone. Soucieux de ne pas laisser passer leur chance, les fondateurs de start-up se sont démenés pour réorganiser leurs activités ou simplement moderniser la façade de leur entreprise – en d'autres termes, prendre le train de l'IA en marche.

Quant au gouvernement central, moins de deux mois après que Ke Jie eut déclaré forfait dans la dernière partie qui l'opposait à AlphaGo, il a présenté un plan ambitieux visant à développer le savoir-faire chinois en intelligence artificielle[3]. Réclamant des financements plus généreux, un soutien politique plus franc et une meilleure coordination nationale en faveur de l'IA, cette feuille de route fixe des objectifs de progression bien précis pour 2020 et 2025. L'ambition avouée est de faire du pays, d'ici à 2030, le leader mondial de l'innovation en intelligence artificielle sur le plan de la recherche, des technologies et de leurs applications. Les investisseurs n'ont pas hésité : dès 2017, ils ont commencé à engager des sommes record dans les start-up du secteur – un total qui s'est élevé à 48 % de l'ensemble des fonds de capital-risque au niveau mondial, dépassant pour la première fois la part représentée par les États-Unis[4].

Un jeu qui change la donne

Ce brusque engouement des autorités chinoises pour l'intelligence artificielle s'explique par un changement de paradigme : la profonde redéfinition des rapports entre l'économie et l'IA. Pendant des décennies, cette science a connu des progrès constants, mais lents. Depuis peu, le rythme des avancées s'est fortement accéléré, offrant la possibilité de traduire toutes ces prouesses théoriques en applications concrètes dans le monde physique – ce que les programmeurs appellent des « cas d'utilisation ».

Les difficultés techniques qui surgissent lorsqu'on tente de fabriquer une machine capable de battre un humain au jeu de go n'ont pas de secrets pour moi. Pendant mon doctorat en intelligence artificielle à l'université Carnegie Mellon, mon directeur de recherches était Raj Reddy, pionnier de la discipline. En 1986, j'ai mis au point le premier logiciel à l'avoir emporté sur un membre de la délégation américaine au championnat du monde d'Othello – une version simplifiée du go qui se joue sur un plateau de huit lignes horizontales sur huit lignes verticales[5]. Même si c'était un véritable exploit pour l'époque, la technologie utilisée ne permettait encore de s'attaquer qu'à des jeux de société très simples.

Cela s'est vérifié en 1997 quand l'ordinateur Deep Blue d'IBM a vaincu le champion du monde d'échecs Garry Kasparov lors d'une partie qui fut baptisée le « baroud d'honneur du cerveau ». L'angoisse du public était palpable : serions-nous dès demain à la merci de robots despotes ? En réalité, hormis une hausse du cours de l'action IBM, le match n'a eu aucun impact durable sur nos existences. Les applications concrètes de l'intelligence artificielle étaient encore très rares, et les chercheurs n'avaient pas fait de découverte capitale depuis des décennies.

Pour remporter son match, Deep Blue avait eu recours à une méthode baptisée « attaque par force brute » ou « attaque par exhaustivité » : l'ordinateur teste toutes les combinaisons possibles jusqu'à trouver la bonne. Autrement dit, sa victoire reposait largement sur la puissance d'un matériel informatique spécifiquement programmé pour générer et évaluer rapidement les positions découlant de chaque coup. La conception du logiciel avait d'ailleurs requis la contribution de champions d'échecs en chair et en os, dont les instructions avaient permis de mettre au point une heuristique. Bien sûr, c'était une réussite technique impressionnante. Mais, encore une fois, la technologie utilisée, déjà ancienne, ne fonctionnait que pour des catégories de problèmes très limitées. Sorti du cadre géométrique extrêmement simple des soixante-quatre cases d'un échiquier, Deep Blue n'avait plus l'air si malin. Finalement, la seule personne qu'il menaçait de mettre au chômage, c'était le champion du monde d'échecs.

Cette fois-ci, il en va autrement. Bien que la confrontation entre Ke Jie et AlphaGo se soit déroulée sur le terrain exigu d'un plateau de go, elle est directement liée à une série de changements spectaculaires survenus dans le monde réel – à commencer par cette fièvre de l'intelligence artificielle que les parties d'AlphaGo ont provoquée en Chine, alimentant précisément la technologie qui a permis la victoire.

Le moteur d'AlphaGo, c'est le *deep learning*, l'« apprentissage profond », une approche révolutionnaire de l'intelligence artificielle qui démultiplie la puissance cognitive des ordinateurs. Aujourd'hui, des programmes utilisant le *deep learning* sont capables de surpasser les capacités humaines en matière de reconnaissance faciale ou vocale, et même de délivrer des prêts bancaires. Pendant des décennies, on a annoncé la révolution de l'intelligence artificielle pour les cinq années suivantes – comme si l'horizon s'éloignait à mesure qu'on s'en approchait. Le développement récent du *deep learning* a tout changé. La révolution à venir va se traduire par de formidables gains de productivité, mais elle va aussi mettre sens dessus dessous le marché du travail, avec des conséquences sociales et psychologiques profondes sur les individus à mesure que l'IA, dans des secteurs très variés, s'emparera d'emplois jusqu'alors occupés par des humains.

En assistant à la déconfiture de Ke Jie face à AlphaGo, j'ai été saisi d'effroi. Les robots tueurs intelligents qui peuplaient les prédictions de certains technologues célèbres ne m'inquiétaient pas. Je craignais les démons bien réels que le chômage de masse et son cortège de troubles sociaux feraient naître. Car nos emplois vont être menacés à brève échéance, bien plus tôt que ne l'avaient prévu la plupart des experts. Ce cataclysme va frapper les cadres comme les ouvriers, les salariés hautement qualifiés comme les travailleurs faiblement instruits. Le jour où AlphaGo a livré son combat magistral contre Ke Jie, le *deep learning* a détrôné le meilleur joueur humain de go de tous les temps. Bientôt, la même technologie dévoreuse d'emplois va faire son entrée dans une usine ou un immeuble de bureaux tout près de chez vous.

Une lueur derrière l'ordinateur

Cette mémorable partie de go m'a pourtant laissé entrevoir un espoir. Au bout de deux heures et cinquante et une minutes de jeu, Ke Jie s'est retrouvé dans une impasse. Il avait fait tout ce qu'il pouvait, mais il savait que cela ne suffirait pas. Tandis qu'il se tenait recroquevillé, la tête à quelques centimètres au-dessus du plateau, son visage s'est crispé et l'un de ses sourcils s'est mis à tressaillir. Il a rapidement compris qu'il lui serait impossible de contenir plus longtemps son émotion. D'un geste furtif, il a retiré ses lunettes et, du dos de la main, a essuyé ses larmes. L'instant fugace où sa détresse a affleuré la surface n'a échappé à personne.

Les larmes de Ke Jie ont déclenché une immense vague de sympathie et de soutien. Durant ces trois parties, le jeune homme était passé par toute la gamme des émotions humaines : à l'aplomb avaient succédé l'angoisse, la frayeur, l'espoir et, finalement, la douleur. L'aventure avait certes mis en lumière son esprit de compétition, mais j'y voyais aussi autre chose : en acceptant de se frotter à un adversaire invincible au nom de sa passion pour le go, de son histoire et ses adeptes, Ke Jie avait accompli un authentique acte d'amour. Et, par leurs réactions, les spectateurs de son calvaire lui avaient rendu la pareille. Si AlphaGo a été déclaré vainqueur, le peuple, lui, a décidé de faire de Ke Jie son champion. Dans cette chaîne d'êtres humains prodiguant et recevant de l'amour, j'ai entraperçu un monde d'intelligence artificielle où les hommes pourraient encore travailler et donner un sens à leur existence.

Je suis convaincu que, en utilisant astucieusement l'intelligence artificielle dans la vie réelle, la Chine se verra offrir une occasion rêvée de rattraper les États-Unis, voire de les dépasser. Mais je crois surtout que ce tournant peut nous permettre à tous de redécouvrir ce qui nous rend humains.

Si vous vous demandez pourquoi, je vous invite à me suivre dans l'exploration des rudiments de cette technologie. Vous comprendrez alors en quoi elle est appelée à transformer le monde.

Une brève histoire du *deep learning*

L'apprentissage profond fait partie d'un champ plus large que l'on désigne par le terme générique d'« apprentissage automatique » (*machine learning*). Cette technologie, qui a changé le cours de l'histoire, est la rescapée d'un demi-siècle de recherche scientifique relativement houleux. Dès ses balbutiements, l'intelligence artificielle a connu une succession de hauts et de bas. À des périodes riches de promesses ont succédé de longs « hivers », lorsque le manque de résultats concrets refroidissait les ardeurs et conduisait à une baisse massive des financements. L'introduction du *deep learning* a marqué une rupture. Pour en comprendre la portée, il faut survoler quelques grandes étapes.

Bienvenue au milieu des années 1950. À cette époque, les pionniers de l'intelligence artificielle s'assignent une mission prodigieusement ambitieuse, mais clairement définie : recréer l'intelligence humaine à l'intérieur d'une machine. Limpidité de l'objectif et complexité de la tâche forment un mélange détonant qui agit comme un aimant sur plusieurs grandes figures de l'informatique tout juste née : Marvin Minsky, John McCarthy et Herbert Simon.

Je me revois au début des années 1980, étudiant en licence d'informatique à l'université Columbia, à New

York, les yeux écarquillés et l'imagination enflammée par cette aventure. Né en 1961 à Taïwan, je suis arrivé à l'âge de 11 ans dans le Tennessee, où j'ai effectué ma scolarité au collège et au lycée. Après quatre années à Columbia, j'étais décidé : je voulais approfondir mes recherches dans le domaine de l'IA. En 1983, postulant à des doctorats en informatique, je me suis même fendu d'une lettre de motivation décrivant ce domaine d'études en des termes quelque peu lyriques : « L'intelligence artificielle est la clé pour élucider le mécanisme de l'apprentissage humain, mettre en chiffres le processus de la pensée, expliquer nos comportements et comprendre comment l'intelligence peut advenir. Elle constitue pour l'homme l'étape ultime sur le chemin menant à la découverte de sa nature profonde, et mon désir le plus cher est de pouvoir contribuer à cette science émergente, mais prometteuse. »

Si ce laïus m'a ouvert les portes d'un des meilleurs départements universitaires d'informatique – celui de l'université Carnegie Mellon, véritable pépinière pour la recherche de pointe en IA –, il révélait aussi ma grande naïveté sur le sujet. De fait, je commettais la double erreur de surestimer notre capacité à comprendre le genre humain et de sous-estimer celle de l'intelligence artificielle à produire, dans certaines niches restreintes, une forme d'intelligence surhumaine.

Quand j'ai commencé mon doctorat, la discipline de l'intelligence artificielle était scindée en deux camps : d'un côté, les « systèmes à base de règles » (aussi nommés « systèmes experts ») ; de l'autre, les « réseaux de neurones ». Les tenants de la première approche s'efforçaient d'apprendre aux ordinateurs à réfléchir en encodant une série de règles logiques : si X, alors Y. La démarche fonctionnait bien pour les jeux simples dans des cadres précis – ce qu'on appelle des *toy problems*, des problématiques dont le seul intérêt est de tester des procédés. En revanche, dès que la gamme des choix ou des coups possibles s'élargissait, cette technique révélait ses faiblesses. Pour concevoir des logiciels applicables à des problèmes de la vie réelle, les adeptes des « systèmes à base de règles » ont fait appel à des experts (d'où le surnom de « systèmes experts ») dont les réponses éclairées étaient ensuite codées dans le programme.

Les partisans des « réseaux de neurones », eux, privilégiaient une tout autre méthode. Plutôt que d'enseigner à la machine des règles mises au point par un cerveau humain, ils ont directement tenté de reconstituer le cerveau. Le tissu de neurones enchevêtrés qui compose le cerveau des animaux était la seule structure connue capable d'intelligence (telle qu'on l'entendait). Pourquoi ne pas aller à la source ? Ces chercheurs ont donc entrepris d'imiter une architecture cérébrale de base en construisant des couches de neurones artificiels qui peuvent recevoir et transmettre l'information au sein d'un ensemble comparable à nos réseaux de neurones biologiques. Contrairement aux systèmes experts, les réseaux neuronaux n'ont pas besoin qu'on leur donne une règle à suivre pour prendre une décision. Leurs concepteurs se contentent de les abreuver de tonnes d'exemples d'un phénomène donné – des images, des parties d'échecs, des sons, etc. – en les laissant repérer les régularités au milieu de cet océan de données. En d'autres termes, moins l'humain intervient, mieux c'est.

Pour distinguer les deux approches, prenons la résolution d'un problème très simple – par exemple, déterminer si un chat apparaît sur une photo. Les systèmes experts vont tenter de déterminer des logiques du type « si, alors » pour aider le programme à répondre : « Si une forme ronde est surmontée de deux formes triangulaires, alors il y a probablement un chat dans l'image. » À l'inverse, l'approche des réseaux de neurones va nourrir le logiciel de millions de photos étiquetées « chat » ou « pas de chat », lui confiant le soin de les décortiquer lui-même pour trouver quelles sont les caractéristiques le plus étroitement liées à l'étiquette « chat ».

Dans les années 1950 et 1960, quelques ébauches de réseaux neuronaux artificiels ont abouti à des résultats encourageants, donnant lieu à un intense battage médiatique. C'était avant que le camp des systèmes experts ne contre-attaque : en 1969, il est parvenu à convaincre une bonne partie des spécialistes de la discipline que les réseaux de neurones, peu fiables, ne pouvaient être que d'un usage limité. Très vite, cette approche passa de mode, plongeant l'IA dans un de ses premiers « hivers » pendant les années 1970.

Au cours des décennies suivantes, les réseaux neuronaux connurent de brefs regains de popularité, avant d'être presque totalement abandonnés. En 1988, j'ai utilisé une technique qui s'en approche (les modèles de Markov cachés) pour créer Sphinx, un logiciel multilocuteur permettant de reconnaître la parole continue[6] – une première mondiale qui m'a valu un portrait dans le *New York Times*[7]. Mais cela n'a pas empêché les réseaux de neurones de retomber en disgrâce, ni l'IA d'entrer dans un nouvel âge de glace dont elle ne sortirait quasiment pas de toute la décennie 1990.

Si les réseaux neuronaux ont fini par renaître de leurs cendres, amorçant le retour en force de l'IA telle que nous la connaissons actuellement, cela est dû à deux facteurs : d'une part, les transformations qu'ont subies les deux principaux ingrédients dont se nourrissent ces réseaux ; d'autre part, l'irruption d'une avancée technique majeure.

Les réseaux neuronaux ont besoin de deux éléments, et ce à profusion : des capacités de calcul et des données.

Les données « entraînent » le programme à reconnaître les formes en lui fournissant de nombreux exemples qu'il pourra analyser à très grande vitesse grâce à la puissance de calcul. Quand cette discipline est née dans les années 1950, données et capacités de calcul étaient des denrées rares. Cela a bien changé par la suite. Savez-vous par exemple que la puissance de traitement de votre smartphone est des millions de fois plus élevée que celle des ordinateurs ultramodernes de 1969 utilisés par la NASA pour envoyer Neil Armstrong sur la Lune ? Quant à l'Internet, il a produit des torrents de données numériques de toute sorte : textes, images, vidéos, clics, achats, tweets, etc. Les chercheurs ont vu déferler de précieuses données en quantités astronomiques pour entraîner leurs réseaux, ce qu'ils ont fait grâce à des capacités de calcul abondantes et bon marché.

Cependant, les réseaux restaient cantonnés à des fonctions très restreintes. Pour résoudre correctement des problèmes complexes, il fallait superposer de nombreuses couches de neurones artificiels ; or les scientifiques ne savaient pas comment entraîner efficacement ces couches à mesure qu'elles s'accumulaient. Jusqu'à ce que, au milieu des années 2000, Geoffrey Hinton, éminent spécialiste, découvre enfin un moyen d'y remédier. Le *deep learning* était né, marquant une rupture technologique majeure.

Pour les réseaux de neurones, ce fut comme une brusque injection de stéroïdes. Dotés d'une puissance décuplée, ces super-réseaux – désormais englobés sous le terme plus général de *deep learning* – devinrent beaucoup plus performants que leurs prédécesseurs dans des domaines comme la reconnaissance vocale ou la reconnaissance d'objets. Influencés par des années de préjugés en la matière, de nombreux chercheurs en IA restèrent longtemps sourds aux annonces de ce groupe « marginal » qui prétendait obtenir des résultats extraordinaires. Le véritable tournant se produisit en 2012, quand un réseau de neurones construit par l'équipe de Hinton écrasa tous ses concurrents lors d'un concours international de vision par ordinateur[8].

Du jour au lendemain, après des décennies passées en marge de l'IA, les réseaux de neurones conquirent donc le grand public sous la forme du *deep learning*, une découverte majeure qui promettait de faire fondre la glace dans laquelle l'intelligence artificielle se trouvait prise. On commença enfin à envisager de mettre toute la puissance de cette technologie au service de diverses situations du monde réel. L'effervescence gagna peu à peu les scientifiques, les futurologues et les PDG d'entreprises high-tech, galvanisés par le formidable potentiel qu'offrait ce nouveau secteur, qu'il permette de déchiffrer la parole humaine, de traduire des documents, de reconnaître des images, de prédire les comportements des consommateurs, de repérer des fraudes, d'accorder des prêts bancaires, d'aider les robots à acquérir la « vision » ou même de conduire des voitures.

Le *deep learning* révélé

Concrètement, comment le *deep learning* fait-il tout cela ? Le principe fondamental est le suivant : des algorithmes utilisent d'énormes quantités de données recueillies dans un domaine particulier afin de prendre la meilleure décision par rapport au but recherché. Ils le font en s'entraînant à reconnaître des schémas récurrents profondément enfouis, ainsi que des corrélations entre les nombreuses valeurs et la question posée. Ce processus est plus aisé lorsque le résultat attendu est clairement identifié – « chat »/« pas de chat », « cliqué »/« pas cliqué », « match gagné »/« match perdu ». Le programme mobilise ensuite sa vaste bibliothèque de corrélations – dont beaucoup sont invisibles à notre œil ou nous paraissent hors sujet –, ce qui lui permet de prendre des décisions optimales avec plus d'efficacité que le premier humain venu.

Pour ce faire, quatre conditions sont indispensables : une masse considérable de données pertinentes, un algorithme fort, un domaine d'action limité et un objectif bien défini. Si l'un de ces ingrédients fait défaut, tout l'édifice s'effondre. Trop peu de données ? L'algorithme manquera d'exemples pour mettre au jour des corrélations significatives. Un objectif trop vaste ? Il ne parviendra pas à optimiser sa décision faute de pouvoir viser des repères clairs.

Le *deep learning* correspond à ce que l'on appelle l'« intelligence artificielle étroite » : il exploite les données extraites d'une sphère bien précise et les mobilise pour arriver à un résultat tout aussi spécifique. C'est impressionnant, mais sans commune mesure avec l'« intelligence artificielle générale », cette technologie universelle qui pourrait un jour effectuer toutes les tâches qu'accomplissent les êtres humains.

L'assurance et le prêt bancaire font partie des domaines d'application les plus évidents du *deep learning*. Les données pertinentes sur les emprunteurs foisonnent (note de solvabilité, niveau de revenus, dernières opérations effectuées avec leur carte de crédit, etc.) et l'objectif d'optimisation de l'algorithme est limpide (minimiser les risques de défaut de paiement). Qu'il franchisse un pas supplémentaire, et le *deep learning* pourra faire fonctionner des véhicules autonomes en les aidant à « voir » le monde qui les entoure – c'est-à-dire à identifier des formes dans l'amas de pixels transmis par la caméra (par exemple, des octogones rouges), à comprendre à quoi elles correspondent (des panneaux « Stop ») et à utiliser cette information pour prendre la meilleure décision possible (actionner la pédale de frein pour ralentir doucement jusqu'à l'arrêt complet) par rapport au résultat désiré (me ramener à la maison sans encombre en un minimum de temps).

Voilà précisément pourquoi le *deep learning* suscite un tel enthousiasme : sa force fondamentale – cette aptitude à reconnaître une forme, à entreprendre une action optimale en vue d'un résultat spécifique, à prendre une décision – peut s'appliquer à d'innombrables problèmes de la vie quotidienne. Il n'est guère surprenant que des entreprises comme Google et Facebook se soient immédiatement jetées sur le petit noyau d'experts de cette technologie et leur aient commandé d'ambitieux projets en les payant des millions de dollars. En 2013, Google a racheté la start-up fondée par Geoffrey Hinton. À peine un an plus tard, il déboursait plus de 500 millions de dollars pour faire tomber dans son escarcelle DeepMind, l'entreprise d'IA britannique qui allait concevoir AlphaGo[9]. Depuis, ces projets se sont mués en résultats concrets qui ne cessent d'émerveiller les observateurs et de faire la une des journaux. Transformant la culture de notre époque, ils nous donnent l'impression d'être au bord d'un précipice, à l'orée d'une ère où les machines vont soit conférer aux humains une puissance phénoménale, soit les remplacer brutalement… voire les deux à la fois.

Intelligence artificielle et recherche internationale

Et la Chine, dans tout ça ? Reconnaissons-le : dans cette histoire, elle a brillé par son absence. La gestation et la venue au monde du *deep learning* se sont déroulées presque exclusivement dans trois pays : les États-Unis, le Canada et le Royaume-Uni. Certes, au lendemain de cette découverte, une petite poignée d'entrepreneurs et de fonds de capital-risque chinois (comme celui que je dirige) ont commencé à investir dans le secteur. Mais, dans son immense majorité, la sphère high-tech chinoise n'a réellement pris conscience de la révolution du *deep learning* qu'en 2016, en vivant son « moment Spoutnik » – dix bonnes années après les premières publications scientifiques révélant cette technologie au grand jour, et quatre ans après qu'elle eut fait ses preuves lors du concours de vision par ordinateur.

Les États-Unis ont une capacité formidable à attirer puis assimiler des talents venus des quatre coins de la planète ; cela fait des décennies que leurs universités et leurs entreprises en récoltent les fruits. La recherche en intelligence artificielle ne semblait pas échapper à la règle. Le pays partait leader dans cette branche, une position qui s'est renforcée à mesure que l'élite des chercheurs profitait des conditions avantageuses offertes par la Silicon Valley – des financements généreux, une culture de l'innovation unique et des entreprises surpuissantes. Pour la plupart des experts, c'était écrit : dans l'arène mondiale de l'intelligence artificielle, la Chine jouerait son éternel rôle de copieur, à mille lieues des savoir-faire d'avant-garde.

Comme je vais le démontrer dans les prochains chapitres, cette analyse est fausse. Non seulement elle repose sur une vision dépassée du paysage technologique chinois, mais, plus fondamentalement, elle se méprend sur la nature de la révolution que nous vivons et passe complètement à côté de son véritable moteur. S'il est certain que l'Occident a allumé le brasier du *deep learning*, la Chine, elle, va accaparer l'essentiel de sa chaleur. Ce basculement mondial est le résultat de deux transitions : le passage de l'ère des découvertes théoriques à celle de l'IA appliquée et le passage de l'ère des compétences à celle des données.

Nous sommes persuadés de vivre dans un âge de découvertes, une époque où des chercheurs extrêmement pointus démolissent un à un les anciens paradigmes pour percer des mystères jusqu'alors impénétrables. C'est ce qui nous fait penser, à tort, que les États-Unis détiennent une avance déterminante dans le domaine de l'intelligence artificielle. La fièvre médiatique qui entoure chaque nouvelle prouesse ne fait qu'encourager cette tendance : regardez, l'intelligence artificielle parvient à diagnostiquer certains cancers mieux que ne le font les médecins ! Elle terrasse des champions du Texas Hold'em, cette variante du poker où le bluff est roi ! Elle apprend à maîtriser de nouvelles aptitudes toute seule, sans aucune ingérence de l'homme ! Au milieu de cette surexcitation permanente, on comprend que l'observateur occasionnel – et même le spécialiste – puisse se laisser emporter et finisse par se convaincre que la recherche en IA franchit constamment de nouveaux caps décisifs.

Pour ma part, je pense que ces apparences sont trompeuses. En réalité, beaucoup de ces jalons consistent simplement à appliquer à de nouvelles situations les découvertes majeures des dernières décennies – le *deep learning* en priorité, mais aussi des techniques complémentaires comme l'apprentissage par renforcement et l'apprentissage par transfert. Entendons-nous bien : c'est une entreprise qui exige énormément d'habileté et des connaissances approfondies. Il faut savoir ajuster au millimètre des algorithmes mathématiques complexes, manipuler des quantités colossales de données, adapter les réseaux de neurones à différents problèmes. Souvent, des compétences de niveau doctorat sont requises. Mais il ne s'agit là que d'améliorations par paliers, de perfectionnements exploitant la technologie qui a constitué le véritable et spectaculaire bond en avant : le *deep learning*.

L'ère de l'IA appliquée

Voilà donc la nature réelle de ces avancées : une mise en pratique des incroyables capacités du *deep learning* en matière de reconnaissance et de prédiction des formes, afin d'effectuer des tâches aussi diverses que poser un diagnostic médical, rédiger un contrat d'assurance, conduire une voiture ou encore traduire dans un anglais lisible une phrase écrite en chinois. Mais il est important d'insister sur *ce qu'elles ne sont pas* : le signe que nous sommes tout près d'accéder à l'« IA générale » ou de faire une découverte aussi révolutionnaire que l'a été le *deep learning*. Nous vivons dans l'ère de l'IA appliquée, et les entreprises qui entendent tirer profit de cette opportunité vont avoir besoin de créateurs, d'ingénieurs et de chefs de produit talentueux.

Andrew Ng, pionnier du *deep learning*, a établi un parallèle entre ce nouvel âge de l'IA et la façon dont Thomas Edison a exploité le potentiel de l'électricité[10]. Cette dernière représentait en soi une percée technologique majeure qui, une fois maîtrisée, a bouleversé des dizaines de secteurs. Très vite, les industriels du XIXe siècle se sont mis à appliquer cette découverte fantastique à la cuisson des aliments, à l'éclairage ou encore à la propulsion de leurs machines. C'est ce que les entrepreneurs en IA de notre époque font avec le *deep learning*. Le plus gros du difficile travail théorique ayant été accompli, il est temps pour eux de retrousser leurs manches et de s'atteler aux basses œuvres – autrement dit, de commencer à transformer les algorithmes en entreprises durables.

Il ne s'agit pas de minimiser l'exaltation que suscite actuellement l'intelligence artificielle. N'est-ce pas justement à travers leur mise en œuvre sur le terrain que les progrès scientifiques prennent tout leur sens et en viennent à modifier la trame même de notre quotidien ? L'heure est enfin arrivée où des décennies de recherches prometteuses vont pouvoir se traduire en applications concrètes – un moment dont j'ai rêvé pendant la majeure partie de ma vie d'adulte.

La distinction entre les découvertes et leurs applications est centrale pour comprendre comment l'IA va bouleverser nos existences et, surtout, quel facteur – ou quel pays – sera à la manœuvre dans ce processus. Pendant l'ère des découvertes, les avancées étaient le fait d'une élite de penseurs, presque tous regroupés aux États-Unis et au Canada. La perspicacité de leurs travaux et leurs innovations inimitables ont conduit à un accroissement aussi soudain que prodigieux des capacités informatiques. Mais, depuis que le *deep learning* a vu le jour, aucune équipe de chercheurs ou d'ingénieurs n'a produit d'innovations de cette ampleur.

L'ère des données

Voilà qui nous amène à la seconde transition majeure : le passage de l'ère des compétences à l'ère des données. Aujourd'hui, la conception d'un algorithme d'intelligence artificielle réussi requiert la combinaison de trois ingrédients : des tonnes de données, de grandes capacités de calcul et les efforts d'ingénieurs qui, sans faire nécessairement partie du gratin, doivent être compétents. S'il faut réunir ces trois éléments pour appliquer la force du *deep learning* à de nouveaux problèmes, les données restent l'ingrédient capital. La raison en est simple : une fois que la puissance de calcul et l'habileté technique ont atteint un certain seuil, l'efficacité globale et le niveau de précision d'un algorithme dépendent prioritairement de la quantité de données qu'on lui fournit.

Dans le domaine du *deep learning*, les meilleures données sont les données supplémentaires. Exposé à un nombre croissant d'exemples d'un phénomène quelconque, un réseau affinera de plus en plus son aptitude à identifier des motifs et à reconnaître des objets réels. Dès lors qu'on lui procure de plus grosses masses de données, un algorithme conçu par des ingénieurs de niveau moyen se révèle souvent plus performant que son concurrent, pourtant mis au point par un scientifique de renommée mondiale. Il fut un temps où les entreprises cherchaient à faire main basse sur les ingénieurs les plus brillants. De nos jours, ce n'est plus l'objectif principal.

Bien sûr, les grands chercheurs détiennent encore le pouvoir de faire passer l'IA à la vitesse supérieure. Mais n'oublions pas que, jusqu'à présent, il s'est toujours écoulé plusieurs décennies entre chacune de ces grandes avancées. En attendant la prochaine invention de génie, ce sont les données en pleine expansion qui, en alimentant le *deep learning*, vont bouleverser d'innombrables industries à travers le monde.

La Chine prend l'avantage

Il y a un siècle, l'électrification naissante a offert de nouvelles promesses. Pour les concrétiser, il a fallu réunir quatre éléments fondamentaux : les énergies fossiles nécessaires à la production de l'électricité, des industriels capables de créer des entreprises qui y recouraient, des ingénieurs électriciens formés à la manipuler et un gouvernement prêt à financer les infrastructures publiques de base. Aujourd'hui, les quatre conditions requises pour maîtriser la puissance de l'intelligence artificielle – l'électricité du XXIe siècle – sont du même ordre : une profusion de données, des entrepreneurs insatiables, des chercheurs en IA et un environnement politique favorable à ce secteur. En examinant les atouts relatifs de la Chine et des États-Unis sur chacun de ces plans, il est possible de prédire quel sera l'équilibre des pouvoirs dans le nouvel ordre mondial créé par l'IA.

À ce jour, les deux transitions que nous venons de décrire – de l'ère des découvertes à celle de l'IA appliquée et de l'ère des compétences à celle des données – font pencher la balance du côté chinois. La prédominance des applications par rapport aux découvertes scientifiques atténue l'un des principaux points faibles de la Chine (un certain manque d'imagination en matière de recherche) tout en lui permettant d'exploiter son vrai point fort : des entrepreneurs pugnaces et dotés d'un instinct redoutable pour monter des compagnies solides. Quant à l'avènement du règne des données, il relègue au second plan les chercheurs d'envergure mondiale, dont la Chine est dépourvue, tout en mettant l'accent sur une autre ressource cruciale dont elle dispose au contraire en abondance : les fameuses données.

Les industriels de la Silicon Valley se sont forgé une réputation d'infatigables bosseurs. On les voit comme de jeunes créateurs passionnés, enchaînant les nuits blanches dans une course folle aux nouveaux produits, qu'ils vont ensuite perfectionner jusqu'à l'obsession tout en se mettant en quête de la prochaine invention révolutionnaire. C'est vrai, ce sont des travailleurs acharnés. Pourtant, moi qui ai passé des décennies en immersion dans le secteur de la high-tech sur les deux rives du Pacifique – d'abord chez Apple, Microsoft et Google, puis en tant qu'incubateur et investisseur pour des dizaines de start-up en Chine –, je peux vous assurer que la Silicon Valley paraît franchement apathique quand on la compare à ses rivales chinoises.

La compétition qui caractérise le monde de l'Internet chinois est plus féroce que nulle part ailleurs, et le succès s'y obtient de haute lutte. Ceux qui veulent réussir doivent s'adapter à un environnement où la vitesse est primordiale et où copier n'est pas tricher ; ils font face à des concurrents qui ne reculeront devant rien pour remporter un nouveau marché. Évoluer dans le milieu des start-up en Chine, c'est subir chaque jour une sorte d'épreuve par le feu, un peu comme les gladiateurs qui s'affrontaient au Colisée. Il n'y a qu'un seul rescapé, et chacun sait que ses adversaires n'auront aucun scrupule.

Pour survivre dans cette jungle, il ne suffit pas d'améliorer continuellement son produit ; il faut savoir inventer de nouveaux modèles économiques et protéger sa compagnie en l'entourant d'un véritable « rempart concurrentiel [*] ». Si vous avez construit votre avantage compétitif sur une innovation unique, soyez certain que celle-ci sera vite plagiée, que vos salariés les plus précieux seront débauchés et que l'irruption de concurrents soutenus par des fonds de capital-risque vous forcera bientôt à mettre la clé sous la porte. Cette foire d'empoigne contraste

* Le terme anglais, popularisé par l'homme d'affaires Warren Buffett, est *moat*, « douve ». Il est utilisé pour décrire un avantage compétitif détenu par une entreprise, agissant comme une protection face à la concurrence et garant de sa solidité. (Source : agence de notation Morningstar, Inc.) [Sauf indication contraire, toutes les notes de bas de page sont de la traductrice.]

vivement avec ce que l'on observe dans la Silicon Valley, qui condamne la pratique de l'imitation et où des entreprises peuvent prospérer grâce à une seule idée originale, voire à un simple coup de chance. Dans un contexte si faiblement compétitif, certains entrepreneurs cèdent parfois à l'autosatisfaction et négligent d'explorer toutes les déclinaisons possibles de leur découverte initiale. En Chine, l'âge d'or des « copieurs », avec ses marchés désordonnés et ses coups bas, a peut-être engendré quelques sociétés à la moralité douteuse, mais il a aussi fait éclore une génération d'industriels qui comptent parmi les plus agiles, les plus futés et les plus acharnés de la planète. Ils sont la botte secrète grâce à laquelle la Chine profitera des applications de l'IA avant le reste du monde.

Ces bâtisseurs iront puiser dans un gigantesque gisement, l'autre « ressource naturelle » qui irrigue les technologies de pointe du pays : les données. Rien qu'en volume, les Chinois ont déjà dépassé les Américains, se hissant au premier rang des producteurs de données. Et l'exploit n'est pas seulement impressionnant sur le plan quantitatif : l'écosystème technologique propre à la Chine – cet univers singulier composé de produits et de fonctions qui n'existent que là-bas – permet d'obtenir des données taillées sur mesure pour construire des projets d'intelligence artificielle rentables.

Il y a encore cinq ans, il n'était pas absurde de mettre directement en regard les entreprises numériques chinoises et américaines, et de comparer leurs performances à la manière dont on aurait commenté une course de fond. De fait, elles progressaient sur des pistes à peu près parallèles, les secondes devançant légèrement les premières. Mais, aux alentours de 2013, le Web chinois a opéré un virage à quatre-vingt-dix degrés. Les acteurs du secteur, cessant de marcher dans les pas de leurs homologues américains, voire de les copier purement et simplement, se sont mis à concevoir des produits et des services qui n'avaient aucun équivalent de l'autre côté de l'océan. Auparavant, les analystes décrivaient la Chine en utilisant des analogies propres à la Silicon Valley – le « Facebook chinois », le « Twitter chinois », etc. Depuis quelques années, la plupart de ces appellations ont perdu toute pertinence. L'Internet chinois est entré dans une autre dimension.

Dans les villes de Chine, les citadins se sont mis à régler des achats physiques en scannant des codes-barres avec leur téléphone, symbole d'une révolution du paiement mobile unique au monde. Des bataillons de livreurs de repas et de masseurs à la demande juchés sur des scooters électriques ont envahi les artères des villes. Ils incarnaient le raz-de-marée des start-up O2O (*online-to-offline*) qui cherchaient à étendre les commodités du commerce en ligne à des services de la vie réelle, comme la restauration ou la manucure. Peu après, on a vu déferler par millions des bicyclettes en libre-service aux couleurs vives que les usagers pouvaient prendre et restituer n'importe où à l'aide d'un simple code-barres lu par leur smartphone.

Le lien entre toutes ces opérations, c'était l'expansion de WeChat, la super-appli chinoise, sorte de couteau suisse numérique adapté aux besoins de l'existence moderne. Bientôt, ses utilisateurs ont pu s'envoyer des messages écrits et vocaux, payer leurs courses, prendre des rendez-vous médicaux, remplir leur déclaration d'impôts, déverrouiller des vélos en libre-service ou encore acheter des billets d'avion, le tout sans jamais quitter l'application. WeChat est devenue le réseau social absolu, le lieu où l'on pouvait aussi bien négocier un contrat qu'organiser une fête d'anniversaire ou parler d'art moderne à travers des groupes de discussion multiformes – constitués de collègues, d'amis, ou centrés sur des intérêts partagés. Elle rassemblait une mosaïque de fonctions essentielles qui, aux États-Unis comme ailleurs, sont disséminées entre des dizaines d'applications différentes.

Désormais, ce royaume numérique parallèle génère et stocke un océan de nouvelles données sur le monde réel : la localisation des utilisateurs seconde par seconde, leurs modes de déplacement et d'alimentation, les heures et les endroits où ils font leurs courses ou achètent leurs packs de bière, etc. Dans l'ère de l'IA appliquée, cette mine d'informations va prendre une valeur inestimable. Pour les entreprises concernées, les habitudes quotidiennes décrites dans leurs moindres détails sont des gisements précieux qui, associés à des algorithmes de *deep learning*, permettent de proposer des prestations sur mesure, depuis l'audit financier jusqu'au conseil en urbanisme. Cela dépasse de très loin ce que les géants de la Silicon Valley sont capables de déduire de vos recherches, de vos *likes* ou de vos achats occasionnels en ligne. Grâce à ce trésor incomparable, les industriels chinois vont bénéficier d'une longueur d'avance décisive dans le développement de services fondés sur l'IA.

Faire pencher la balance

À elles seules, ces évolutions récentes de grande ampleur donnent déjà l'avantage à la Chine. Mais, en plus de ce rééquilibrage naturel, les autorités chinoises pèsent de tout leur poids pour amplifier le phénomène.

Le vaste programme gouvernemental visant à faire de la Chine une superpuissance de l'intelligence artificielle ne s'est pas contenté de promettre davantage d'aides et de financements destinés à ce secteur particulier. Il a surtout donné le ton, encourageant toutes les administrations locales à suivre le mouvement. La structure du pouvoir en Chine est plus complexe que ne le pensent la plupart des Américains. Il ne suffit pas que le gouvernement central ordonne pour que la directive prenne instantanément effet d'un bout à l'autre du pays. En revanche, les autorités de Pékin ont la capacité de choisir quelques objectifs à long terme et de mobiliser des ressources colossales pour pousser dans cette direction. Il suffit de voir à quel rythme fulgurant la Chine a développé son tentaculaire réseau ferré à grande vitesse.

Sur la ligne de départ, les responsables des collectivités locales ont eux aussi entendu le coup de feu. Ils se sont lancés dans une concurrence acharnée pour attirer le plus grand nombre possible d'entreprises et d'innovateurs en intelligence artificielle sur leurs territoires respectifs, rivalisant d'offres plus généreuses les unes que les autres en termes de subventions et de pratiques préférentielles. Cette compétition commence à peine, et il est encore difficile de prédire l'impact qu'elle aura sur le destin de l'IA chinoise. Mais, quel qu'en soit le résultat, elle forme un contraste saisissant avec l'attitude du gouvernement américain, qui choisit délibérément de ne pas aider les créateurs d'entreprise et taille allégrement dans les budgets de la recherche fondamentale.

Maintenant, assemblons les pièces du puzzle. Le tableau que nous obtenons m'autorise à prédire que, en matière de développement et de déploiement de l'intelligence artificielle, la Chine va très bientôt faire jeu égal avec les États-Unis, voire les dépasser. Je suis persuadé que cette position dominante se traduira par des gains de productivité tels que la planète n'en a pas connu depuis la révolution industrielle. Selon PricewaterhouseCoopers, la diffusion de l'IA va venir gonfler le PIB mondial de 15 700 milliards de dollars d'ici à 2030. Sur ce total, la Chine empocherait

7 000 milliards, soit près du double de ce qui reviendrait à l'Amérique du Nord (3 700 milliards[11]). En même temps que le pouvoir économique se déplacera vers la Chine, son influence politique et son *soft power*, c'est-à-dire l'empreinte culturelle et idéologique qu'elle imprime sur le globe, se feront plus prégnants.

Nul doute que ce nouvel ordre mondial va particulièrement secouer les Américains, qui se sont habitués à régner presque sans partage sur la sphère technologique. D'aussi loin que je me souvienne – et nous sommes probablement nombreux dans ce cas –, ce sont toujours les entreprises implantées aux États-Unis qui ont imposé leurs produits et leurs valeurs aux utilisateurs du reste du monde. Fatalement, elles ont oublié (et, avec elles, les citoyens et dirigeants de ce pays) qu'elles imposaient de ce fait une domination assimilable à une « colonisation technologique ». Même si la Chine n'entend pas tirer profit de son avantage pour se lancer dans une telle entreprise de domination, il faut s'attendre, à l'échelle de la planète, à un profond bouleversement du paysage politique et économique : la mondialisation numérique n'épargnera personne.

Les crises du monde réel

Le combat de ces deux superpuissances pour la suprématie numérique paraît pourtant presque insignifiant au regard des deux crises que l'IA va déclencher : celle des emplois, qui vont disparaître en masse, et celle des inégalités, qui vont se creuser – aussi bien au niveau national qu'international.

En submergeant l'économie mondiale, la vague du *deep learning* va éradiquer des milliards d'emplois à tous les échelons de qualification – comptables, ouvriers sur les chaînes de montage, magasiniers, analystes de portefeuilles, contrôleurs qualité, chauffeurs routiers, assistants juridiques et même radiologues, pour n'en citer que quelques-uns. Les sociétés humaines ont réussi par le passé à absorber des chocs économiques similaires, liés à l'apparition de nouvelles technologies. Au XIXe et au XXe siècle, elles l'ont fait en reconvertissant des millions de paysans en ouvriers pour faire tourner les usines. Mais aucun de ces changements ne s'est produit avec une telle précipitation. Au vu de la rapidité actuelle des progrès technologiques et de leur adoption, mon pronostic est que l'intelligence artificielle sera techniquement en mesure de remplacer 40 % à 50 % des emplois aux États-Unis dans quinze ans. Il s'écoulera peut-être encore une dizaine d'années avant qu'on ne voie réellement disparaître tous ces emplois, mais la secousse qui ébranlera le marché du travail est bien réelle, de grande ampleur et imminente.

En même temps qu'augmentera le chômage, on verra les nouveaux magnats de l'IA accumuler des fortunes gigantesques. Uber est déjà l'une des start-up les plus chères du monde, et ce en reversant à ses chauffeurs 75 % environ des revenus gagnés sur chaque trajet. Dans ces conditions, imaginez la valorisation qu'il atteindrait si, en l'espace d'un ou deux ans, il parvenait à substituer à tous ses chauffeurs humains des voitures autonomes fonctionnant à l'intelligence artificielle ! Et que dire des banques si elles remplaçaient tous leurs agents de crédit par des algorithmes capables de générer des offres de prêt mieux conçues, avec des taux de défaut de paiement bien moindres, le tout sans aucune intervention humaine ? D'ici peu, des transformations analogues vont toucher des domaines comme le transport routier, l'assurance, la production industrielle ou encore la vente au détail.

Un autre facteur va concourir à la concentration du profit : au sein de chaque secteur, l'intelligence artificielle tend naturellement à favoriser les organisations économiques où le gagnant rafle tout. Le lien qui unit *deep learning* et données entretient un cercle vertueux par lequel les produits et les entreprises les plus performants se voient consolidés : avec plus de données, on développe un meilleur produit, ce qui séduit davantage d'utilisateurs, générant des données supplémentaires qui vont permettre d'améliorer encore le produit, et ainsi de suite. Ajoutons que les perspectives de gains liées à la détention de grandes quantités de données attirent les meilleurs talents de la discipline vers les compagnies les plus prestigieuses, ce qui a pour effet d'élargir encore la distance entre les leaders et les derniers du peloton.

Jusqu'à présent, la prédominance des biens de consommation physiques et les contraintes géographiques ont contribué à freiner la constitution de monopoles. (Les lois antitrust américaines n'ont pas fait de mal non plus.) Mais, à l'avenir, les produits et services numériques vont représenter une part croissante de la consommation mondiale ; parallèlement, les camions sans chauffeur et les drones autonomes vont faire dégringoler les coûts de transport des biens physiques. Au lieu de voir les profits de l'industrie se répartir entre différentes entreprises et différentes régions, nous allons assister à une concentration de plus en plus massive de ces sommes astronomiques entre les mains d'une poignée d'individus. Pendant ce temps-là, les files de demandeurs d'emploi ne cesseront de s'allonger.

Intelligence artificielle : le nouvel ordre mondial

Ces inégalités ne resteront pas confinées à l'intérieur des frontières nationales. La Chine et les États-Unis ont déjà pris une avance considérable, préparant le terrain pour un nouvel ordre mondial bipolaire. Le Royaume-Uni, la France et le Canada – pour ne citer qu'eux – possèdent d'excellents laboratoires scientifiques et des chercheurs en IA extrêmement compétents, mais il leur manque un écosystème riche en capital-risque et de vastes réserves d'utilisateurs capables de générer la ressource clé de cette nouvelle ère : les données. À mesure que les entreprises d'intelligence artificielle implantées aux États-Unis et en Chine amassent des données et des talents, le cercle vertueux évoqué plus haut leur garantit une amélioration et un avantage croissants, creusant un peu plus l'écart avec leurs concurrents, jusqu'à ne plus pouvoir le combler. Au sein de ces deux pays couvent les géants de l'IA qui, demain, vont s'imposer sur les marchés internationaux et s'enrichir grâce à des consommateurs disséminés aux quatre coins de la planète.

Simultanément, dans les usines, l'automatisation permise par l'IA va priver les pays en développement du seul avantage économique qu'ils aient jamais possédé : une main-d'œuvre à faible coût. Sur des marchés très étendus, on peut s'attendre à ce que les usines gérées par des robots se délocalisent pour se rapprocher des consommateurs situés en bout de chaîne. Ce faisant, elles empêcheront les pays pauvres de suivre la route qu'ont empruntée les « Tigres asiatiques », comme la Corée du Sud et Singapour, pour construire une économie prospère et tournée vers les technologies. Le résultat est le même : le fossé entre les nantis et les démunis de la planète est condamné à se creuser, sans qu'on connaisse, pour l'heure, aucun moyen de le combler.

L'organisation mondiale engendrée par l'intelligence artificielle va donc combiner deux traits majeurs : une économie où le vainqueur ne laisse aucun concurrent debout et une concentration de richesses sans précédent dans les coffres d'une poignée d'entreprises chinoises et américaines. C'est là que réside, à mon sens, le vrai danger potentiel de l'IA : des désordres sociaux et des crises politiques terribles, corollaires d'un chômage généralisé et d'inégalités criantes.

Toute cette confusion aura pour toile de fond une crise beaucoup plus intime, psychologique – en un mot, humaine : celle de la perte de sens. Pendant des siècles, l'homme a rempli ses journées par le travail, troquant son temps et sa sueur contre un toit et de la nourriture. Autour de cet échange, nous avons forgé des valeurs qui sont profondément enracinées dans notre culture. Beaucoup d'entre nous ont été conditionnés à tirer leur amour-propre de leur labeur quotidien. Parce qu'elle remet en cause ces valeurs, l'expansion de l'intelligence artificielle menace d'ébranler en un clin d'œil le sens que nous donnons à notre existence.

Il s'agit là de défis colossaux, mais pas insurmontables. Il y a quelques années, j'ai failli mourir. J'ai traversé une période de questionnements existentiels qui m'a transformé. Cette expérience m'a ouvert les yeux sur certains sujets, notamment sur les solutions possibles à la crise de l'emploi que l'IA, selon mes projections, ne manquera pas de déclencher. Mais il nous faudra garder une grande lucidité et accepter de soumettre à un examen philosophique méticuleux toutes les choses qui comptent vraiment dans nos vies – une tâche qui mettra à contribution autant nos cœurs que nos esprits. Dans les derniers chapitres de ce livre, j'esquisse ma propre vision d'un monde où les humains ne se contenteraient pas de cohabiter avec l'intelligence artificielle, mais s'épanouiraient grâce à elle.

Pour atteindre ce but – sur un plan aussi bien technologique que social et humain –, il nous faut d'abord comprendre le parcours qui nous a menés là où nous sommes. Transportons-nous donc quinze ans en arrière, à une époque où l'on se moquait de la Chine, désignée comme le royaume de la contrefaçon, et où la Silicon Valley se tenait, seule et fière, à la proue de la haute technologie.

2
Dans l'arène des copieurs

On l'appelait le « Cloneur[1] ». Wang Xing (prononcer « wang ching ») a marqué l'Internet chinois tout juste naissant en s'imposant comme un imitateur en série, une étrange image inversée des *serial entrepreneurs* de la Silicon Valley qui faisaient l'admiration de tous. À quatre reprises – en 2003, 2005, 2007 et enfin 2010 –, Wang Xing a jeté son dévolu sur la start-up américaine la plus populaire de l'année et l'a copiée à destination du public chinois.

Tout a commencé pendant son doctorat en ingénierie à l'université du Delaware, lorsqu'il a découvert par hasard le pionnier des réseaux sociaux, Friendster. Fort de son expérience en réseaux informatiques, il s'est immédiatement approprié l'idée d'un réseau d'amis virtuel.

Abandonnant ses études, Wang Xing est reparti en Chine avec un objectif : recréer Friendster. Pour ce premier projet, il a fait le choix de ne pas reproduire à l'identique le graphisme de son modèle d'origine, décidant plutôt, avec l'aide de deux ou trois amis, de construire sa propre interface utilisateur autour du concept central de réseau social numérique. Le résultat, pour citer Wang Xing lui-même, était « hideux », et le site n'a jamais décollé.

Deux ans plus tard, Facebook déferlait sur les campus universitaires avec son design épuré et sa cible estudiantine de niche – deux caractéristiques que Wang Xing reprit dans sa propre création : Xiaonei (« Sur le campus »). Ce réseau s'adressait exclusivement aux étudiants chinois, et son interface utilisateur était une reproduction exacte du site de Mark Zuckerberg, dont Wang Xing avait méticuleusement copié la page d'accueil, les profils, les barres d'outils et la palette de couleurs. À en croire les médias chinois, la toute première version de Xiaonei allait jusqu'à faire figurer au bas de chaque page le slogan de la start-up de Palo Alto : « Une production de Mark Zuckerberg[2] ».

Xiaonei fut un vrai succès, mais Wang Xing le revendit prématurément. L'expansion de la plate-forme avait été trop rapide pour qu'il puisse supporter le coût du serveur, si bien qu'il dut se résoudre à accepter un rachat. Xiaonei changea de propriétaire et de nom, devenant Renren (« Tout le monde »), et finit par lever 740 millions de dollars lors de son entrée à la Bourse de New York en 2011.

En 2007, Wang Xing repassa à l'offensive. Cette fois, il réalisa une réplique minutieuse du tout jeune Twitter. Le clone était si parfait que, en modifiant la langue et l'URL, l'utilisateur pouvait facilement se croire sur le site original. La version chinoise, Fanfou, se porta très bien pendant une brève période, avant d'être fermée définitivement pour avoir publié des contenus politiquement sensibles. Trois ans plus tard, Wang Xing calqua le modèle économique de Groupon, la nouvelle coqueluche du Web, pour créer le site d'achats groupés chinois Meituan.

Aux yeux de l'élite de la Silicon Valley, Wang Xing était sans vergogne. Selon la règle en vigueur de l'autre côté du Pacifique, imiter bêtement les entreprises bien établies était la faute ultime : c'était précisément cette mentalité de la contrefaçon à échelle industrielle qui allait freiner la Chine et l'empêcher de bâtir des structures réellement innovantes, capables de « changer le monde ». Du moins, c'était le discours de l'époque.

À vrai dire, même en Chine, certains acteurs du secteur trouvaient que Wang Xing était allé trop loin en clonant Facebook et Twitter au pixel près. Certes, il était fréquent que des entreprises chinoises copient leurs petites camarades américaines, mais la moindre des choses, c'était d'ajouter une touche locale ou personnelle. Pourtant, Wang Xing refusa de faire amende honorable. Il voulait bien admettre que le plagiat avait joué un rôle dans son succès, mais il ne fallait pas oublier non plus, soulignait-il, le choix des sites recréés et la qualité de leur exécution sur le plan technique et économique.

Finalement, Wang Xing eut le dernier mot. À la fin de l'année 2017, la capitalisation boursière de Groupon s'était effondrée à 2,58 milliards de dollars et ses actions s'échangeaient à moins d'un cinquième de leur prix de 2011, date de son introduction en Bourse. Cela faisait des années que la start-up américaine préférée du public et du marché stagnait, et elle avait tardé à réagir lorsque l'engouement pour les achats groupés était retombé. Pendant ce temps, confronté à une compétition terrible, le bulldozer de Wang Xing avait écrasé des milliers de sites similaires, avant d'étendre ses activités à une dizaine de nouveaux secteurs. Aujourd'hui, Meituan est numéro quatre sur la liste des start-up les plus chères du monde avec une valorisation de 30 milliards de dollars. Demain, les principaux rivaux de Wang Xing, selon l'intéressé, seront Alibaba et Amazon.

En analysant le succès de Wang Xing, les observateurs occidentaux commettent une erreur fondamentale. Ils considèrent que Meituan a triomphé en copiant une idée américaine géniale pour l'implanter au sein de la sphère protégée de l'Internet chinois – un espace sécurisé où de fragiles compagnies locales parviendraient à survivre grâce à un environnement beaucoup moins concurrentiel. Cette vision égocentrique rapportant toutes les innovations du Web à la Silicon Valley repose sur une méconnaissance profonde des dynamiques à l'œuvre sur le marché chinois.

En réalité, en fabriquant ses premiers clones de Facebook et de Twitter, Wang Xing n'a fait qu'appliquer à la lettre les tactiques de la Silicon Valley. Au cours d'une première phase qui a vu de jeunes pousses chinoises imiter les sites américains, l'ère de la copie a contribué à développer en Chine des compétences élémentaires d'ingénierie et d'entrepreneuriat numérique totalement inexistantes jusqu'alors. Mais c'est la seconde phase – lorsque des start-up chinoises, s'inspirant de modèles économiques américains, ont commencé à les adapter et à les optimiser pour le marché national en se livrant une concurrence acharnée – qui a fait de Wang Xing un patron d'envergure mondiale.

S'il s'était contenté d'importer en Chine le *business model* des achats groupés, Wang Xing n'aurait certainement pas créé un colosse de 30 milliards de dollars. En effet, c'est ce que faisaient déjà plus de cinq mille sociétés dans ce secteur, dont Groupon lui-même. La firme américaine parvint même à se hisser loin au-dessus des plagiaires en s'associant à l'un des principaux portails Internet chinois. Entre 2010 et 2013, Groupon et ses sosies locaux se livrèrent une guerre sans merci pour accaparer des parts de marché et fidéliser les consommateurs, ne reculant devant rien pour éliminer leurs rivaux et dilapidant au passage des milliards de dollars.

Ce pugilat autour des achats groupés était une représentation miniature de l'écosystème numérique chinois : un Colisée où des centaines de gladiateurs de la copie s'affrontaient jusqu'à la mort. Bien souvent, au milieu de ce chaos sanglant, les belligérants étrangers entrés les premiers dans la bataille n'étaient pas les mieux armés. La palme du plus rapide, du plus habile, du plus efficace et du plus rentable se jouait plutôt entre les combattants du cru. Ils se piquaient sauvagement leurs idées de produits innovants, cassaient les prix, désinstallaient méthodiquement les logiciels concurrents, lançaient des campagnes de diffamation ou allaient jusqu'à signaler les agissements de leurs rivaux à la police. Pour ces guerriers, tous les coups étaient permis, y compris des tactiques qui auraient fait rougir Travis Kalanick, le fondateur d'Uber. Quant à leur endurance et à leur dévouement fanatique à la tâche, ils auraient envoyé n'importe quel salarié de Google tituber d'épuisement vers une « capsule de sieste ».

La Silicon Valley condamnait la pratique de la copie et trouvait les stratégies déployées écœurantes. La plupart du temps, elles l'étaient. Mais c'est justement cette culture de l'imitation qui a contraint des entreprises soumises à la charge de milliers de concurrents plagiaires à innover sans cesse. Survivre dans cette arène exigeait des efforts de chaque instant : décliner et perfectionner ses produits, maîtriser ses coûts, viser la perfection dans la mise en œuvre, faire parler de soi en termes élogieux dans les médias, lever des capitaux en gonflant artificiellement la valorisation de son entreprise, tenter de construire un solide « rempart concurrentiel » pour se protéger des copieurs, etc. On n'a jamais vu de simples faussaires fonder de grandes entreprises, parce qu'ils ne tiennent pas le choc dans un tel environnement. En revanche, ce paysage compétitif où chaque jour est une épreuve par le feu et où l'on vit littéralement cerné par des requins prêts à voler la moindre idée a fini par engendrer une génération d'entrepreneurs dont la ténacité est sans équivalent sur la planète.

Alors que débute l'ère de l'IA appliquée, cet environnement entrepreneurial impitoyable va constituer l'un des atouts essentiels qui permettront à la Chine de bâtir une économie fondée sur l'apprentissage automatique. Ce ne seront pas des chercheurs enfermés dans leurs labos d'excellence du Massachusetts Institute of Technology (MIT) ou de Stanford, occupés à produire des résultats scientifiques inédits, qui concrétiseront les extraordinaires changements économiques mondiaux promis par le *deep learning*. Au contraire, ce seront des industriels pragmatiques et assoiffés de profits qui s'associeront à des experts de l'intelligence artificielle pour mettre en œuvre la puissance transformatrice du *deep learning* dans de multiples secteurs d'activité du monde réel.

Dans les dix prochaines années, nous allons voir ces gladiateurs chinois investir des centaines d'industries et appliquer le *deep learning* à tous les domaines offrant des perspectives de gains importants. Si l'intelligence artificielle est la nouvelle électricité, c'est sans doute de Chine que viendront les magnats et les bricoleurs qui électrifieront nos vies dans leurs moindres aspects, des appareils électroménagers à l'assurance habitation. Parce que ces entrepreneurs ont le don de corriger à l'infini les modèles économiques et de flairer les bénéfices, ils vont concevoir un formidable éventail d'applications qui bouleverseront peut-être nos existences. Elles seront développées sur le sol chinois avant de partir à la conquête des pays étrangers, et pourraient bien s'imposer sur la plupart des marchés en développement.

Aux États-Unis, le monde des affaires n'est pas du tout préparé à cette déferlante chinoise. Pourquoi ? Parce que la clé de la réussite du « Cloneur » lui a totalement échappé. Ce n'est pas d'avoir été un copieur qui a ouvert la voie du succès à Wang Xing. C'est d'être devenu un gladiateur.

Le choc des cultures

Les start-up et ceux qui les créent ne surgissent pas du néant. Leurs modèles de gestion, leurs produits, les valeurs mises en avant reflètent la culture unique de l'époque et des lieux qui les ont vus grandir.

Le Web de la Silicon Valley et celui de la Chine sont deux écosystèmes distincts nés de terreaux culturels bien différents. Beaucoup d'entrepreneurs de la baie de San Francisco sont les rejetons de professionnels accomplis : des informaticiens, des dentistes, des ingénieurs, des universitaires, etc. On leur a répété, lorsqu'ils étaient enfants, qu'ils avaient le pouvoir – oui, *eux* particulièrement – de changer le monde. Pendant leur premier cycle universitaire, ils ont appris l'art de la programmation avec les plus grands chercheurs, mais ont aussi goûté aux joies des débats philosophiques auxquels un cursus en sciences humaines donne accès. Une fois installés dans la Silicon Valley, ils se sont rendus au travail en empruntant les rues arborées qui serpentent dans les banlieues californiennes.

Cet univers d'abondance se prête à merveille à de nobles aspirations et invite naturellement à imaginer des solutions techniques élégantes à des problèmes abstraits. Ajoutez à cela une histoire régionale jalonnée d'avancées majeures dans le domaine de l'informatique, et vous avez le décor parfait pour voir fleurir l'idéologie mi-geek, mi-hippie qui définit depuis longtemps la Silicon Valley. Au cœur de cette école de pensée, on trouve un techno-optimisme quelque peu béat – la conviction que chaque individu, chaque entreprise, peut réellement changer la face du monde par son esprit innovant. Copier des idées ou les caractéristiques d'un produit est mal vu, cela revient à trahir les croyances qui prévalent actuellement – un acte indigne du code moral d'un authentique pionnier. Tout tourne autour de l'innovation à l'état pur, l'ambition de créer un produit totalement nouveau qui pourra, comme le disait Steve Jobs, « laisser son empreinte sur le monde ».

Les start-up qui naissent et grandissent dans un tel environnement sont souvent guidées par une *mission*. Elles partent d'un concept original ou d'un but idéaliste autour desquels elles édifient leur entreprise. Leurs déclarations de mission énoncent de grands et beaux principes, déconnectés de toute préoccupation matérielle ou motivation financière.

La culture des start-up en Chine offre avec celle de la Silicon Valley un contraste singulier, aussi marqué que l'opposition du yin et du yang. Les entreprises chinoises ne sont pas guidées par une mission, mais avant tout par le *marché*. Leur dessein ultime est de s'enrichir, et tout produit, modèle ou activité qui concourra à la réalisation de cet objectif est bon à prendre. C'est la raison de leur extraordinaire souplesse en matière de modes de gestion et d'exécution – un parfait condensé de l'approche de la start-up « *lean* * » souvent portée aux nues dans la Silicon Valley. Une idée peut venir de n'importe où, de n'importe qui : la seule chose qui compte, c'est de savoir si sa mise en œuvre est susceptible de générer des profits.

* Une méthode permettant de créer des entreprises plus aptes à s'adapter aux besoins des consommateurs. Voir plus loin la section « Être un gladiateur "*lean*" ».

Ces entrepreneurs ne courent pas après la célébrité ou la gloire, ils ne rêvent pas de changer le monde – ce sont là simplement des bénéfices secondaires appréciables. Le but ultime, c'est de faire fortune. Peu importe comment on y parvient...

Cette pratique mercenaire qui choque beaucoup d'Américains possède des racines historiques et culturelles profondes dont il faut comprendre la nature. En Chine, depuis des millénaires, l'éducation repose sur l'apprentissage par cœur, mécanique. Autrefois, pour pouvoir intégrer la bureaucratie impériale, il fallait avoir mémorisé mot à mot les textes classiques, mais aussi être capable d'élaborer une parfaite « composition en huit parties » en respectant des directives stylistiques immuables. Alors que Socrate encourageait ses disciples à pratiquer le doute pour atteindre la vérité, les philosophes de la Chine antique recommandaient de suivre les rituels des sages d'un lointain passé. Imiter rigoureusement la perfection était considéré comme la voie vers la véritable maîtrise.

À ce penchant culturel pour l'imitation s'ajoute un état d'esprit profondément ancré dans la Chine du XXe siècle : la mentalité de la pénurie. Une seule génération, tout au plus, sépare les entrepreneurs high-tech d'aujourd'hui de la pauvreté écrasante qui a régné dans le pays pendant des siècles. Beaucoup d'entre eux sont des produits de la défunte « politique de l'enfant unique » et portent sur leurs épaules les espoirs de vie meilleure de toute une famille – leurs deux parents et leurs quatre grands-parents. Quand ils étaient petits, on ne leur parlait pas de changer le monde, mais de survie. Leur devoir était de gagner leur vie pour s'occuper de leurs parents, quand ces derniers seraient trop vieux pour aller travailler aux champs. Le moyen le plus sûr d'échapper à la misère qui avait accablé les générations précédentes était d'étudier à l'université. Cela impliquait des dizaines de milliers d'heures de bachotage pour préparer le concours d'entrée, extrêmement sélectif. Tous ces entrepreneurs ont vu de leur vivant leur pays s'extraire de la pauvreté grâce à la conjonction de politiques courageuses et d'un travail acharné. Ils ont vu les bons alimentaires céder la place à des bulletins de salaire et, finalement, à des prises de participation dans des start-up.

Le rythme foudroyant de l'expansion économique chinoise n'a pas fait disparaître cette mentalité de la pénurie. Les citoyens ont pu observer comment des secteurs industriels, des villes et des fortunes personnelles naissent et disparaissent du jour au lendemain, sur des marchés où les réglementations peinent à résister à une concurrence digne du Far West. Deng Xiaoping, le dirigeant qui a rompu avec l'égalitarisme de l'ère maoïste pour engager le pays sur la voie de l'économie de marché, a déclaré un jour que la Chine, si elle voulait se développer, devait « en laisser quelques-uns s'enrichir les premiers[3] ». Le problème, c'est que la rapidité fulgurante de ce développement n'a fait que renforcer les craintes. Chacun sait que, à moins de réagir au quart de tour – en attrapant au vol telle nouvelle mode ou en entrant immédiatement sur tel nouveau marché –, il sera condamné à regarder les autres s'enrichir, tandis qu'il s'enfoncera dans la pauvreté.

Ces trois courants – une culture qui accepte la pratique de la copie, une mentalité de la pénurie et une disposition à s'engouffrer dans toute nouvelle industrie prometteuse – forment ensemble le substrat psychologique sur lequel s'est construit l'écosystème de l'Internet chinois.

Loin de moi l'intention de prêcher le déterminisme culturel. J'ai vécu sur les deux rives du Pacifique, au sein des deux cultures, et je suis bien placé pour savoir que les comportements d'un individu ne sont pas uniquement façonnés par son lieu de naissance et ce que ses parents lui ont légué. Les choix d'une entreprise, eux, sont très fortement influencés par toutes sortes d'excentricités personnelles, mais aussi par les réglementations gouvernementales. À Pékin, une plaisanterie circule selon laquelle Facebook serait « la plus chinoise des boîtes de la Silicon Valley ». Sous la houlette de Zuckerberg, l'archétype de l'entrepreneur aux dents longues, n'est-elle pas toujours prête à aller piquer des idées chez ses concurrentes ? De même, en travaillant chez Microsoft, j'ai constaté qu'une politique antitrust pouvait rendre inoffensive la plus prédatrice des compagnies. Il n'empêche : l'histoire et la culture jouent un rôle. Si l'on veut pouvoir comparer l'évolution des technologies aux États-Unis et en Chine, il est essentiel de comprendre comment des creusets culturels distincts ont engendré des formes d'entreprise différentes.

Pendant des années, l'élite de la Silicon Valley s'est moquée des produits d'imitation qui émergeaient du bouillon culturel chinois. À ses yeux, ces contrefaçons de pacotille auraient dû faire honte à leurs auteurs et ne méritaient pas l'attention des vrais innovateurs. Mais ces observateurs extérieurs sont passés complètement à côté de ce qui couvait sous la surface. Le gain le plus précieux issu de l'ère de la copie n'était pas un produit : c'étaient les entrepreneurs eux-mêmes.

Les horloges neuves de l'empereur

Deux fois par jour, le Pavillon du culte des ancêtres, situé dans la Cité interdite de Pékin, s'anime. C'est là que les souverains des deux dernières dynasties impériales de la Chine venaient autrefois brûler de l'encens et accomplir les rites sacrés destinés à honorer les Fils du ciel qui les avaient précédés. Aujourd'hui, ce pavillon abrite quelques-unes des pièces d'horlogerie mécanique les plus élaborées et les plus ingénieuses jamais conçues. À elles seules, les façades de ces joyaux traduisent déjà une maîtrise exceptionnelle. Mais ce sont les mécanismes incroyablement complexes intégrés dans la structure même des horloges qui attirent les foules lors des deux représentations quotidiennes – une le matin et une l'après-midi.

À mesure que les secondes s'égrènent, un oiseau métallique tourne à toute vitesse autour d'une cage dorée. Des fleurs de lotus en bois peint ouvrent et referment leurs pétales, faisant apparaître un minuscule bouddha en pleine méditation. Un éléphant finement sculpté tirant une calèche modèle réduit agite sa trompe de haut en bas tout en décrivant des cercles. À l'aide d'un pinceau de calligraphie, un automate représentant un savant chinois vêtu à l'européenne trace un aphorisme sur un parchemin miniature. Son écriture est calquée sur celle de l'empereur qui a commandé la pièce.

Ce spectacle éblouissant nous rappelle que le véritable savoir-faire artisanal est intemporel. Aux XVIIe et XVIIIe siècles, pour tenter de gagner les faveurs des empereurs chinois, les missionnaires jésuites occidentaux commencèrent à leur offrir des cadeaux, fruits de la technologie européenne la plus avancée. Comme l'empereur Qianlong, de la dynastie Qing, affectionnait particulièrement les horloges, les industriels britanniques se mirent en frais pour fabriquer des pièces correspondant aux goûts du Fils du ciel. La « diplomatie des horloges » était née. Bien des horloges exposées dans le Pavillon du culte des ancêtres sont l'œuvre des meilleurs artisans d'Europe de l'époque. Leurs ateliers ont produit un mélange unique de talent, de sensibilité esthétique et de fonctionnalité – une extraordinaire alchimie de compétences dans laquelle beaucoup d'acteurs de la Silicon Valley se reconnaissent aujourd'hui.

Lorsque je dirigeais Google China, dont j'étais aussi le fondateur, je recevais souvent des délégations de cadres de la maison mère. J'aimais les emmener admirer ces horloges de leurs propres yeux. Le but n'était pas qu'ils puissent se gargariser du génie de leurs ancêtres européens, mais de leur permettre de constater que ces magnifiques exemples du savoir-faire occidental avaient été fabriqués, pour beaucoup, à Guangzhou, cette ville du sud de la Chine qu'on appelait alors Canton.

Peu après que l'empereur de Chine eut adopté les horloges européennes, un nouveau genre d'atelier se mit à fleurir dans toutes les villes du pays. On y étudiait les horloges afin de les recréer. Dans les cités portuaires méridionales où les Occidentaux venaient faire des affaires, les meilleurs artisans chinois commencèrent à démonter les ingénieux mécanismes afin d'examiner une à une les pièces imbriquées et les ornementations. Une fois les rudiments maîtrisés, ils purent concevoir des répliques quasi parfaites des originaux. Puis ils assimilèrent les principes de base de l'horlogerie et créèrent leurs propres modèles reflétant les motifs et les traditions de la culture chinoise : des caravanes animées progressant sur la route de la soie, des scènes de rue pékinoises plus vraies que nature, la profonde sérénité inspirée par les sutras bouddhiques, etc. Bientôt, ces artisans parvinrent à égaler, et même à dépasser, le savoir-faire venu d'Europe, tout en mêlant à leurs réalisations une sensibilité purement chinoise.

Le Pavillon du culte des ancêtres date de la dynastie Ming, et l'histoire des horlogers imitateurs s'est déroulée il y a plusieurs centaines d'années. Mais nous voyons le même mécanisme culturel à l'œuvre dans la société chinoise d'aujourd'hui. Tandis que ces merveilles tournoyaient et carillonnaient devant mes collègues de Google, maîtres artisans du XXIe siècle, je me demandais avec angoisse si ce mécanisme ne s'apprêtait pas à les engloutir.

Apprentis copieurs

Vues de l'extérieur, les entreprises pastiches des débuts de l'Internet chinois paraissaient inoffensives. Elles en étaient presque attendrissantes. À la fin des années 1990, lorsque la Chine a connu son premier boom numérique, les acteurs du secteur allaient chercher tous les éléments dont ils avaient besoin du côté de la Silicon Valley – les talents, les financements, et même le nom de leurs start-up embryonnaires. C'est à Charles Zhang, un physicien chinois doctorant du MIT, que la Chine doit son premier moteur de recherche. Aux États-Unis, Zhang avait assisté au décollage du tout jeune Internet, et il voulait impulser le même processus dans son pays natal. Avec en poche les investissements de ses professeurs du MIT, il est rentré chez lui, déterminé à construire l'infrastructure de base de l'Internet chinois.

Mais une rencontre avec le fondateur de Yahoo!, Jerry Yang, en décida autrement. Changeant de cap, Zhang entreprit de créer un site en chinois qui serait à la fois moteur de recherche et portail. Il baptisa sa nouvelle société Sohoo, un mot-valise combinant de manière assez peu subtile le terme chinois pour « recherche » (*sou*) et le nom de son modèle américain. Peu après, il modifia l'orthographe en « Sohu » pour rendre le clin d'œil moins évident – mais, de toute façon, cet emprunt était davantage vu comme un hommage que comme une véritable menace. À l'époque, pour la Silicon Valley, l'Internet chinois était une babiole, une petite expérience intéressante menée par un pays technologiquement arriéré.

N'oublions pas que de larges pans de l'économie chinoise carburaient alors au plagiat. Dans le sud du pays, des tonnes de sacs de luxe contrefaits sortaient chaque jour des usines. Les constructeurs automobiles créaient des répliques de modèles étrangers tellement ressemblantes que certains concessionnaires proposaient à leurs clients de retirer le logo de la marque chinoise pour le remplacer par celui de la marque étrangère, plus prestigieux. Il existait même un simili-Disneyland en périphérie de Pékin, un parc d'attractions sinistre où des employés en faux costumes de Mickey et Minnie serraient des petits enfants dans leurs bras. Sur un panneau à l'entrée du parc, on pouvait lire : « Disneyland est trop loin : venez à Shijingshan[4] ! » Et pendant que des gestionnaires de parcs d'attractions pleins d'énergie pompaient sans vergogne sur Disney, Wang Xing, lui, trimait pour produire son sosie de Facebook, avant de s'attaquer à Twitter.

À la tête de Google China, j'ai fait personnellement l'expérience de ces clones, particulièrement dangereux lorsqu'ils décrédibilisent l'image d'une marque. Depuis 2005, je travaillais d'arrache-pied à développer notre moteur de recherche en chinois et à consolider la confiance de nos utilisateurs. Le soir du 11 décembre 2008, une grande chaîne de télévision nationale consacra six minutes de son journal à Google China. Le reportage, accablant, montrait des internautes qui, après avoir cherché des renseignements médicaux sur le site chinois de Google, se voyaient proposer des liens publicitaires vers des traitements frauduleux. La caméra zoomait sur l'ordinateur. Le logo chinois de Google était bien visible, surmontant de dangereuses arnaques et des services bidon de médicaments habituellement délivrés sur ordonnance.

Aussitôt, la confiance du public dans Google China a été ébranlée. Le reportage à peine terminé, je me suis précipité sur mon ordinateur pour effectuer les mêmes recherches. Curieusement, je n'ai pas obtenu les résultats mis en avant dans le journal. J'ai eu beau changer l'ordre des termes, modifier mes réglages, pas moyen de faire apparaître les liens incriminés – ni, donc, de les retirer. Pendant ce temps, j'étais bombardé de messages de journalistes exigeant des explications au sujet de ces publicités mensongères. La seule réponse – certes peu convaincante – qu'il m'était possible de donner était: « Google met tout en œuvre pour retirer au plus vite les contenus publicitaires problématiques. Toutefois, ce n'est pas un processus instantané, et il peut arriver que des publicités enfreignant la loi restent en ligne pendant quelques heures. »

L'orage a continué de gronder. En parallèle, notre équipe tentait toujours de retrouver, ou au moins localiser, les fameuses publicités. En vain. Finalement, plus tard dans la nuit, j'ai reçu un e-mail enthousiaste d'un de nos ingénieurs. Il avait compris pourquoi nous ne parvenions pas à reproduire ces résultats: le moteur de recherche que nous avions tous vu à la télé n'était pas Google. Un plagiaire chinois en avait fait une copie parfaite, quasiment au pixel près – mise en page, polices de caractères, impression générale. Les résultats de recherche et les publicités venaient du site pirate, mais ils avaient été soigneusement déguisés pour ressembler aux résultats et aux pubs Google, au point qu'il était impossible de les distinguer. Notre ingénieur n'avait remarqué qu'une seule différence: une infime modification de la couleur d'une des polices utilisées. Les imposteurs avaient si bien travaillé que, sur sept cents salariés de Google China rivés à leur télévision, un seul avait été capable de différencier les deux pages.

Cette pratique de la copie minutieuse s'étendait même au matériel de pointe le plus perfectionné. Lorsque Steve Jobs a lancé sa première version de l'iPhone, il n'a fallu que quelques mois pour voir apparaître dans tous les magasins d'électronique chinois des « mini-iPhones ». Ces téléphones de poupée presque identiques à l'original, mais en deux fois plus petit, étaient conçus pour tenir dans la paume de la main. Autre particularité : ils étaient dépourvus de tout dispositif permettant de se connecter à Internet via un forfait mobile, ce qui en faisait les smartphones les plus « stupides » du marché.

Pourtant, les touristes américains qui visitaient Pékin se les arrachaient, ravis de trouver un cadeau amusant à rapporter à leurs amis. Le mythe de l'innovation propre à la Silicon Valley ne s'en trouvait que renforcé ; ces joujoux étaient une allégorie parfaite de la technologie chinoise à l'ère de la copie. Après tout, sous des dehors étincelants singeant les modèles américains, ces répliques n'étaient qu'une coquille vide, à peine fonctionnelle et dénuée de toute innovation. Pour la majorité des Américains, les Wang Xing du monde pouvaient bien créer un sosie presque parfait de Facebook, mais jamais les Chinois ne toucheraient du doigt l'impénétrable aura novatrice dont bénéficiaient des microcosmes comme la Silicon Valley.

Obstacle ou tremplin ?

Parmi les articles de foi des investisseurs de la Silicon Valley, on retrouve cette notion : les entreprises comme

Google, Facebook, Amazon et Apple seraient le produit d'un pur esprit d'innovation. Une pulsion irrépressible à « penser autrement » aurait poussé Steve Jobs, Mark Zuckerberg ou Jeff Bezos à fonder ces compagnies qui allaient changer le monde. Selon les défenseurs de cette chapelle, les horlogers d'imitation chinois, quant à eux, auraient engagé le pays dans une impasse. Lorsqu'on copie par réflexe, on crée un obstacle majeur à l'innovation réelle. Singer vos camarades, semble-t-il, aurait pour effet d'atrophier votre imagination et de vous ôter toute chance d'inventer un jour quelque chose de vraiment novateur. En tout cas, c'est la théorie.

Mon interprétation est bien différente. À mes yeux, les précurseurs de la copie comme Wang Xing n'ont pas été des obstacles, mais des tremplins. Leur démarche initiale, certes plagiaire, est loin d'avoir encouragé une mentalité anti-innovation dont il leur aurait été impossible de se défaire par la suite. Au contraire, elle leur a permis de concevoir des produits technologiques plus originaux et mieux adaptés au marché local.

La mise au point d'une invention capable de conquérir le monde requiert un savoir-faire technique et une sensibilité esthétique qui prennent leur source quelque part. Aux États-Unis, cela fait des décennies que les universités, les entreprises, les ingénieurs cultivent et transmettent ces compétences. Chaque génération a ses acteurs ou produits à succès, mais toutes ces innovations reposent sur des fondations existantes en matière d'éducation, de formation professionnelle, d'apprentissage en entreprise et, plus largement, d'inspiration.

La Chine n'a pas joui d'un tel luxe. En 1975, tandis que Bill Gates fondait Microsoft, elle était encore dans les affres de la Révolution culturelle, une époque marquée par une agitation sociale et une fièvre anti-intellectuelle intenses. Et en 1998, quand Sergey Brin et Larry Page ont créé Google, la proportion de la population chinoise ayant accès à Internet n'était que de 0,2 %, contre 30 % des Américains[5]. Les pionniers chinois des technologies n'avaient ni mentors ni modèles à disposition dans leur propre pays. Ils sont donc allés les chercher à l'étranger et ont entrepris de les imiter du mieux qu'ils ont pu.

Indéniablement, le procédé n'était guère délicat. Il était même parfois légèrement embarrassant. Mais, grâce à lui, les copieurs ont acquis les rudiments de la conception d'une interface utilisateur, de l'architecture de sites Web et du développement back-end (c'est-à-dire toute la partie immergée du logiciel). Une fois leurs produits clonés mis en ligne, ces entrepreneurs, toujours guidés par le marché, ont dû immédiatement les perfectionner pour satisfaire les utilisateurs. Pour remporter la mise, il leur fallait surpasser le modèle américain, mais aussi des hordes de plagiaires en tout point semblables à eux. En découvrant progressivement ce qui marchait et ne marchait pas avec les internautes chinois, ils se sont mis à décliner, améliorer et adapter leurs produits aux spécificités locales pour servir au mieux leurs clients.

Ces derniers avaient des habitudes et des préférences bien à eux, ainsi que des modes d'utilisation du programme qui ne cadraient pas parfaitement avec le patron à taille unique qu'affectionne la Silicon Valley. Les géants américains comme Google et Facebook rechignent souvent à adapter leurs créations phares au contexte local. On pourrait résumer leur credo en ces termes : fabriquer un seul produit, et le faire bien. C'est cette approche qui leur a permis de conquérir la planète en un tour de main à l'aube de l'Internet, quand le reste du monde accusait un retard technologique tel qu'aucun pays n'aurait pu leur faire concurrence. À présent, l'expertise technique n'est plus l'apanage des États-Unis, et il devient plus difficile de faire entrer de force des utilisateurs de toutes cultures dans un modèle standardisé généralement conçu par et pour des Américains.

Quand les entreprises chinoises se sont retrouvées au coude à coude avec leurs inspirateurs de la Silicon Valley, elles ont retourné cette rigidité contre eux. Le moindre écart entre les préférences du public chinois et les fonctionnalités universelles offertes par l'un de ces sites internationaux est devenu une brèche dans laquelle ont pu s'engouffrer les acteurs locaux. À force de ciseler leurs produits et leurs modes de gestion pour mieux satisfaire les besoins domestiques, ces derniers sont parvenus à enfoncer un coin entre les internautes chinois et les poids lourds américains du secteur.

« La gratuité, ce n'est pas un modèle économique »

Cette technique a quelques maîtres, dont Jack Ma, qui dirige le site chinois de commerce en ligne Alibaba. Ma a fondé son entreprise en 1999. Pendant deux ou trois ans, ses principaux concurrents étaient d'autres compagnies chinoises. Puis, en 2002, eBay a débarqué en Chine. C'était à l'époque la première plate-forme mondiale d'e-commerce, et la Silicon Valley comme Wall Street ne juraient que par elle. Pour eux, Alibaba n'était qu'un énième clone chinois, indigne de jouer dans la cour des grands. Piqué au vif, Ma a déclenché les hostilités. Pendant cinq ans, il a mené une véritable guérilla, utilisant la taille imposante d'eBay contre ce dernier et multipliant les châtiments chaque fois que l'envahisseur étranger négligeait de s'adapter aux conditions locales.

L'entrée d'eBay sur le marché chinois en 2002 s'est faite à travers le rachat du leader local des sites de vente aux enchères – non pas Alibaba, mais une réplique d'eBay baptisée EachNet. L'opération a donné naissance au « super-couple » par excellence : le champion mondial du commerce en ligne marié au numéro un des sosies chinois. Rapidement, eBay a dépouillé l'interface utilisateur de son partenaire pour rebâtir le site à l'image de ses autres déclinaisons dans le monde. La nouvelle entité a recruté des managers internationaux spécifiquement chargés des opérations chinoises. Ces derniers ont décidé que tout le trafic transiterait par les serveurs d'eBay situés aux États-Unis. Mais bien vite ce déploiement a rencontré des obstacles : l'interface utilisateur s'accordait mal avec les habitudes de navigation des Chinois, la direction ne comprenait pas les marchés domestiques et le reroutage des flux via le Pacifique augmentait le temps de chargement des pages. Lorsqu'un séisme a sectionné des câbles vitaux enfouis sous l'océan, le site est resté inaccessible durant plusieurs jours.

Pendant ce temps-là, Jack Ma s'employait à transposer les principales fonctionnalités d'eBay pour les adapter aux réalités chinoises. Son premier geste fut de lancer une plate-forme de type vente aux enchères, Taobao, pour concurrencer le bulldozer américain sur ses propres terres. Après quoi son équipe n'eut de cesse d'améliorer le site et de l'agrémenter de nouvelles fonctions pour répondre du mieux possible aux besoins du public chinois.

Mais c'est dans le domaine des paiements et des modèles de revenus que Ma a joué ses plus beaux coups. Constatant que les utilisateurs étaient encore très méfiants à l'égard des achats en ligne, il a décidé de créer Alipay, un outil de paiement qui permettait de mettre sous séquestre les sommes réglées par les acheteurs jusqu'à ce qu'ils confirment la bonne réception de leur commande. Alipay a été doublé d'un dispositif de messagerie instantanée pour que vendeurs et acheteurs puissent communiquer sur la plate-forme en temps réel. Grâce à ces innovations commerciales, Taobao est parvenu à arracher des griffes d'eBay une grosse part du marché, tandis que l'Américain, englué dans sa vision d'un produit universel et paralysé par la centralisation du pouvoir de décision dans la Silicon Valley, tardait à réagir et à proposer de nouvelles fonctionnalités.

La plus formidable des armes brandies par Ma a sans doute été son modèle de revenus « freemium ». Le principe consiste à donner accès gratuitement à toutes les fonctions de base et à faire payer uniquement certains services supplémentaires. À l'époque, sur eBay, le vendeur devait s'acquitter de divers frais à trois étapes du processus : lors de la mise en vente de ses produits, lorsque la transaction se concrétisait et, enfin, lors du paiement si celui-ci s'effectuait par PayPal, propriété de l'entreprise. C'était la méthode recommandée aux sites de vente aux enchères ou aux places de marché d'e-commerce s'ils voulaient bénéficier d'un flux de revenus constant.

Face à la concurrence croissante d'eBay, Ma a changé de tactique : il s'est engagé à ce que tous les dépôts d'annonces et toutes les transactions sur Taobao soient gratuits pendant trois ans – une promesse qu'il a bientôt prolongée sans limite de temps. Il a réussi à la fois son opération de communication et son coup commercial. De plus, à court terme, il s'est attiré la sympathie des commerçants chinois, qui restaient circonspects face au commerce en ligne. En leur permettant de mettre en vente gratuitement leurs produits, Ma a pu développer un marché florissant dans une société pourtant peu encline à la confiance. Au bout de quelques années, la plate-forme avait fini par atteindre des proportions gigantesques. Naturellement, les plus gros vendeurs se sont mis à acheter des publicités et à payer pour remonter dans les résultats de recherche, assurant ainsi la visibilité de leurs produits. De la même manière, les marques ont accepté de débourser encore davantage pour apparaître sur le site Tmall, petit frère de Taobao un peu plus haut de gamme.

eBay a réagi – mais à côté de la plaque. Sa réponse fut un sermon à l'attention de Ma, sous la forme d'un communiqué de presse condescendant : « La gratuité, ce n'est pas un modèle économique[6]. » Coté sur le marché boursier Nasdaq, eBay était contraint de produire un chiffre d'affaires et des profits toujours croissants. Les sociétés américaines cotées en Bourse ont tendance à considérer les marchés internationaux comme des vaches à lait, des sources de recettes supplémentaires auxquelles elles auraient droit, sous prétexte qu'elles sont leaders chez elles. Le site d'e-commerce le plus riche de la Silicon Valley n'allait pas faire une entorse au modèle qu'il appliquait partout dans le monde juste pour s'aligner sur les déclarations insensées d'un satané copieur chinois.

C'est un exemple typique de l'entêtement qui a scellé le destin d'eBay en Chine. Taobao a eu vite fait de dépouiller le géant américain de ses utilisateurs et de ses vendeurs. Voyant la chute libre de ses parts de marché, la présidente d'eBay, Meg Whitman, s'est brièvement installée en Chine pour essayer de sauver les meubles. Sans succès. Il ne lui restait plus qu'à inviter Jack Ma dans la Silicon Valley pour tenter de conclure un accord. Mais cela n'a pas suffi. Ma voulait la victoire absolue.

Un an plus tard, eBay s'était totalement retiré du marché chinois.

Pages jaunes ou centre commercial ?

J'ai pu observer ce type de décalage entre sites standardisés et particularités locales lorsque je dirigeais Google China. Google est sans doute l'entreprise numérique la plus prestigieuse au monde, et, en tant que filiale, nous aurions dû bénéficier d'un avantage marketing décisif. Pourtant, ce fil qui nous reliait à notre maison mère dans la Silicon Valley s'est transformé en entrave dès qu'il s'est agi d'adapter nos produits pour élargir notre public en Chine. En 2005, quand j'ai lancé Google China, notre principal concurrent était le moteur de recherche chinois Baidu. C'était une création de Robin Li, un spécialiste des moteurs de recherche de nationalité chinoise qui avait lui aussi travaillé dans la Silicon Valley. Les fonctionnalités de base et l'esthétique minimaliste de Baidu imitaient celles de Google, mais Li perfectionnait constamment son site pour l'adapter aux pratiques chinoises, surtout pour la recherche en ligne.

Car c'est là que les internautes chinois se démarquaient de façon singulière. En étudiant des panels d'utilisateurs, nous avons pu suivre les mouvements de leurs yeux ainsi que leurs clics sur une page de résultats donnée et en tirer des cartes thermiques. Les zones vertes étaient celles que la personne avait survolées, les zones jaunes celles qu'elle avait regardées attentivement, enfin les points rouges marquaient ses clics.

La comparaison des cartes thermiques américaines et chinoises a mis en évidence un profond contraste. Les premières montraient un amas compact de vert et de jaune en haut à gauche de la page, là où apparaissaient les résultats de recherche les plus pertinents, et deux ou trois points rouges se baladant sur les deux premiers de la liste. Les internautes américains passaient environ dix secondes sur la page avant d'aller voir ailleurs. Par opposition, les cartes thermiques chinoises ressemblaient à un joyeux fouillis. L'angle situé en haut à gauche concentrait la majorité des survols et des clics, mais le reste de la page était couvert de taches vertes et de petits points rouges. Les visiteurs chinois s'attardaient entre trente et soixante secondes sur la page de recherche, leur regard bondissant en tous sens d'un résultat à l'autre tandis qu'ils cliquaient frénétiquement, presque à l'aveuglette.

Voilà qui en disait long sur la façon dont les deux groupes abordaient la recherche en ligne. Les Américains utilisaient les moteurs de recherche comme des Pages jaunes – un simple outil permettant de trouver une information particulière. Les Chinois, eux, s'y comportaient comme dans un centre commercial : c'était un lieu où il leur était proposé une grande variété de produits qu'ils pouvaient essayer jusqu'au dernier, avant d'en sélectionner quelques-uns et de passer à la caisse. Pour les Chinois – ces dizaines de millions de nouveaux venus sur Internet –, l'accès à une telle diversité d'informations était une première, et ils voulaient goûter à tout.

Cet écart dans les comportements, aussi net que fondamental, aurait dû en inciter plus d'un à modifier sérieusement les produits qui s'adressaient aux internautes chinois. Dans sa version universelle, la plate-forme de recherche Google ouvrait le lien sur lequel vous cliquiez dans la même fenêtre, ce qui, automatiquement, vous contraignait à quitter la page des résultats. En d'autres termes, nous obligions les Chinois qui « faisaient leurs courses » à choisir un article à mettre dans leur panier, avant de les chasser de la galerie marchande – ni plus ni moins. Baidu, à l'inverse, ouvrait une nouvelle fenêtre de navigation pour chaque lien cliqué. L'utilisateur pouvait ainsi « essayer » plusieurs résultats de recherche sans jamais sortir du « centre commercial ».

Ces résultats me semblaient assez solides pour justifier une recommandation : selon moi, Google devait faire une exception à la règle et copier la méthode de Baidu consistant à ouvrir une nouvelle fenêtre à chaque clic. Mais, chez Google, les changements touchant aux fonctionnalités de base étaient soumis à un processus d'évaluation interminable, car ils généraient dans le code source ce qu'on appelle des *forks*, des sortes de « dérivés » rendant la maintenance plus compliquée. Voilà pourquoi les titans de la Silicon Valley, non contents d'estimer que leurs merveilles de technologie devaient faire l'affaire pour tous les internautes du monde, s'efforçaient d'éviter ces modifications autant que possible. Après des mois de tractations, j'ai fini par gagner – mais, entre-temps, avec son offre spécifiquement adaptée au public chinois, Baidu avait fait le plein d'utilisateurs.

Au cours de mes quatre années chez Google, les batailles comme celle-là ont été récurrentes. Soyons justes : nous avons bénéficié d'une plus grande latitude que la plupart des branches chinoises d'autres entreprises de la Silicon Valley. Nous avons utilisé cet atout pour développer de multiples fonctions soigneusement adaptées au contexte local, ce qui a permis à Google de regagner une bonne partie du terrain perdu les années précédentes en termes de parts de marché. Cependant, à cause de la réticence de la maison mère à créer des *forks*, chaque ajout de fonctionnalité était un parcours du combattant qui nous ralentissait et nous usait. L'exaspération a poussé au départ de nombreux salariés, lassés de se battre contre leur propre direction.

Pourquoi la Silicon Valley ne prend-elle pas en Chine ?

En voyant les eBay, Google, Uber, Airbnb, LinkedIn et autres Amazon tenter de conquérir le marché chinois et s'y casser les dents, les experts occidentaux ont vite pointé du doigt les contrôles imposés par les autorités de Pékin. À leurs yeux, les entreprises chinoises ne parvenaient à survivre que grâce au protectionnisme gouvernemental, qui entravait les activités de leurs rivaux américains.

Mes années d'expérience au sein de plusieurs de ces mastodontes, puis comme investisseur auprès de leurs concurrents chinois, me conduisent à une tout autre conclusion : ces échecs successifs s'expliquent d'abord par l'attitude de la Silicon Valley à l'égard du marché chinois. Pour les sociétés américaines, il ne s'agit que d'un territoire comme un autre, à cocher sur la liste de leurs conquêtes mondiales. Elles n'investissent pas les ressources nécessaires, n'ont pas la patience requise, n'accordent pas à leurs équipes chinoises la souplesse qu'il faudrait pour affronter les entrepreneurs d'envergure internationale qui opèrent en Chine. Elles estiment que leur principale mission réside dans la *promotion* de leurs produits existants auprès du public chinois. En fait, tous leurs efforts devraient porter sur la *personnalisation* de leur offre pour les utilisateurs chinois ou sur la *conception* de produits entièrement nouveaux afin de répondre aux demandes du marché. La réticence à s'adapter aux spécificités régionales a pour effet de ralentir le processus d'itération des produits et de démotiver les équipes locales, simples rouages d'une machine poussive.

Ce n'est pas tout : les entreprises de la Silicon Valley passent aussi à côté de talents exceptionnels. Aujourd'hui, les start-up chinoises proposent de fabuleuses perspectives d'évolution. Les jeunes ambitieux, ceux qui entendent marquer le monde de leur empreinte, préfèrent intégrer l'une d'entre elles – ou la créer – plutôt que de rejoindre les équipes chinoises d'une boîte américaine. Ils savent pertinemment que, s'ils choisissaient cette dernière option, la direction les considérerait éternellement comme des « recrues locales » dont l'utilité se limite à leur pays natal. Jamais ils n'auraient l'opportunité de gravir les échelons au sein de la maison mère, ne pouvant espérer, au mieux, qu'un poste de « directeur pays » chargé de la Chine. C'est pourquoi les firmes étrangères héritent souvent de dirigeants trop tendres ou de commerciaux parachutés depuis d'autres pays – des gens plus soucieux de protéger leur salaire et leurs stock-options que de se battre réellement pour conquérir le marché chinois. Mettez ces personnages relativement précautionneux face à des gladiateurs qui se sont fait les dents dans l'arène chinoise ultra-compétitive : les seconds sortiront systématiquement vainqueurs.

Tandis que les observateurs étrangers commentaient indéfiniment le chemin de croix des géants américains pour s'imposer en Chine, les entreprises chinoises, elles, s'activaient en vue d'améliorer leurs produits. Weibo, une plate-forme de microblogging initialement inspirée de Twitter, a pris une avance considérable sur son rival américain dans le développement de fonctionnalités multimédias et pèse désormais plus lourd que lui en chiffre d'affaires. Didi, la compagnie de VTC aux prises avec Uber, a formidablement élargi son offre de produits : désormais, elle effectue quotidiennement en Chine davantage de trajets qu'Uber dans le monde entier. Toutiao, un site d'informations chinois que l'on compare souvent à BuzzFeed, recourt à des algorithmes d'apprentissage automatique perfectionnés pour adapter son contenu à chaque utilisateur. Résultat : une cotation décuplée, très loin devant le site américain. En refusant de prendre ces acteurs au sérieux, sous prétexte qu'ils seraient de simples pastiches prospérant grâce à la protection de leur gouvernement, les analystes demeurent aveugles aux efforts d'innovation, pourtant de grande qualité, qui se déroulent ailleurs.

Mais la compétition avec les colosses américains est loin d'être le seul facteur dans la maturation de l'écosystème entrepreneurial de la Chine. Une fois que des entreprises comme Alibaba, Baidu et Tencent eurent prouvé combien l'Internet chinois pouvait être lucratif, le secteur se vit de nouveau inondé de flots de capital-risque et de talents. Les marchés s'affolèrent et le nombre de start-up chinoises gonfla de manière exponentielle. Elles se livrèrent un combat d'autant plus intense qu'il était fratricide.

Tous les coups sont permis

Zhou Hongyi est le genre de type qui aime bien poser devant l'objectif entouré de pièces d'artillerie lourde. Ses 12 millions d'abonnés sur les réseaux sociaux sont régulièrement gratifiés de photos le montrant debout près d'un canon, ou encore équipé d'un arc surpuissant et perforant de ses flèches des téléphones portables. Pendant des années, l'un des murs de son bureau a été entièrement recouvert de feuilles de papier représentant des cibles criblées de balles, comme celles que l'on utilise dans les stands de tir. Quand son équipe de communication fournit une photo à la presse, celle-ci est souvent issue de sa banque d'images personnelle, et il n'est pas rare de l'y voir en treillis militaire, un fusil-mitrailleur couché à côté de lui, de la fumée s'élevant à l'arrière-plan.

Zhou est aussi l'inénarrable fondateur de quelques-unes des premières (et des plus florissantes) entreprises de l'Internet chinois. Sa première start-up a été revendue à Yahoo!, qui lui a confié la direction des opérations en Chine. En conflit perpétuel avec la maison mère, Zhou aurait un jour, selon la rumeur, jeté une chaise à travers la fenêtre du bureau lors d'une altercation. Quand j'étais aux commandes de Google China, j'avais pris l'habitude de l'inviter à venir s'exprimer devant notre équipe de dirigeants américains pour leur parler des caractéristiques uniques du marché chinois. Zhou en profitait pour les sermonner; il leur reprochait leur naïveté et clamait qu'ils n'avaient aucune idée des outils nécessaires pour se lancer à l'assaut de la Chine. Vous feriez mieux de passer les rênes à un combattant aguerri comme moi, leur disait-il. Plus tard, Zhou a créé le logiciel de sécurité informatique leader sur le marché chinois, Qihoo 360 (prononcer « tchi-hou »). Il a aussi lancé un navigateur dont le logo était une copie conforme de celui d'Internet Explorer, mais en vert.

Zhou est l'incarnation parfaite de l'entrepreneur gladiateur. Dans son monde, être en compétition revient à mener une guerre qui exige des sacrifices. Dans la Silicon Valley, il deviendrait sûrement une sorte de paria, objet d'enquêtes anti-monopole et de poursuites judiciaires aussi interminables que coûteuses. Pas dans le Colisée chinois. Quand un concurrent porte un coup bas, la solution est de lancer une contre-attaque encore plus dévastatrice: plagiat, campagne de diffamation ou même garde à vue. Zhou a fait l'expérience de chacune de ces techniques au cours de la « guerre des 3Q », la bataille qui a opposé son logiciel Qihoo à QQ, la plate-forme de messagerie électronique du poids lourd Tencent.

J'étais aux premières loges pour assister au déclenchement des hostilités, un soir de 2010. Zhou nous avait invités, moi et quelques salariés de ma nouvelle société Sinovation Ventures, à disputer une partie de pistolets lasers avec son équipe sur un terrain situé dans la banlieue de Pékin. Zhou était parfaitement dans son élément, occupé à tirer sur ses adversaires pour les éliminer, lorsque son téléphone a sonné. C'était un de ses employés, porteur d'une mauvaise nouvelle : Tencent venait de sortir une copie de l'antivirus de Qihoo 360 et était en train de l'installer automatiquement sur tous les ordinateurs utilisant QQ. À l'époque, Tencent était déjà une entreprise puissante dotée d'une influence énorme grâce à la base d'utilisateurs de QQ. Cette attaque touchait Qihoo dans son cœur de métier et, comme il l'écrivit plus tard dans son autobiographie, *Subverter*[7], Zhou comprit immédiatement qu'elle pouvait anéantir son entreprise. Il rassembla son équipe en un clin d'œil et tous foncèrent au bureau pour mettre au point leur contre-offensive.

Au cours des semaines qui suivirent, Zhou, déterminé à repousser Tencent, lui fit toutes les bassesses imaginables. Pour commencer, Qihoo conçut un nouveau logiciel de « protection de la vie privée », très apprécié de ses clients, qui émettait de terrifiantes alertes de sécurité dès que l'utilisateur ouvrait une application Tencent. La plupart de ces alertes n'avaient aucun fondement réel, mais l'opération se révéla efficace pour salir la réputation du plus fort des deux belligérants. Continuant sur sa lancée, Qihoo sortit ensuite un programme de « sécurité » capable de filtrer toutes les publicités dans QQ, ce qui revenait à interrompre le principal flux de revenus de la plate-forme de messagerie. Peu de temps après, alors qu'il se rendait au travail, Zhou reçut un appel : une bonne trentaine d'officiers de police venaient d'effectuer une descente dans les bureaux de Qihoo et l'attendaient de pied ferme pour l'emmener en détention. Une enquête avait été ouverte contre lui. Convaincu que le raid était orchestré par Tencent, Zhou fila directement à l'aéroport pour attraper un vol à destination de Hong Kong. Une fois en sécurité, il réfléchit à sa riposte.

C'est alors que Tencent déclencha une frappe nucléaire : le 3 novembre 2010, l'entreprise annonça que l'accès à la messagerie QQ serait désormais bloqué sur tous les ordinateurs utilisant Qihoo 360, obligeant les consommateurs à choisir entre les deux produits. C'est comme si Facebook décidait de ne plus être accessible depuis Google Chrome. En somme, les deux entités se livraient une guerre totale à travers les ordinateurs des internautes chinois. Après que Qihoo eut appelé les utilisateurs à « boycotter » QQ pendant trois jours, le gouvernement chinois finit par s'interposer pour séparer les adversaires, tous deux passablement meurtris. En l'espace d'une semaine, QQ et Qihoo 360 retrouvèrent un fonctionnement normal. Mais un tel combat laisse des cicatrices durables et profondes sur les individus comme sur les entreprises.

Malgré la pugnacité indéniable de Zhou Hongyi, il était difficile de triompher dans une industrie où les coups fourrés et les pratiques anticoncurrentielles étaient la norme. Vous vous souvenez de Xiaonei, la réplique de Facebook mise au point par Wang Xing ? Après avoir été vendu par ce dernier en 2006, le site a refait surface sous le nom de Renren (« Tout le monde »), s'imposant comme le leader des réseaux sociaux de type Facebook. Pourtant, deux ans plus tard, il a dû compter avec un challenger teigneux : Kaixin001 (*kaixin* signifiant « heureux » en mandarin). Cette start-up avait commencé à gagner du terrain en ciblant les jeunes urbains plutôt que les étudiants, qui étaient déjà sur Renren. Kaixin001 alliait les fonctions de réseau social et de plate-forme de jeux.

L'une de ses créations s'appelait *Steal Vegetables*, une imitation du jeu *FarmVille* dans laquelle le but n'était pas de cultiver son jardin en coopérant avec les autres, mais de remporter un maximum de points en volant des légumes dans l'enclos du voisin. Bientôt, la croissance de Kaixin001 fut la plus rapide du marché.

Kaixin001 était un bon produit, mais son fondateur n'était pas un gladiateur. L'URL convoitée à la création du réseau – kaixin.com – était déjà prise. Plutôt que de la racheter à son propriétaire (ce dont il n'avait peut-être pas les moyens), il opta pour kaixin001.com. Le voilà entré dans le Colisée sans bouclier. Une erreur fatale.

Dès que Kaixin001 a commencé à représenter un danger, le patron de Renren n'a eu qu'une chose à faire: racheter l'URL originale www.kaixin.com. Puis il a reproduit l'interface utilisateur de Kaixin001 au pixel près, en changeant simplement la couleur. Avec un grand cynisme, il a baptisé son produit « Le vrai réseau Kaixin ». Subitement, de nombreux internautes qui tentaient de créer un profil sur le nouveau réseau à la mode se sont retrouvés, à leur insu, pris dans les filets de Renren. La plupart d'entre eux ne remarquaient même pas la différence. Un peu plus tard, en annonçant la fusion entre Kaixin.com et Renren, le successeur de Xiaonei paracheva le kidnapping des utilisateurs de Kaixin001. Par cette manœuvre, il ne fit pas que stopper Kaixin001 dans sa progression: il lui tira littéralement dans les jambes, se débarrassant ainsi d'un concurrent redoutable qui menaçait son hégémonie.

Kaixin001 eut beau attaquer son adversaire en justice, le mal était fait. En avril 2011, dix-huit mois après le début des poursuites, Renren se vit condamné par un tribunal de Pékin à verser 60 000 dollars à Kaixin001. Mais le rival si prometteur d'autrefois n'était plus que l'ombre de lui-même. Un mois plus tard, Renren fit son entrée à la Bourse de New York en levant 740 millions de dollars de capitaux.

La leçon est limpide : dans l'arène du Web chinois, il faut tuer ou être tué. Faute de remparts solides face à vos concurrents – sur le plan technique, mais aussi économique, ou même au niveau de vos salariés –, vous êtes une cible facile. Quant au butin, il peut se chiffrer en milliards de dollars.

Cette culture produit aussi un dévouement sans limites à la tâche. La Silicon Valley s'enorgueillit de ses longues journées de travail – rendues plus supportables par la présence de salles de sport à proximité des bureaux, les repas gratuits et la bière à volonté. Mais ce n'est rien face au rythme des start-up chinoises. Lors d'un événement organisé par Sinovation à Menlo Park en 2017[8], Andrew Ng, le pionnier du *deep learning* qui a fondé le projet Google Brain et supervisé le développement de l'intelligence artificielle chez Baidu, a comparé les deux environnements :

> En Chine, la cadence est insensée. Quand j'étais manager d'équipes, je pouvais organiser des réunions le samedi ou le dimanche, ou quand ça me chantait. Tout le monde était présent, sans jamais se plaindre. Si j'envoyais un SMS à 19 heures, pendant le dîner, et qu'on ne m'avait toujours pas répondu une heure plus tard, je commençais à m'inquiéter. C'est un système où la prise de décision est permanente. Il se passe des choses sur le marché, donc vous avez intérêt à réagir. C'est ça, je pense, qui explique l'incroyable capacité de l'écosystème chinois à imaginer de nouveaux produits et à les lancer sur le marché. [...] Un jour, aux États-Unis, un représentant avec qui je travaillais (je ne citerai pas de nom) m'a appelé pour me dire – je ne plaisante pas :

« Andrew, c'est la Silicon Valley ici. Il faut que tu arrêtes de nous traiter comme si on était en Chine, parce qu'on ne peut tout simplement pas assurer le rythme que tu voudrais imposer. »

Être un gladiateur « *lean* »

Les coups bas et les horaires de travail démentiels ne sont pas les seuls préceptes que l'ère de la copie a appris aux industriels chinois. Les mises financières élevées, une propension à l'imitation et une mentalité guidée par le marché ont fini par faire éclore des entreprises incarnant parfaitement la start-up « *lean* ».

Le terme est né dans la Silicon Valley, avant d'être popularisé en 2011 par l'ouvrage d'Eric Ries *The Lean Startup* *. Cette méthode s'articule autour d'une idée centrale : les créateurs d'entreprise ignorent quels sont les produits dont le marché a besoin ; il n'y a que le marché qui les connaisse. Au lieu de passer des années à fabriquer en secret ce qu'elles imaginent être le produit parfait et d'y consacrer des millions de dollars, les start-up devraient se jeter à l'eau en lançant un « produit minimum viable » qui leur permette de cerner petit à petit la demande du marché pour différentes fonctions. Si elles sont actives sur le Web, c'est pour elles la promesse d'obtenir des retours immédiats en analysant l'activité des consommateurs. Elles peuvent ainsi commencer à perfectionner leurs produits en temps réel, écarter les fonctionnalités moins

* Eric Ries, *The Lean Startup: How Today's Entrepreneurs Use Continuous Innovation to Create Radically Successful Businesses*, New York, Crown Business, 2011.Trad. fr. *Lean Startup. Adoptez l'innovation continue*, Montreuil, Pearson, 2012.

utilisées et en ajouter de nouvelles, le tout sans jamais quitter des yeux les réactions du marché. Les start-up « *lean* » doivent être à l'écoute des plus infimes variations de comportement des clients, puis bricoler sans relâche leurs créations afin de satisfaire cette demande. Elles doivent accepter d'abandonner les produits ou activités qui ne se révèlent pas rentables, de se réorienter ou de se reconvertir pour aller là où se trouvent les perspectives de profit.

En 2011, *lean* est devenu le mot préféré des investisseurs et entrepreneurs de la Silicon Valley, un évangile prêché dans toutes les conférences. Mais pour le type d'entreprises qui fleurit dans la baie de San Francisco – celles qui sont guidées par une mission –, ce n'était pas toujours une posture naturelle. Cette « mission » fait très bel effet devant les médias ou lors d'une présentation à des fonds de capital-risque, mais elle peut devenir un vrai fardeau sur un marché qui évolue à toute vitesse. Que faites-vous en cas de discordance entre ce que vous dicte votre mission et ce que réclame le marché ?

Les industriels chinois, exclusivement guidés par le marché, étaient à l'abri de ce genre de dilemmes. Suivre les tendances déterminées par l'activité des utilisateurs – où que cela pût les mener – ne leur posait aucun problème dans la mesure où ils ne s'encombraient pas de grandes déclarations de principes ni de « valeurs fondatrices ». Bien souvent, ils se trouvaient ainsi propulsés sur les segments de marché les plus populaires du moment, où des centaines de copieurs en tout point semblables à eux se livraient déjà bataille. Comme Taobao face à eBay, ces imitateurs étaient prêts à offrir leurs produits et services pour rien, coupant l'herbe sous le pied des concurrents qui choisissaient de faire payer leurs clients. Au milieu de cette jungle compacte de compétiteurs n'hésitant pas à casser les prix jusqu'à la gratuité totale, les entreprises n'avaient guère d'autre choix que de toujours remettre l'ouvrage sur le métier. Il leur fallait sans relâche ciseler leurs produits et inventer de nouveaux modèles de monétisation pour construire des entités solides, protégées par des remparts que les plagiaires rivaux ne pourraient pas franchir.

Quand copier est la règle, les créateurs sont tout simplement condamnés à travailler plus et mieux que leurs adversaires. Si la Silicon Valley se glorifie de son rejet de l'imitation, elle encourage en revanche une forme d'autosatisfaction. Celui qui fait le premier pas sur un nouveau marché s'en verra remettre les clés, pour la simple raison que les autres ne veulent pas passer pour des suiveurs. Les entrepreneurs chinois n'ont pas cette chance. S'ils lancent un produit qui parvient à rencontrer le succès, ils n'ont pas le loisir de crier victoire et de s'endormir sur leurs lauriers. Ils doivent entrer en guerre.

La revanche de Wang Xing

Parmi ces affrontements mémorables, un épisode a été surnommé la « guerre des Mille Groupon ». Très vite après son lancement en 2008, Groupon est devenue la plus populaire des start-up américaines. Le principe était simple : proposer des coupons de réduction qui n'étaient valides qu'à condition d'être utilisés par un nombre suffisant d'acheteurs. Ces derniers bénéficiaient d'un rabais, tandis que les vendeurs se voyaient garantir un gros volume de ventes. Dans une Amérique frappée de plein fouet par la crise financière, ce fut un véritable carton. En seulement seize mois, la valorisation de Groupon explosa pour dépasser le milliard de dollars – la croissance la plus rapide de l'histoire.

Le concept paraissait fait pour la Chine, où les clients sont obsédés par les promotions et où le marchandage est élevé au rang d'art. Les entrepreneurs à l'affût du moindre créneau ne tardèrent pas à jouer des coudes sur ce marché lucratif, lançant des plates-formes calquées sur le modèle des « promos du jour » de Groupon. Les principaux portails Internet créèrent des pages dédiées, et des dizaines de start-up se jetèrent dans la bataille – pour se transformer rapidement en centaines, puis en milliers. En 2011, date de l'introduction en Bourse de Groupon – la plus astronomique jamais vue depuis Google en 2004 –, le secteur chinois des achats groupés comptait plus de cinq mille entreprises concurrentes.

Les observateurs extérieurs y ont vu la caricature d'un écosystème numérique qui pratiquait le plagiat de manière éhontée, sans aucune originalité. Il faut dire qu'une large proportion de ces sites pastiches étaient risibles. Ils étaient l'œuvre d'entrepreneurs aussi ambitieux qu'incapables, qui n'avaient aucune chance de survivre au carnage qui s'annonçait.

Mais au cœur de cette gigantesque mêlée se tenait Wang Xing. Au cours des sept années précédentes, il avait copié trois géants américains, créé deux sociétés et affûté son instinct de survie au sein du Colisée. De technicien geek clonant des sites Web, il était devenu un *serial entrepreneur* particulièrement doué pour mettre au point des produits qui marchent, choisir les bons modèles économiques et survivre dans l'arène.

Autant de talents qu'il mobilisa dans la guerre des Mille Groupon. Tout commença au début de l'année 2010, lorsqu'il fonda Meituan (qui signifie « Joli Groupe »). Pour mener la charge, il recruta les collaborateurs aguerris qui avaient travaillé sur ses répliques de Facebook et de Twitter. Mais, cette fois-ci, il ne copia pas son modèle à l'identique; il développa une interface utilisateur qui convenait mieux aux préférences des internautes chinois, c'est-à-dire surchargée.

Lorsque le site fut lancé, la bataille commençait tout juste à s'intensifier, forçant les sites rivaux à dépenser des centaines de millions de dollars en publicités hors ligne et en offres promotionnelles pour attirer de nouveaux clients. L'idée était d'accaparer une grosse part du marché pour pouvoir lever davantage de fonds et recommencer le cycle. Des milliers de start-up quasi identiques se retrouvèrent ainsi inondées de capitaux par des investisseurs un peu trop zélés. Pendant ce temps, les citadins chinois profitaient de ces ristournes aberrantes et se ruaient en masse dans les restaurants. Un peu comme si les capital-risqueurs du pays avaient décidé de payer à dîner à tous leurs concitoyens !

Wang Xing, lui, savait combien il était risqué de dilapider toutes ses richesses – c'est ce qui lui avait coûté Xiaonei, son clone de Facebook. Essayer d'acheter la loyauté durable de ses clients avec des rabais sur le court terme lui semblait dangereux. Si vous vous contentiez de fonder votre avantage compétitif sur des promotions, les utilisateurs n'allaient cesser de passer d'un site à l'autre pour trouver la meilleure affaire du moment. Laissons les autres se ruiner en repas gratuits et essuyer les plâtres en éduquant les consommateurs, se dit-il; je serai là pour récolter ce qu'ils auront semé. Il concentra donc ses efforts sur la modération de ses coûts, tout en perfectionnant son offre. Meituan ne fit aucune publicité hors ligne, investissant toutes ses ressources dans le polissage de ses produits, la réduction de ses coûts d'acquisition et de rétention de clients et l'optimisation de son logiciel.

Celui-ci devait notamment traiter des paiements en provenance de millions d'acheteurs et les transférer à des dizaines de milliers de vendeurs – une véritable gageure technique que Wang Xing, grâce à ses dix années d'expérience sur le terrain, était prêt à affronter.

Son site se démarqua nettement grâce à la relation instaurée avec les vendeurs, élément crucial que les start-up négligeaient souvent, trop obnubilées par les parts de marché. Meituan inventa un système de paiement automatisé qui permettait aux entreprises d'être payées plus rapidement – une innovation particulièrement bienvenue dans un contexte instable où des start-up d'achats groupés mettaient chaque jour la clé sous la porte, laissant les restaurants avec des factures impayées sur les bras. La stabilité encourageait la loyauté, et Meituan en profita pour élargir ses réseaux de partenariats exclusifs.

Groupon fit son entrée officielle sur le marché chinois au début de l'année 2011, en créant une joint-venture avec Tencent. Le leader mondial des achats groupés s'unissait à un géant chinois doté à la fois d'un savoir-faire local et d'une très forte présence sur les réseaux sociaux. Pourtant, leur union fut d'emblée malheureuse. Tencent n'avait pas encore compris les clés d'une association réussie avec une société d'e-commerce. L'entreprise commune appliqua aveuglément les stratégies habituelles de Groupon à l'international, embauchant des flopées de conseillers de gestion et faisant appel à Manpower pour constituer de vastes équipes de vente peu qualifiées. Les chasseurs de têtes de l'agence d'intérim gagnèrent des fortunes grâce à leurs marges commerciales, tandis que les coûts d'acquisition client de Groupon faisaient pâlir ceux de ses rivaux chinois en comparaison. Plombé par sa dilapidation trop rapide des capitaux et son optimisation trop lente du produit, le colosse américain s'effaça progressivement jusqu'à devenir négligeable. Pendant ce temps, les start-up chinoises continuaient de s'étriper.

Vu de l'extérieur, on pourrait croire que ces batailles ont un vainqueur tout désigné : celui qui parvient à amasser le plus d'argent, et donc à survivre à ses adversaires. Or, c'est plus compliqué que cela. Bien sûr, les montants collectés ont leur importance, mais il y a d'autres éléments décisifs, comme le *burn rate* * ou la capacité à retenir le client sur le site à coups de promotions (*stickiness*). Les start-up engagées dans cette lutte ne sont presque jamais rentables sur le moment. En revanche, une entreprise qui parvient à réduire au strict minimum les pertes qu'elle enregistre pour chaque client servi pourra résister plus longtemps que des concurrents mieux dotés en capitaux. Lorsque le bain de sang prend fin et que les prix commencent à monter, cette efficacité redoutable devient pour elle un atout majeur en termes de rentabilité.

À mesure que la guerre des Mille Groupon avançait, les combattants mirent en œuvre diverses stratégies de survie. De même que les gladiateurs se regroupaient en factions, les start-up les plus faibles fusionnèrent dans l'espoir de faire des économies d'échelle. D'autres tentèrent de s'élever brièvement au-dessus de la mêlée en lançant des campagnes publicitaires éclair touchant un maximum de médias. Meituan, lui, retint son élan. Systématiquement classé parmi les dix premiers, il se refusait encore à donner le coup de talon qui le propulserait sur la plus haute marche du podium.

Wang Xing s'inspirait d'une philosophie ancienne. Au XIVe siècle, l'empereur Zhu Yuanzhang et son armée rebelle résistèrent à des dizaines de seigneurs de guerre

* Dans *La Silicolonisation du monde* (Paris, L'Échappée, 2016), Éric Sadin définit *burn rate* comme « le volume de liquidités dont dispose une start-up avant le prochain appel de fonds » (p. 137).

rivaux avant de fonder la dynastie Ming. Leurs préceptes guerriers étaient simples : « Construire un haut rempart, stocker du grain et attendre son heure pour prétendre au trône. » Dans le cas de Wang Xing, les fonds de capital-risque étaient le grain, la supériorité de son produit le rempart, et son trône serait un marché qui se chiffrerait en milliards de dollars.

En 2013, la poussière commença à retomber sur le champ de bataille. Les rois de la copie venaient de se livrer la guerre la plus sauvage que le pays eût jamais connue. La grande majorité des combattants avaient succombé à de violentes attaques ou à leurs propres erreurs de gestion. Trois gladiateurs restaient debout : Meituan, Dianping et Nuomi. Dianping, présent dans le paysage de l'Internet chinois depuis longtemps, était un clone de Yelp qui s'était diversifié dans les achats groupés. Nuomi était une filiale d'achats groupés ouverte par Renren – la copie de Facebook que Wang Xing lui-même avait créée, puis revendue. À eux trois, ces acteurs représentaient plus de 80 % du marché, et l'entreprise de Wang Xing atteignait une valorisation de 3 milliards de dollars. Après avoir passé des années à photocopier des sites Web américains, Wang avait appris le métier d'entrepreneur et s'était arrogé une part énorme de ce nouveau marché gigantesque.

Mais si Meituan est devenu ce qu'il est aujourd'hui, ce n'est certainement pas en restant cantonné aux achats groupés. Groupon, lui, s'en est essentiellement tenu à son activité de base, vivant sur la rente de son idée novatrice initiale – obtenir des réductions grâce à des achats en gros. En 2014, les actions de la compagnie américaine s'échangeaient à moins de la moitié de leur prix de 2011. À l'heure actuelle, Groupon n'est plus qu'un pâle reflet de ce qu'il fut. Wang Xing, au contraire, n'a cessé d'étendre les activités de Meituan et de repenser ses produits phares. Chaque fois qu'une nouvelle mode de consommation submergeait l'économie chinoise – l'envolée des billetteries de spectacle, l'explosion de la livraison de repas, le développement massif du tourisme domestique, l'expansion des services *online-to-offline* –, il a su bifurquer et, finalement, transformer son entreprise. Insatiable, Wang Xing s'est aussi montré capable de perfectionner inlassablement ses créations, offrant un magnifique exemple de start-up « *lean* » guidée par la demande du marché.

Fin 2015, Meituan et son rival Dianping ont fusionné, avec Wang Xing aux commandes. En 2017, cet hybride titanesque répondait chaque jour à 20 millions de commandes passées par 280 millions d'utilisateurs actifs mensuels. Cela fait longtemps que la plupart de ses clients ont oublié ses débuts dans les achats groupés. Ils le connaissent pour ce qu'il est : un empire tentaculaire dévolu à la consommation, qui leur permet aussi bien de commander des nouilles que d'acheter une place de cinéma ou de réserver un hôtel. Évalué à 30 milliards de dollars, le groupe Meituan-Dianping est désormais la quatrième start-up la plus chère du monde, devant Airbnb et SpaceX, d'Elon Musk.

Des entrepreneurs, de l'électricité et du pétrole

L'histoire de Wang Xing ne raconte pas seulement le destin d'un imitateur qui a réussi. Dans son parcours se lisent en filigrane les transformations de la sphère technologique chinoise et celles de son plus formidable atout : ses entrepreneurs obstinés. Non contents de battre les géants de la Silicon Valley à leur propre jeu, ces derniers ont aussi appris à maintenir à flot leurs start-up dans un environnement compétitif sans équivalent dans le monde. Puis ils ont tiré profit de la révolution de l'Internet chinois, et notamment de l'explosion de l'Internet mobile, pour ranimer une économie qui se nourrit désormais de la consommation.

Ce sont, incontestablement, des réussites remarquables. Pourtant, elles semblent presque insignifiantes quand on imagine ce que ces mêmes entrepreneurs pourront accomplir avec la force de l'intelligence artificielle. En Chine, l'émergence d'Internet a eu des effets similaires à ceux de l'invention du télégraphe : elle a raccourci les distances, accéléré les flux d'information et fluidifié les échanges commerciaux. Les débuts de l'IA vont rappeler ceux de l'électricité dans notre société : ils vont redéfinir les règles du jeu et dynamiser toutes les industries qui y prendront part. Après avoir aiguisé leurs talents dans l'arène et mesuré le pouvoir que renferme cette nouvelle technologie, les entrepreneurs chinois sont déjà à la recherche de secteurs et d'applications où métamorphoser cette énergie en profits.

Mais il ne suffit pas d'être rusé en affaires pour y parvenir. Si l'intelligence artificielle est l'électricité du XXIe siècle, les masses de données constituent le pétrole qui alimente les générateurs. Or, dès son décollage en 2012, l'Internet chinois est devenu le premier producteur mondial en la matière.

3

L'Internet chinois : bienvenue dans une autre dimension

Guo Hong est un créateur de start-up enfermé dans le corps d'un haut fonctionnaire. Invariablement vêtu d'un costume sombre de coupe modeste, cet homme d'âge mûr aux lunettes épaisses ressemble à s'y méprendre aux dizaines d'officiels municipaux, tous habillés à l'identique, qui coupent des rubans et prononcent des discours lors des cérémonies d'inauguration à Pékin.

Dans les années 1990 et 2000, la Chine était gouvernée par des ingénieurs formés à produire des objets. Ils mobilisaient leurs connaissances pour sortir la société chinoise de sa condition rurale indigente, travaillant à créer un univers d'usines vibrionnantes et de villes tentaculaires. Guo, lui, incarne un type nouveau de fonctionnaire, taillé pour une ère où l'on a autant besoin d'idées que d'objets. Enfermez-le dans une pièce avec des entrepreneurs ou des experts en technologies et regardez-le s'animer. Les idées se bousculent dans sa tête, il parle à toute vitesse, puis il écoute attentivement. Sa soif de découvertes dans le domaine de la haute technologie le rend extrêmement clairvoyant sur le potentiel de croissance des start-up. Il n'hésite pas à sortir des sentiers battus, à agir sur le terrain – le genre de fondateur sur lequel les investisseurs en capital-risque adorent miser leur argent.

En 2010, il a mis à profit toutes ces qualités pour transformer l'influente technopole de Zhongguancun, dans le nord-ouest de Pékin, en une pépinière de l'innovation nationale. Vantée depuis longtemps comme étant la réponse chinoise à la Silicon Valley, celle-ci n'a pourtant jamais été à la hauteur de cette prétention. Ses rues regorgeaient de magasins d'électronique proposant des smartphones bas de gamme et des logiciels piratés; en revanche, on n'y trouvait guère de start-up innovantes. Pour Guo, il était temps que ça change.

Afin d'amorcer le processus, il est venu me trouver dans les bureaux de ma jeune société, Sinovation Ventures. Après avoir représenté les plus grandes entreprises américaines en Chine pendant une dizaine d'années, j'avais quitté Google China à l'automne 2009 pour fonder cet incubateur et *business angel* dédié aux start-up chinoises. Je sentais que cet écosystème bouillonnait d'une énergie nouvelle. À force de reproduire les modèles américains, les entrepreneurs chinois avaient acquis un savoir-faire de haute qualité qu'ils commençaient tout juste à appliquer à des problèmes spécifiquement chinois. La diffusion rapide de l'Internet mobile et l'activité débordante des centres urbains créaient un environnement unique, propice au développement de produits et de modèles économiques innovants. Je voulais contribuer à la maturation de toutes ces entreprises en leur offrant des conseils et des financements.

Quand Guo est venu nous rendre visite, nous n'étions encore qu'une petite équipe d'anciens de chez

Google, installés dans des locaux exigus au nord-est de Zhongguancun. Nous lancions des start-up qui s'adressaient à la première vague chinoise d'utilisateurs de smartphones et, pour cela, nous faisions appel à de jeunes ingénieurs pleins d'avenir. Guo me demanda ce qu'il pouvait faire pour nous aider. Je lui expliquai que le loyer de nos bureaux engloutissait une bonne part de nos ressources. Un petit coup de pouce en ce sens nous permettrait de consacrer beaucoup plus d'argent à la promotion des entreprises et de leurs produits. Il me répondit que cela ne lui posait aucun problème, que je devais seulement le laisser passer quelques coups de fil. Il m'assura que, si nous acceptions de nous délocaliser à Zhongguancun même, la municipalité pourrait probablement prendre en charge notre loyer pendant trois ans.

À notre échelle, c'était une nouvelle formidable. Mais ce n'était que le début ; Guo n'allait pas se contenter de donner quelques billets à un incubateur parmi des centaines d'autres. Ce qu'il voulait, c'était percer le secret de la Silicon Valley, comprendre son moteur. Il se mit à me bombarder de questions sur mon expérience américaine, dans les années 1990. Là-bas, lui racontai-je, de nombreux entrepreneurs de la première heure sont devenus des *business angels* ou des mentors. La proximité géographique de tout ce petit monde, alliée à un maillage de réseaux sociaux très dense, a engendré un écosystème de capital-risque autonome, habile et prêt à parier sur des idées audacieuses.

Au fil de la discussion, j'ai senti le cerveau de Guo passer en surrégime, absorber toutes ces informations, dessiner les contours d'un plan. La Silicon Valley était le résultat d'un processus naturel qui s'était étalé sur plusieurs décennies. Et si la Chine parvenait à forcer le rapprochement géographique pour accélérer le mouvement ? On pouvait choisir une rue de Zhongguancun, la vider de ses occupants et ouvrir cet espace à tous les acteurs clés : fonds de capital-risque, start-up, incubateurs, fournisseurs de services. Guo avait même déjà trouvé le nom : *Chuangye Dajie* – « avenue des Entrepreneurs ».

Développer un secteur d'innovation de façon purement verticale : voilà qui heurte de front l'orthodoxie de la Silicon Valley. Le microcosme californien est unique par son état d'esprit, sa détermination à penser différemment et à innover – le genre de choses qu'on n'obtient pas en empilant des briques et en distribuant des subventions.

Il y avait quelque chose de noble dans cette idée de « mission à accomplir » – Guo et moi l'admettions volontiers. Mais nous savions aussi qu'il en allait autrement en Chine. Si nous voulions impulser le mouvement à la force du poignet, nous ne pouvions négliger ni les capitaux, ni les opportunités immobilières, ni les aides financières du gouvernement. Nous allions devoir mettre les mains dans le cambouis pour adapter ce concept d'innovation quelque peu désincarné aux réalités terre à terre de notre pays. Et s'il exploitait certaines des méthodes de la Silicon Valley, le processus promettait d'entraîner l'Internet chinois dans une tout autre direction.

Progressivement, cet écosystème a gagné en indépendance et en autonomie. Pour vendre leur projet, les créateurs de start-up n'étaient plus obligés de préparer des argumentaires assaisonnés au goût des investisseurs étrangers : ils pouvaient développer des produits *nationaux* pour traiter des problèmes *nationaux*. Transformant la structure même des villes chinoises, ce changement radical a marqué l'entrée dans une nouvelle ère numérique. Il a aussi fait subitement exploser la production de données, la ressource naturelle de l'intelligence artificielle.

À la conquête de terres inexplorées

Durant l'ère de la copie, les relations entre la Chine et la Silicon Valley ont été façonnées par l'imitation, la compétition et les efforts de rattrapage. Et puis, autour de 2013, l'Internet chinois a opéré un profond revirement. En termes de fonctionnalités, il a commencé à se hisser à la hauteur du Web occidental, sans pour autant surpasser la Silicon Valley sur son propre terrain. Il s'est surtout métamorphosé en un univers totalement différent – un espace qui, au lieu de se conformer aux lois habituelles de la physique, fonctionnait avec des systèmes planétaires et des ressources naturelles qui lui étaient propres. Dans cette cinquième dimension, l'accès à Internet se faisait majoritairement sur des smartphones à bas prix, lesquels servaient aussi de cartes de crédit, tandis que la fusion du numérique et du réel s'expérimentait grandeur nature dans des villes surpeuplées.

Plusieurs éléments avaient rendu cette mutation possible : la prédominance de l'Internet mobile, l'existence de la super-appli nationale WeChat et l'introduction de dispositifs de paiement mobile qui transformaient tous les téléphones en portefeuilles numériques. Une fois ces premiers jalons posés, les start-up chinoises ont pu se lancer dans un festival d'innovations maison. Elles ont conçu des services *online-to-offline*, mettant le Web au cœur du tissu économique chinois. Elles ont fait disparaître les billets et les pièces de monnaie des espaces urbains, comme au temps de l'économie de troc. Elles ont révolutionné les déplacements grâce à des applis de bicyclettes intelligentes en libre-service, créant ainsi le plus vaste réseau mondial d'objets connectés.

Une prolifération inouïe d'aides gouvernementales à l'innovation est venue attiser la flamme. La mission de

Guo à Zhongguancun n'était qu'une première goutte d'eau ; en 2014, les politiques publiques ont déferlé sur le secteur des technologies. Répondant au mot d'ordre « entrepreneuriat et innovation de masse », tous les maires de Chine y sont allés de leurs pôles d'innovation, incubateurs et fonds de capital-risque adossés à l'État – des projets souvent calqués sur le modèle de l'« avenue des Entrepreneurs ». Sans cette campagne, jugée inefficace et malavisée par bien des observateurs occidentaux, l'Internet de la cinquième dimension ne se serait jamais développé avec une telle rapidité.

Pour prospérer dans cet environnement, le savoir-faire technique ne suffisait pas. Il fallait aussi posséder des effectifs dignes d'une armée : des flottes entières de livreurs en scooters chargés de plats fumants, des bataillons de représentants s'efforçant de convertir les marchands de rue au paiement mobile, des régiments d'employés collectant et répartissant à travers les villes des millions de vélos en libre-service, etc. Sans plus d'hésitation, les entreprises chinoises ont retroussé leurs manches, s'attelant aux basses besognes qu'impliquent toutes ces activités du monde réel. À mon sens, c'est en acceptant si volontiers de mettre la main à la pâte qu'elles se distinguent de leurs homologues américaines. Celles-ci préfèrent s'en tenir à ce qu'elles savent déjà faire : concevoir des plates-formes numériques épurées qui facilitent les échanges d'informations. Si des acteurs de terrain souhaitent les utiliser, c'est très bien – mais elles-mêmes resteront prudemment à distance des détails logistiques. Leur idéal, c'est la légende que dépeint avec humour la série de HBO *Silicon Valley* : une minuscule équipe de hackers qui fonde une start-up de plusieurs milliards de dollars sans jamais quitter son loft de San Francisco.

Les compagnies chinoises n'ont pas cette chance. Cernées par des champions de la rétro-ingénierie qui ne demandent qu'à copier leurs produits, elles sont contraintes de se différencier, que ce soit par la taille, la prodigalité ou l'efficacité à s'acquitter des tâches ingrates. Le bon fonctionnement de leurs modèles économiques exige des dépenses folles et des légions de livreurs sous-payés. C'est une caractéristique du numérique chinois qui laisse perplexes les observateurs américains, biberonnés au dogme de la Silicon Valley.

L'eldorado des données

C'est justement parce qu'elle se plie de bonne grâce à toutes ces corvées que la Chine s'apprête à dominer ses concurrents. Promptes à s'aventurer dans les aspects les moins plaisants de leurs activités, ses entreprises transforment le pays en un paradis des données numériques. Subitement, voilà que la Chine trône sur ces montagnes de ressources dont elle est déjà le plus gros producteur mondial, creusant l'écart de jour en jour avec les États-Unis.

Sur ce plan, l'avantage dont elle dispose est autant qualitatif que quantitatif. Non seulement elle peut compter sur un contingent d'internautes supérieur à celui des États-Unis et de l'Europe réunis, mais son univers d'applications unique au monde lui permet de récolter des données infiniment précieuses pour les entreprises de demain spécialisées dans l'intelligence artificielle. Bien sûr, les géants de la Silicon Valley récupèrent aussi des données lorsque vous visitez leurs sites. La différence, c'est qu'elles portent majoritairement sur vos comportements *en ligne* – vos recherches, les images que vous téléchargez, les vidéos que vous regardez sur YouTube, les posts que vous « likez ». Les start-up chinoises, elles, recueillent des informations sur le monde *réel* : elles savent ce que vous achetez, ce que vous mangez, où, quand et comment ; elles n'ignorent rien de vos visites chez l'esthéticienne ni de vos moindres déplacements.

Les algorithmes de *deep learning* ne savent optimiser que ce qu'ils parviennent à « voir » via les données. L'écosystème technologique chinois, enraciné dans la réalité physique, les dote de millions d'yeux supplémentaires grâce auxquels ils dissèquent nos vies quotidiennes. À mesure que l'intelligence artificielle « électrifie » de nouveaux secteurs, la Chine renforce son avantage sur la Silicon Valley en mettant son nez dans les aspects les plus triviaux du monde réel.

Cet afflux soudain de données n'est pas le résultat d'une planification quelconque. Lorsqu'il est venu me trouver en 2010, Guo Hong aurait été bien incapable de prédire à quoi ressemblerait l'Internet chinois du futur, ou même d'anticiper que l'apprentissage automatique transformerait les données en une denrée si précieuse. Mais il avait confiance dans les start-up de son pays et savait qu'elles seraient en mesure de créer un univers parallèle, fantastique et lucratif, pourvu qu'on leur fournisse un cadre approprié, des capitaux et un minimum d'encouragements. Sur ce point, son instinct d'entrepreneur ne l'a pas trompé.

Ne passez pas par la case PC

J'ai quitté Google China quelques mois seulement avant que Google ne décide de se retirer totalement de la Chine continentale. Ce retrait fut une grande déception pour notre équipe, qui s'était donné beaucoup de mal pour rendre l'entreprise compétitive sur le marché chinois. Toutefois, il a eu le mérite de faire de la place aux start-up locales dans le secteur naissant et terriblement excitant de l'Internet mobile.

Dès la sortie de l'iPhone en 2007, les sites Web et les services utilisant Internet avaient commencé, un à un, à s'adapter à une connexion sur smartphone. Le principe de base était de développer une version du site qui fonctionnait correctement lorsqu'on passait du grand écran d'un ordinateur au petit écran d'un téléphone. Mais cela impliquait aussi de mettre au point tout un ensemble de nouveaux outils : app store, applis de retouche photo, antivirus, etc. Une fois Google parti, la voie était libre pour imaginer des applis fonctionnant sous Android. Les premières start-up couvées par Sinovation cherchaient à combler ce vide. Un nouveau mode d'interaction avec le Web était né, et j'entendais bien explorer cet univers, d'autant plus exaltant que la Silicon Valley n'y avait pas encore défini de paradigme dominant.

Au temps de la copie, les Chinois qui se connectaient à Internet – ils n'étaient pas légion – le faisaient exactement comme les Américains : sur un ordinateur, portable ou de bureau. Les comportements étaient très différents d'un continent à l'autre, mais les outils utilisés, pour l'essentiel, étaient les mêmes. En 2010, seul un tiers de la population chinoise avait accès à Internet, notamment parce que les ordinateurs personnels coûtaient encore trop cher pour le Chinois moyen. Aussi, lorsque les smartphones à bas prix ont débarqué sur le marché, la plupart des habitants ont tout bonnement sauté la case « PC » et fait leurs premiers pas sur le Web via leur smartphone.

Cette transition n'a peut-être l'air de rien, mais elle a eu des conséquences déterminantes sur l'écosystème du numérique chinois. Non seulement les adeptes du smartphone avaient d'autres façons de faire, mais ils ne cherchaient pas les mêmes choses que ceux qui surfaient sur un ordinateur. Pour eux, Internet n'était pas une masse abstraite d'informations numériques à laquelle vous pouviez accéder depuis un lieu fixe. C'était un outil censé vous accompagner dans tous vos déplacements, vous aider à résoudre vos problèmes *ici* et *maintenant*: vous restaurer, faire une course, voyager ou simplement vous rendre d'un point à un autre. Les start-up chinoises devaient donc développer leurs produits en ce sens.

Soutenues par des investisseurs du cru, elles ont laissé libre cours à leur inventivité et ont défini une innovation « à la chinoise ». À Sinovation, notre première vague d'investissements a fait éclore neuf compagnies, dont plusieurs sont passées ensuite sous la coupe de Baidu, Alibaba et Tencent – par absorption ou acquisition d'une majorité de contrôle. Ces trois rouleaux compresseurs (souvent désignés collectivement par l'acronyme « BAT ») ont utilisé nos start-up comme tremplins pour accélérer leur transition vers l'Internet mobile – un pari réussi. Mais c'est avec un projet concocté en secret dans les coulisses de Tencent que l'Internet de la cinquième dimension a véritablement libéré son potentiel.

WeChat: débuts modestes et ambitions démesurées

En janvier 2011, WeChat, la nouvelle appli de messagerie sociale de Tencent, a fait son entrée sur la scène internationale dans l'indifférence quasi générale. Son lancement a été ignoré de toute la presse de langue anglaise, à l'exception du site The Next Web, consacré aux nouvelles technologies[1]. Tencent était déjà propriétaire des deux réseaux sociaux leaders sur le marché chinois, avec chacun des centaines de millions d'utilisateurs : la plate-forme de messagerie instantanée QQ et le réseau social Qzone. Mais ces contrefaçons de produits *made in California*, aux yeux des observateurs américains, comptaient pour du beurre. La dernière innovation de Tencent n'avait même pas encore de nom anglais et se faisait appeler par son nom chinois, Weixin, qui signifie « micromessage ».

Cependant, elle avait d'autres atouts. D'abord, outre les messages écrits, elle permettait d'envoyer des photos et de courts enregistrements audio – un vrai plus à une époque où il était encore extrêmement laborieux de saisir des caractères chinois sur un téléphone. Par ailleurs, WeChat avait été conçue spécialement pour les smartphones. Plutôt que de transformer sa messagerie QQ en application mobile, Tencent avait décidé de concurrencer son propre produit par un autre, meilleur et uniquement destiné à un usage mobile. La stratégie, au demeurant risquée pour ce colosse bien installé, s'est révélée plus que payante.

WeChat possédait des fonctionnalités simples et élégantes, de plus en plus variées. En à peine plus d'un an, elle avait franchi la barre des 100 millions d'inscrits. À son deuxième anniversaire, en janvier 2013, ce chiffre était monté à 300 millions. Entre-temps, elle avait introduit les appels vocaux et vidéo, ainsi que les conversations groupées – des fonctions qui tombent sous le sens aujourd'hui, mais que WhatsApp, sa principale rivale sur le marché mondial, n'a commencé à proposer qu'en 2016.

Ce n'était qu'un début. Ces innovations furent suivies d'une invention qui révolutionna l'usage des réseaux sociaux par les médias et les annonceurs : le modèle de l'« appli dans l'appli ». WeChat hébergeait des « comptes officiels », c'est-à-dire des flux de contenu émis par des tiers et fonctionnant sur abonnement, que l'on comparait parfois aux pages Facebook des organes de presse. Mais il y avait une différence essentielle : au lieu de vous permettre uniquement de poster des contenus, comme la plate-forme minimaliste de Facebook, ces comptes vous offraient la plupart des fonctions d'une appli autonome. Bientôt, de plus en plus de médias et de compagnies commerciales décidèrent de s'épargner la peine de créer leur propre application, puisqu'ils pouvaient exister exclusivement dans l'univers de WeChat. En l'espace de deux ans, l'appli sans nom devint ainsi un énorme engin servant à la fois de messagerie, de média, d'outil marketing et de plate-forme de jeux.

Et Tencent ne comptait pas s'arrêter en si bon chemin. Non contente de détenir un monopole sur la vie numérique de ses utilisateurs, l'entreprise voulait étendre sa domination au-delà de l'écran. Pendant les cinq années suivantes, elle développa méthodiquement son produit pour faire de WeChat la première super-appli du monde, sorte de « télécommande » pour tous les gestes de la vie quotidienne (une expression employée par Connie Chan, partenaire du fonds d'investissement en capital-risque Andreessen Horowitz[2]) : payer l'addition au restaurant, réserver un taxi, déverrouiller un vélo en libre-service, gérer ses investissements, prendre rendez-vous chez le médecin et se faire livrer à domicile les médicaments prescrits. Ces fonctionnalités allaient se multiplier, brouillant les frontières entre le virtuel et le réel. Ainsi, elles façonneraient un univers numérique unique dont elles tireraient leur substance.

Avant d'en arriver là, toutefois, WeChat devait pénétrer dans le portefeuille de ses utilisateurs – et, pour cela, défier le grand manitou du commerce en ligne.

Main basse sur le paiement mobile

L'attaque s'est produite lors du Nouvel An chinois de 2014. À cette occasion, la tradition chinoise est de s'échanger l'équivalent des cadeaux de Noël : des « enveloppes rouges » – de petits paquets joliment décorés qui contiennent de l'argent liquide. Ils sont généralement offerts par les aînés de la famille aux plus jeunes, ou par les patrons à leurs employés.

Tencent s'est inspiré de ce rite pour élaborer une arme redoutable. L'idée était d'une simplicité confondante et fut accueillie comme un jeu, si bien que l'ampleur du tour de force ne fut pas immédiatement perceptible. Il s'agissait de permettre à toute personne inscrite sur WeChat d'envoyer des enveloppes rouges virtuelles à ses amis proches ou lointains (pourvu qu'ils soient actifs sur l'application). Une fois son compte bancaire rattaché à WeChat, elle pouvait faire parvenir une enveloppe valant une somme donnée à une personne précise ou à un groupe. Dans le second cas de figure, ses amis n'avaient plus qu'à faire la course pour être le premier à « ouvrir » le paquet. L'heureux bénéficiaire voyait cette somme intégrer son WeChat Wallet – le Portefeuille WeChat, une nouvelle section de l'appli. Il pouvait la dépenser, la transférer à quelqu'un d'autre ou la reverser sur son compte en banque connecté à WeChat.

Voilà comment une tradition séculaire a été transposée en douceur dans le monde numérique, enrichie d'une dimension ludique. Ces petits paquets ont conquis les utilisateurs de WeChat, qui en ont envoyé pas moins de 16 millions durant les fêtes du Nouvel An, rattachant au passage 5 millions de comptes bancaires à WeChat Wallet.

L'initiative de Tencent a amusé beaucoup de monde, mais pas Jack Ma, le patron d'Alibaba, qui l'a qualifiée d'« attaque de Pearl Harbor[3] ». Le géant du commerce électronique avait été le précurseur des paiements virtuels dès 2004 avec Alipay. Il avait développé un produit sur mesure pour les internautes chinois, puis avait su l'adapter aux smartphones. WeChat, en un clin d'œil, lui volait la vedette du paiement mobile dernier cri en incitant des millions d'utilisateurs à connecter leur compte bancaire à leur profil. Ma lança un avertissement à ses salariés : s'ils ne jetaient pas toutes leurs forces dans la bataille, c'en était fini d'Alibaba. Jack Ma était un entrepreneur charismatique doté d'un don extraordinaire pour motiver ses troupes, et tout le monde crut à l'une de ses outrances habituelles. Avec le recul, il semble évident qu'il avait compris ce qui allait se passer.

Au cours des quatre années précédentes, la plupart des composantes de cet Internet de la cinquième dimension s'étaient mises en place. La compétition gladiatoriale avait formé une génération d'entrepreneurs particulièrement dégourdis. Le nombre de smartphones en circulation avait plus que doublé, passant de 233 millions en 2009 au chiffre phénoménal de 500 millions en 2013. Une multitude de nouvelles entreprises inondées de capitaux développaient toutes sortes d'applications innovantes pour ce marché. Enfin, avec WeChat, on découvrait la puissance d'une super-appli installée sur plus de la moitié des téléphones, sorte de portail « tout en un » ouvrant sur l'écosystème mobile chinois.

Presque tous les éléments étaient réunis pour voir se produire une révolution des modes de consommation. Mais il en manquait un de taille : la possibilité de payer tout et n'importe quoi avec son smartphone. En persuadant des millions de Chinois de connecter leur compte bancaire à WeChat grâce à l'appât des enveloppes rouges, Tencent apporta la dernière pièce du puzzle. Il donna aussi le coup d'envoi d'une compétition acharnée dans laquelle s'opposèrent des milliers de start-up cherchant à appliquer ces instruments à tous les aspects de la vie urbaine, des livraisons de repas aux factures d'électricité, en passant par les manucures à la demande, les vélos partagés, les billets de train, de cinéma, les contraventions et même le live streaming de célébrités.

Mais on ne peut infiltrer l'économie chinoise en profondeur sans la contribution de son acteur principal : le gouvernement central.

Construisez, et ils viendront *

De ce point de vue-là, Guo Hong avait un train d'avance. Quelques années après sa première visite dans mes bureaux, son rêve d'« avenue des Entrepreneurs » commença à se concrétiser.

Pour ce coup d'essai, il avait jeté son dévolu sur une rue piétonne de Zhongguancun qui abritait un fatras de librairies, de restaurants et de magasins d'électronique de contrefaçon. Cette rue avait déjà fait l'objet d'une tentative de modernisation dans les années 1980. À l'époque, la Chine était plongée dans un double processus : une croissance dopée aux exportations et une urbanisation galopante, nécessitant toutes deux un savoir-faire technique dont elle était dépourvue. Les autorités décidèrent donc de transformer cette artère en « Cité du livre », concentrant des boutiques où les étudiants des universités Tsinghua et Peking, toutes proches, pourraient

* « If you build it, they will come » : la phrase est tirée du film *Field of Dreams* (en français, *Jusqu'au bout du rêve*), réalisé par Phil Alden Robinson en 1989. Kevin Costner y joue le personnage de Ray, un agriculteur de l'Iowa qui décide de construire un terrain de base-ball sur sa ferme.

trouver des manuels modernes de sciences et d'ingénierie dans des éditions récentes. En 2010, avec l'arrivée d'Internet, presque toutes les librairies avaient fait faillite. À leur place s'élevaient de petits étals où l'on vendait à la criée des produits électroniques à bas prix et des logiciels piratés – indispensables pour une économie alors fondée sur la copie.

Guo voulait lancer une vaste entreprise de modernisation et entrer dans une nouvelle ère où l'innovation viendrait de Chine. Son expérience inaugurale à petite échelle avait été un succès : il avait réussi à attirer Sinovation Ventures dans le quartier. Il envisageait maintenant de réhabiliter toute une rue pour y installer des acteurs de la technologie *made in China*. Avec l'aide de l'administration locale, il parvint à déloger presque tous les anciens commerces en leur offrant du cash, ainsi que des propositions de relocalisation dans d'autres secteurs de la ville. En 2013, des armadas de marteaux-piqueurs et de goudronneuses prirent possession des lieux. Le 11 juin 2014, l'« avenue des Entrepreneurs » était prête à accueillir ses nouveaux habitants dans des bâtiments flambant neufs.

En utilisant les outils à sa disposition – de l'argent, du ciment et de la main-d'œuvre –, Guo avait donné un coup d'accélérateur à l'innovation chinoise pour les Chinois. Ce fut un jalon important dans l'histoire de Zhongguancun, mais surtout le début d'un *modus operandi* bientôt appliqué à l'échelle nationale.

L'innovation pour les masses

Le 10 septembre 2014, le Premier ministre Li Keqiang monta sur la scène du « Davos d'été », le Forum économique mondial qui se tenait à Tianjin, une ville côtière du Nord. Dans un discours-fleuve, dense, jargonneux et débordant de généralités, il évoqua le rôle crucial de l'innovation technologique dans la croissance et la modernisation de l'économie chinoise. Seul élément notable, la répétition d'une formule jusqu'alors absente du lexique politique chinois : « entrepreneuriat et innovation de masse[4] ». Il conclut en souhaitant un bon forum et une bonne santé aux membres de l'assistance.

Pour les observateurs extérieurs, l'événement était on ne peut plus banal. Une fois de plus, il fut à peine mentionné dans la presse étrangère. Il ne se passe pratiquement pas un jour sans que les dirigeants chinois prononcent d'interminables et laborieux discours truffés d'expressions toutes faites qui sonnent creux aux oreilles occidentales. Si ces formules provoquent parfois quelque agitation lors des débats internes au gouvernement, elles se traduisent rarement par des changements visibles dans le monde réel.

Cette fois-ci, c'était différent. L'allocution de Li fut l'étincelle qui alluma un gigantesque brasier dans l'industrie chinoise des technologies, déclenchant chez les investisseurs et les entreprises une débauche d'activité inégalée. Sous la bannière « entrepreneuriat et innovation de masse », le gouvernement entreprit un effort historique pour développer les écosystèmes de start-up et soutenir l'innovation technologique. Transposée à l'échelon national dans la deuxième économie du monde, la démarche de Guo Hong s'apprêtait à booster la construction du seul véritable contrepoids à la Silicon Valley.

Cette campagne prit la forme de subventions directes aux entrepreneurs, soudain dotés de l'argent et de l'espace dont ils avaient besoin pour accomplir des merveilles. Mais elle réussit également à faire évoluer les mentalités.

Pour la première fois, les jeunes innovateurs cessèrent d'entendre la litanie de leurs parents : « Mais pourquoi tu ne trouves pas plutôt un boulot dans une banque d'État ? »

Neuf mois après le discours du Premier ministre, une directive capitale visant à encourager l'entrepreneuriat et l'innovation de masse fut publiée par le Conseil des affaires d'État, instance comparable au cabinet présidentiel américain. Le texte prévoyait la création de plusieurs milliers d'incubateurs, de zones d'activité et de « fonds d'orientation » – soutenus par le gouvernement et destinés à attirer les investissements en capital-risque privés. On promettait des politiques fiscales préférentielles et une simplification des démarches de création d'entreprise.

Si les objectifs furent édictés à Pékin, leur application fut l'œuvre d'une nuée de maires et de fonctionnaires à travers tout le pays. L'avancement de ces derniers au sein de la bureaucratie d'État repose sur des évaluations de performances conduites par leurs supérieurs, en l'occurrence le département des ressources humaines du Parti communiste. Aussi, dès que le gouvernement central fixe un objectif clair, on voit partout d'ambitieux fonctionnaires subalternes s'y consacrer corps et âme.

Et c'est exactement ce qui s'est produit. Aux quatre coins du pays, des municipalités ont imité le projet de Guo Hong et imaginé leur propre « avenue des Entrepreneurs ». Elles ont attiré les start-up à coups de cadeaux fiscaux et de réductions de loyer, et ont ouvert des bureaux à guichet unique pour permettre aux entrepreneurs d'immatriculer plus rapidement leur compagnie. De ce déluge de subsides sont nés 6 600 nouveaux incubateurs de start-up, soit plus de quatre fois l'effectif initial. Il était désormais facile pour les jeunes entreprises de trouver des locaux de qualité à prix réduit et de consacrer ainsi davantage de ressources au développement de leur activité.

Les grandes métropoles et les provinces, elles, ont privilégié les « fonds d'orientation », chacune à sa manière. L'idée est d'utiliser l'argent public pour stimuler les financements de capital-risque. Concrètement, le mécanisme consiste à augmenter le bénéfice que retirent les investisseurs privés sans pour autant éliminer le risque qu'ils prennent. L'État investit les capitaux du fonds d'orientation dans un fonds de capital-risque privé, comme le ferait n'importe quel partenaire dans un partenariat à responsabilité limitée. Les start-up dans lesquelles investit le fonds de capital-risque constituent son « portefeuille ». Si elles font faillite, tous les partenaires perdent leur mise, y compris l'État. En revanche, si elles se développent – par exemple en doublant de valeur dans les cinq années qui suivent leur création –, le scénario est différent : le gestionnaire du fonds plafonne à un pourcentage déterminé (mettons, 10 %) le gain que le gouvernement va retirer de son investissement et lui rachète ses parts à ce taux avec l'argent des partenaires privés. Ces derniers se partagent donc 90 % des gains réalisés par la puissance publique, après avoir vu leurs propres investissements doubler. Les acteurs privés sont ainsi encouragés à suivre l'exemple du gouvernement provincial, c'est-à-dire à investir dans les fonds et les secteurs qu'il souhaite soutenir. Pendant la grande campagne en faveur de l'innovation de masse, les financements provenant des fonds d'orientation ont quasiment quadruplé, passant de 7 milliards de dollars en 2013 à 27 milliards en 2015[5].

Puis ce fut au tour du capital-risque privé d'entrer en scène. À la naissance de Sinovation, en 2009, la production industrielle et l'immobilier chinois, en plein boom, étaient les secteurs d'investissement les plus prisés. En

2014, les choses se sont inversées. Alors que les financements de capital-risque en Chine s'étaient maintenus autour de 3 milliards de dollars pendant trois des quatre années précédentes, ce chiffre a brusquement quadruplé pour passer à 12 milliards[6], avant de doubler encore en 2015 pour atteindre 26 milliards. Désormais, n'importe quel jeunot avec un minimum de jugeote et d'expérience pouvait ficeler un *business plan* et trouver des fonds pour lancer sa start-up, pourvu qu'il ait une idée originale et quelques connaissances techniques.

Les analystes et investisseurs américains voyaient d'un mauvais œil cette intervention massive des autorités chinoises sur des marchés supposés libres et performants. Les investisseurs privés ont toujours plus de flair, disaient-ils ; tous ces centres d'innovation et incubateurs financés par l'État vont gaspiller l'argent des contribuables. Pour les acteurs les plus puissants de la Silicon Valley, le gouvernement fédéral n'est jamais aussi utile que lorsqu'il les laisse en paix.

Mais ces détracteurs choisissaient de voir uniquement le côté dispendieux du processus à l'œuvre, ignorant son extraordinaire efficacité. Quand on anticipe un bénéfice aussi colossal à long terme, la bonne stratégie est parfois d'accepter des excès de dépenses à court terme.

Le gouvernement central voulait faire de l'innovation – et non plus de l'industrie – le moteur de l'économie chinoise. Bien sûr, il aurait pu opter pour une approche non interventionniste. Il se serait tenu à l'écart en attendant que les retours sur investissement dans les secteurs traditionnels chutent et que les capitaux privés s'acheminent lentement vers les technologies. Des obstacles inhérents à toute entreprise humaine auraient naturellement surgi – une information imparfaite, des investisseurs à l'ancienne peu à l'aise avec « cette histoire d'Internet », sans oublier la bonne vieille inertie économique. Mais ces frictions auraient fini par se résorber, et l'argent se serait progressivement dirigé vers des fonds de capital-risque privés où, comme on dit, un dollar investi est toujours plus rémunérateur qu'un dollar dépensé par le gouvernement.

Tout cela aurait pris des années, voire des décennies. Or, les dirigeants chinois étaient pressés. Ils voulaient imposer le changement *tout de suite* en développant une croissance plus qualitative à l'aide de l'argent public, et ils voulaient que cela rapporte. Ce coup de force a entraîné bien des gaspillages au niveau local – des incubateurs restés vides, des « avenues de l'innovation » construites à perte –, mais, à l'échelle du pays entier, l'impact a été phénoménal.

Une révolution culturelle

La campagne chinoise pour l'entrepreneuriat et l'innovation de masse n'a pas seulement aidé à construire des bureaux et à investir des milliards de dollars. Elle a aussi profondément transformé la façon dont les citoyens ordinaires percevaient les start-up, au point que l'on peut parler d'une véritable révolution.

Dans la culture chinoise, la tradition encourage le conformisme et la déférence à l'égard des représentants de l'autorité – parents, patrons, enseignants, fonctionnaires du gouvernement, etc. Tant qu'une nouvelle industrie ou activité n'a pas été formellement approuvée par ces figures tutélaires, elle est considérée comme intrinsèquement risquée. En revanche, si l'État lui-même donne sa bénédiction – qui plus est, avec force –, tout le monde se précipite pour être de la partie. Il est vrai que cette structure verticale n'encourage pas l'innovation libre ou à seule fin d'exploration, mais, en contrepartie, une fois les orientations clairement fixées, toute la société passe à l'action d'un même mouvement.

Avant 2014, malgré le succès précoce de quelques grandes entreprises nationales comme Baidu ou Alibaba, la position des autorités sur le développement du Web restait floue. Des périodes de relative ouverture étaient suivies de signaux menaçants et d'une répression étatique sévère. Le gouvernement accusait des internautes de « répandre des rumeurs » sur les réseaux sociaux. On ne savait jamais sur quel pied danser.

Avec sa campagne pour l'innovation de masse, l'État a clamé haut et fort son soutien aux acteurs du numérique pour la première fois. D'un bout à l'autre du pays, affiches et banderoles ont appelé la population à rejoindre le mouvement. La presse officielle a multiplié les articles vantant les vertus de l'innovation maison et annonçant avec tambours et trompettes les derniers exploits des start-up chinoises. Les universités se battaient pour ouvrir les premiers cursus consacrés à la création d'entreprise. Les librairies croulaient sous les biographies de grands noms de la high-tech et les manuels pratiques à l'usage des entrepreneurs.

Ajoutant encore à la folie ambiante, Alibaba fit une entrée tonitruante à la Bourse de New York le 19 septembre 2014, soit neuf jours seulement après le discours du Premier ministre. Ce jour-là, à Wall Street, c'est un petit groupe de vendeurs de Taobao qui actionna la cloche marquant l'ouverture de la séance. À la fin d'une journée de cotations déchaînée, Alibaba avait battu tous les records pour une introduction en Bourse, et Jack Ma était devenu l'homme le plus riche de Chine.

L'événement était capital, mais pas seulement à cause des sommes faramineuses en jeu. Jack Ma incarnait ce héros national auquel on pouvait facilement s'identifier. Avec son allure bonhomme, il ressemblait à monsieur Tout-le-Monde, il n'avait pas fréquenté de grande université et n'avait jamais appris la programmation. Il adorait raconter à qui voulait l'entendre que, le jour où il avait postulé au restaurant KFC tout juste implanté dans sa ville, il avait été le seul candidat sur vingt-cinq à être recalé. Auparavant, l'Internet chinois réservait ses *success stories* à des gens qui avaient un doctorat ou une expérience dans la Silicon Valley. L'accession de Ma au statut de rock-star a soudain donné un sens nouveau à la notion d'entrepreneuriat de masse : tout le monde pouvait réussir, même le « petit peuple ».

Avec la bénédiction du gouvernement, l'exemple de Jack Ma est parvenu à rallier à la cause de l'entrepreneuriat numérique le groupe le plus difficile à convaincre : celui des mères de famille. Dans la mentalité chinoise traditionnelle, on ne créait une entreprise que lorsqu'on était incapable de se trouver un vrai boulot. Le « bol de riz en fer » – la sécurité d'un emploi à vie dans l'administration – restait l'ambition ultime pour toutes les générations qui avaient connu la famine.

J'ai pu m'en rendre compte au démarrage de Sinovation Ventures en 2009. À l'époque, de nombreux jeunes gens désireux de rejoindre nos start-up débutantes se heurtaient au refus inébranlable de leurs parents ou de leur conjoint. J'ai mis en œuvre tous les moyens imaginables pour tenter de faire plier ces familles : invitations à dîner, longues lettres manuscrites, projections financières prometteuses, etc. Chaque recrutement était une lutte.

Six ans plus tard, les postulants tambourinaient à notre porte – jusqu'à littéralement l'enfoncer, dans un cas précis. Parmi eux on trouvait des lycéens décrocheurs mais ultra-motivés, des diplômés frais émoulus d'universités d'élite, d'anciens ingénieurs de Facebook, et pas mal d'individus douteux. L'un d'eux s'est présenté au siège de la société un jour où j'étais en déplacement, décidé à attendre jusqu'à ce que je le reçoive. Quand mon équipe l'a informé que je ne rentrerais pas de sitôt, l'homme s'est déshabillé et allongé par terre, nu comme un ver, jurant qu'il ne bougerait que lorsque Kai-Fu Lee aurait écouté son idée.

Au lieu d'un capital de départ, cet entrepreneur-là s'est vu offrir une escorte policière. Mais l'anecdote est révélatrice de la fièvre d'innovation qui s'était emparée du pays. Après dix ans de valse-hésitation, la Chine plongeait la tête la première dans l'entrepreneuriat numérique. Guo Hong lui-même a contracté le virus pendant le développement de son « avenue des Entrepreneurs ». En 2017, il a quitté la carrière administrative pour fonder et diriger la Zhongguancun Bank, une « start-up » de la finance calquée sur la Silicon Valley Bank et consacrée aux innovateurs chinois.

Saut technologique, capitaux, équipements, compétences, environnement : le décor était planté pour voir prospérer l'Internet de la cinquième dimension. Il ne restait plus qu'à créer des entreprises innovantes, rentables et conçues spécifiquement pour le public chinois.

Du numérique au monde réel

Ces entreprises nouvelle génération ont accepté d'aller au charbon. Au lieu de jouer simplement le rôle de transmetteurs d'information au sein du réseau, comme elles l'avaient fait jusqu'alors, elles ont décidé de prendre progressivement en charge tous les aspects de la vie quotidienne. Cela s'est traduit par l'explosion de services commandés sur Internet, mais consommés dans le monde réel.

Les spécialistes l'ont baptisée « révolution de l'O2O » – abréviation pour « *online-to-offline* ». L'expression semble déroutante, mais le concept est extrêmement simple : il s'agit de transformer des actions effectuées en ligne en services disponibles hors ligne. C'est ce que font depuis longtemps des sites d'e-commerce comme Alibaba ou Amazon dans le domaine des biens physiques. La révolution de l'O2O a consisté à étendre cette commodité du commerce électronique à tout ce que l'on ne peut pas mettre dans un carton et expédier par la poste – un plat de nouilles prêt à déguster, un trajet en voiture pour rejoindre ses amis au bar ou une coupe de cheveux.

La Silicon Valley est à l'origine d'un des premiers modèles O2O dits « transformationnels » : le système des VTC (véhicules de tourisme avec chauffeur). En utilisant les smartphones et les voitures individuelles, Uber a révolutionné les déplacements urbains, d'abord aux États-Unis, puis dans le monde entier. Des sociétés chinoises comme Didi Chuxing n'ont pas tardé à copier ce prototype pour l'adapter au marché local – Didi a d'ailleurs fini par bouter Uber hors de Chine et le concurrence désormais au niveau international. Finalement, Uber a offert un premier aperçu de ce qu'est l'O2O, mais ce sont des entreprises chinoises qui ont transposé les points forts de ce modèle dans des dizaines d'autres secteurs économiques.

Pour mener à bien cette expérience, les grandes métropoles chinoises constituaient un laboratoire idéal. La Chine urbaine est source de nombreuses joies, mais c'est aussi une véritable jungle – bondée, polluée, bruyante et tout sauf propre. Une fois rentrés du travail après avoir voyagé dans un métro plein à craquer ou slalomé entre des échangeurs à huit voies, beaucoup d'habitants de la classe moyenne n'aspirent qu'à une chose : rester chez eux sans avoir à ressortir pour aller s'acheter à manger ou faire une course. Ils peuvent alors compter sur la multitude de travailleurs immigrés qui peuplent les villes chinoises, prêts à leur livrer ce dont ils ont besoin pour un prix modique. C'est un environnement taillé sur mesure pour l'O2O.

Après les VTC, un deuxième service O2O a connu un essor remarquable : les livraisons de repas. Tous les géants du Web – dont Meituan-Dianping, la société de Wang Xing, ainsi que de nombreuses start-up – ont commencé à miser sur ce marché en multipliant les offres promotionnelles et les moyens techniques. Les foules qui se pressaient dans les restaurants se sont clairsemées ; à la place, les rues ont été prises d'assaut par des essaims de scooters électriques laissant flotter dans leur sillage une vapeur parfumée. Grâce à WeChat Wallet et à Alipay, le paiement était totalement intégré. À la fin de l'année 2014, les dépenses consacrées aux livraisons de repas en O2O avaient crû de plus de 50 % et dépassaient les 15 milliards de yuans. En 2016, avec ses 20 millions de commandes en ligne quotidiennes, la Chine livrait dix fois plus de repas que les États-Unis[7].

À partir de là, l'inventivité en matière d'O2O n'a plus connu de limites. Si vous étiez coiffeur ou manucure, vous pouviez abandonner complètement votre boutique, gérer tous vos rendez-vous via des applications et proposer vos services à domicile. Si vous étiez souffrant, vous pouviez payer quelqu'un pour aller attendre à votre place dans les interminables queues qui s'étirent devant les hôpitaux chinois. Si vous n'aviez pas le courage de vous occuper de l'hygiène de votre animal domestique, vous pouviez ouvrir une appli qui vous envoyait immédiatement quelqu'un pour nettoyer la litière du chat ou faire la toilette du chien. Si vous aviez des enfants scolarisés, vous pouviez engager un chauffeur qui irait les chercher en minivan, puis vous connecter à une application pour vérifier sa pièce d'identité et vous assurer qu'il les ramène bien à la maison. Et si vous préfériez ne pas avoir d'enfants, rien de plus simple : il vous suffisait de télécharger une autre application proposant de vous livrer des préservatifs à toute heure du jour ou de la nuit.

Cette évolution a considérablement simplifié la vie quotidienne des citadins chinois. Les petits commerces ont vu augmenter une clientèle qui, ravie de gagner en confort, dépensait davantage. Enfin, pour les start-up dernière génération, l'O2O a été synonyme d'une montée en flèche des valorisations boursières et d'une incitation constante à conquérir de nouveaux pans de la vie urbaine.

Après deux ou trois ans de développement débridé dans l'arène du marché chinois, la production frénétique de nouveaux modèles O2O a fini par se calmer. De nombreuses « licornes* » apparues du jour au lendemain sont mortes de leur belle mort lorsque les stratégies à base d'offres promotionnelles ont cessé de nourrir la croissance. Tout en révolutionnant l'industrie des services à la personne en milieu urbain, les entrepreneurs/gladiateurs rescapés ont multiplié leur capitalisation, qui se chiffrait déjà en milliards de dollars. À la fin de l'année 2017, Meituan-Dianping pesait 30 milliards de dollars, tandis que Didi Chuxing atteignait 57,6 milliards – plus qu'Uber.

Derrière ce bouleversement social autant que commercial, la super-appli chinoise WeChat était à la manœuvre.

* Dans le domaine du numérique, on appelle « licornes » les start-up valorisées à plus de 1 milliard de dollars.

Installée sur les trois quarts des smartphones et connectée au compte bancaire de la plupart de ses utilisateurs, elle avait le pouvoir d'impulser des millions d'achats O2O et de départager les start-up en compétition. Grâce à la connexion de son Wallet aux principaux fournisseurs de services O2O, il était possible d'effectuer toutes sortes d'actions sans jamais quitter l'appli – appeler un taxi, commander à dîner, réserver une chambre d'hôtel, payer sa facture de téléphone ou encore acheter un billet pour un vol long-courrier. (Et – ce n'était pas un hasard – la plupart des start-up que WeChat avait choisies pour apparaître dans son portefeuille bénéficiaient aussi d'investissements de Tencent.)

Avec l'explosion de l'O2O, WeChat est donc bien devenue la « télécommande de nos vies ». C'est à peine exagéré. L'appli omnipotente prend en charge des tâches accomplies séparément par Facebook, iMessage, Uber, Expedia, Evite, Instagram, Skype, PayPal, Grubhub, Amazon, LimeBike, WebMD et bien d'autres. Sans proposer toute la palette de leurs fonctionnalités, elle s'acquitte sans peine des principales, le tout avec un système de paiement mobile fluide et déjà intégré.

À l'inverse, dans le modèle de la « constellation d'applications » qui prévaut de l'autre côté du Pacifique, chaque appli s'en tient strictement à un ensemble de fonctions imposées. Facebook est même allé jusqu'à scinder son réseau social et son outil de messagerie en deux applications distinctes : Facebook et Messenger. Le choix de Tencent de développer une super-appli paraissait risqué au départ : n'allait-on pas submerger l'utilisateur en lui offrant autant de fonctions dans un seul pack ? L'audace a payé et WeChat a eu une influence déterminante sur la forme qu'ont prise les services numériques du nouvel Internet chinois.

Pincettes ou rouleau compresseur ?

La révolution de l'O2O a mis en évidence un fossé encore plus profond entre la Silicon Valley et la Chine – une différence d'approche qui, à l'ère de l'IA appliquée, prêtera fortement à conséquence. J'appelle ces deux approches opposées les « pincettes » et le « rouleau compresseur ». Elles renvoient au niveau d'implication d'une entreprise numérique dans la fourniture de biens ou de services, c'est-à-dire à son degré d'intégration verticale quand elle relie le monde *online* au monde *offline*.

Lorsqu'elles cherchent à s'implanter dans un nouveau secteur, les compagnies américaines y vont le plus souvent « avec des pincettes ». À leurs yeux, Internet sert essentiellement à partager des informations, à combler des lacunes de connaissances et à connecter les gens sur un réseau. Et, puisque le Web est leur terrain d'activité, elles s'en tiennent à cette fonction centrale. Comme on l'a vu, les start-up de la Silicon Valley développent les plates-formes, mais laissent des entreprises du monde réel s'occuper des détails logistiques sur le terrain. Elles tentent de s'imposer en se montrant plus malignes que leurs adversaires et en inventant des programmes qui offrent des solutions originales et élégantes à des problèmes d'information.

En Chine, les entreprises préfèrent l'approche « rouleau compresseur ». Elles ne veulent pas seulement mettre au point la plate-forme, elles veulent aussi recruter tous les vendeurs, s'occuper des produits distribués, gérer l'équipe de livreurs, fournir les scooters, les réparer et contrôler les paiements. Si besoin, elles sont prêtes à financer l'ensemble de la chaîne avec leur trésorerie pour accélérer le processus d'acquisition de clients et couper l'herbe sous le pied de leurs rivaux. Leur raisonnement est le suivant : plus elles s'impliqueront dans les opérations pratiques – et souvent très coûteuses – qui sont au cœur de leur activité, plus il deviendra difficile de copier leur modèle économique et d'ébranler leur position en cassant les prix. Opter pour le « rouleau compresseur », c'est ériger un rempart, afin de protéger son entreprise des massacres économiques qui font rage dans l'arène. Les start-up chinoises l'emportent sur leurs concurrents en se montrant plus malignes, mais aussi en travaillant plus dur, en se démenant davantage et en dépensant plus d'argent sur le terrain.

Cette différence d'approche apparaît très clairement lorsqu'on compare deux plates-formes bien connues dans le domaine de la restauration : Yelp et Dianping. Toutes deux sont nées aux alentours de 2004 sous la forme de sites Internet permettant aux clients de poster des commentaires sur leur expérience au restaurant. Elles ont ensuite évolué pour devenir des applications sur smartphone. À partir de là, leurs chemins ont divergé : alors que Yelp restait principalement cantonnée aux avis de consommateurs, Dianping a joyeusement sauté dans le bain bouillonnant des achats groupés. Elle s'est mise à développer des systèmes de paiement, à tisser des relations avec les vendeurs et à dépenser des sommes folles en offres promotionnelles pour attirer des clients.

Lorsque les deux entreprises se sont lancées dans les commandes en ligne et les livraisons à domicile, elles l'ont fait chacune à sa manière. Yelp a réagi tardivement, « avec des pincettes ». Pendant onze ans, le site avait existé dans la seule sphère numérique en vivant de ses recettes publicitaires. En 2015, Yelp a fait un pas de fourmi dans le monde physique en rachetant Eat24, une société de commande en ligne et de livraison. Cependant, la majorité des acheminements de repas restaient à la charge des restaurants : Yelp ne faisait intervenir Eat24 que lorsque ces derniers ne disposaient pas de livreurs. À cause de cette approche *a minima* qui n'encourageait pas les restaurants à participer, l'activité n'a jamais réellement décollé. Deux ans et demi plus tard, Yelp a jeté l'éponge et vendu Eat24 à Grubhub pour se rabattre sur sa stratégie poids plume. Le PDG de la société, Jeremy Stoppelman, s'en est expliqué ainsi : « [La cession à Grubhub] nous a permis de nous recentrer sur ce que nous faisons le mieux : développer l'appli Yelp[8]. »

La jeune appli Dianping a procédé d'une tout autre façon. Après quatre ans d'une guerre de tranchées sans merci sur le front des achats groupés, elle s'est investie massivement dans les livraisons de repas dès la fin de 2013. Le groupe a dépensé des millions de dollars pour recruter et gérer des flottes de livreurs sillonnant les villes en scooter. Comme les équipes de Dianping faisaient le travail de terrain, même les petites échoppes familiales pouvaient élargir leur clientèle sans avoir à embaucher de livreurs.

En choisissant de s'attaquer au problème avec des tas de billets et des tonnes d'employés, Dianping a rapidement réalisé des économies d'échelle dans les mégalopoles chinoises densément peuplées. Cette démarche ruineuse et ardue sur le plan logistique lui a finalement permis d'améliorer ses performances et de faire baisser les prix pour le consommateur. Dix-huit mois après ses débuts dans la livraison de repas, Dianping s'est offert des économies d'échelle encore plus fabuleuses en fusionnant avec son rival suprême, Meituan. En 2017, Meituan-Dianping était valorisé à 30 milliards de dollars, soit plus du *triple* de la valorisation cumulée de Yelp et de Grubhub.

En Chine, les exemples d'entreprises O2O privilégiant l'approche « rouleau compresseur » sont légion. Après avoir expulsé Uber du marché chinois des VTC, Didi a commencé à racheter en masse des stations-service et des garages afin d'entretenir sa flotte de véhicules. Parce qu'elle connaît bien ses chauffeurs et que ces derniers ont confiance dans sa marque, l'entreprise réalise ainsi de formidables marges. Quant à Airbnb, il n'est qu'une plateforme de location poids léger face à son rival chinois, Tujia : celui-ci gère directement une bonne part des biens loués en prenant en charge pour ses hôtes l'essentiel des tâches ingrates, qu'il s'agisse de nettoyer l'appartement entre deux locataires, de refaire les stocks de provisions ou d'installer une serrure intelligente.

La stratégie du « rouleau compresseur » a redéfini les rapports entre l'économie numérique et l'économie réelle. En Chine, Internet influe aussi bien sur la consommation que sur le marché du travail. Dans une étude réalisée par McKinsey & Company en 2016, 65 % des clients chinois de services O2O ont déclaré que les applications les poussaient à commander plus souvent leurs repas à l'extérieur. En matière de voyages et de déplacements urbains, respectivement 77 % et 42 % des utilisateurs disaient avoir accru leur consommation[9].

À court terme, ce flot de dépenses a stimulé l'économie et gonflé la valorisation des entreprises. Mais tout ce mouvement lègue surtout un précieux héritage de long terme : un environnement de données incomparable. Via l'enregistrement des vendeurs dans leur base, le traitement des commandes, les livraisons et l'encaissement des paiements, les champions de l'O2O chinois ont commencé à amasser des trésors d'informations sur les tendances de consommation et les habitudes personnelles des utilisateurs, se forgeant un net avantage sur leurs pairs de la Silicon Valley. Grâce aux paiements mobiles, ils pénètrent encore plus loin dans le monde réel et vont pouvoir convertir cet avantage en position dominante.

Scanner ou être scanné

Tandis que l'O2O générait de plus en plus de capital, Alipay et Tencent ont décidé de frapper un grand coup pour mettre fin à la prédominance de l'argent liquide dans l'économie chinoise. (Signalons qu'en 2011 Alibaba a regroupé ses services financiers, dont Alipay, au sein d'une filiale qui a pris ensuite le nom d'Ant Financial.)

La Chine n'avait jamais pleinement adopté les cartes de crédit et de débit; l'immense majorité des transactions continuaient d'être réglées en espèces. Les hypermarchés ou les grands centres commerciaux proposaient le paiement par carte, mais pas les commerces de proximité ni les petits restaurants familiaux qui formaient pourtant l'essentiel du paysage urbain. Les propriétaires de ces boutiques, en revanche, avaient des smartphones, que les colosses de l'Internet chinois ont entrepris de transformer en portails de paiement mobile. L'idée était toute simple, mais elle fut appliquée à une vitesse sidérante, et ses conséquences sur les comportements et sur l'afflux de données furent sans précédent.

Entre 2015 et 2016, Tencent et Alipay ont progressivement étendu les fonctionnalités de paiement. Les clients pouvaient à présent régler leurs achats au sein de l'application en scannant un code QR (le code-barres carré pour smartphones). Scanner ou être scanné: telle est notre nouvelle réalité. Les magasins de grande taille sont aujourd'hui munis de systèmes de point de vente permettant de facturer les clients en scannant le code QR affiché sur leurs téléphones. Les petits commerçants se contentent d'imprimer l'image d'un code QR préalablement relié à leur WeChat Wallet. Quant aux clients, ils ouvrent Alipay ou WeChat, scannent le code et entrent le montant, confirmant l'achat au moyen de leur empreinte digitale. Les fonds sont instantanément transférés d'un compte bancaire à l'autre ; pas de frais et plus besoin de fouiller dans son portefeuille.

Comparé au modèle des cartes de crédit qui domine le monde occidental, le contraste est frappant. Au moment de leur apparition, ces cartes en plastique étaient une technologie d'avant-garde, la solution de paiement la plus pratique et la plus économique. Cet avantage s'est transformé en handicap, puisque l'adoption et l'utilisation du système sont freinées par l'application de frais de 2,5 % à 3 % sur la plupart des transactions.

Le paiement mobile en Chine va bien plus loin que l'usage traditionnel des cartes bancaires. Alipay et WeChat autorisent aussi les transferts entre particuliers : famille, amis, marchands ambulants ou parfaits inconnus. Les applis connectées permettent également de gratifier les auteurs de vidéos ou d'articles consultés en ligne de petits « pourboires ». Les micropaiements se multiplient, pour des sommes aussi dérisoires que 15 cents. Comme les entreprises ont renoncé à prendre des commissions sur la majeure partie des transferts, le paiement mobile est accepté pour toutes les transactions : pas de minimum d'achat obligatoire et pas de supplément pour les faibles montants – comme ces frais de 50 cents que facturent les détaillants américains sur les petits achats réglés par carte.

Ce nouveau mode de règlement s'est diffusé à une vitesse fulgurante. Expérimenté à partir de 2014, il a été déployé à grande échelle dès 2015. À la fin de l'année suivante, dans n'importe quelle grande ville, rares étaient les magasins qui n'acceptaient pas le paiement par scan. Les Chinois s'en servaient pour tout – courses, massages, tickets de cinéma, pintes de bière, réparations de vélo, etc. –, exclusivement sur les applis WeChat et Alipay. Fin 2017, 65 % des utilisateurs de smartphone en Chine

– ils sont plus de 753 millions – avaient activé le paiement mobile[10].

Au vu du peu de restrictions, ces systèmes de paiement n'ont pas tardé à se répandre dans l'immensité de l'économie informelle chinoise. Si vous alliez acheter des nouilles sautées sur un stand dans la rue, le chef vous faisait signe de scanner le code QR et d'envoyer le paiement pendant qu'il préparait votre plat. On a même commencé à voir déambuler des mendiants portant autour du cou un morceau de carton sur lequel étaient imprimés deux codes QR : un pour Alipay, un pour WeChat.

La disparition soudaine de l'argent liquide dans les villes chinoises a secoué jusqu'au monde de la pègre. En mars 2017, deux cousins ont fait la une des journaux après une série de vols malheureux. Ils s'étaient rendus à Hangzhou, une ville prospère qui abrite notamment le siège d'Alibaba, dans l'intention de perpétrer deux ou trois coups juteux avant de déguerpir. Armés de couteaux, les malfaiteurs ont dévalisé une, puis deux, puis trois supérettes, découvrant à leur grand dam que les caisses ne renfermaient quasiment pas d'espèces. Et pour cause : la quasi-totalité des clients payaient directement avec leur téléphone ! Lorsqu'ils se sont fait cueillir par la police, leur équipée criminelle leur avait rapporté à chacun autour de 125 dollars – pas même de quoi rembourser leurs frais de transport. Selon des rumeurs rapportées par la presse locale, l'un d'eux se serait écrié lors de son arrestation : « Mais il est passé où, le cash, dans cette ville[11] ? »

En comparaison, le paiement mobile aux États-Unis semble progresser au ralenti. Google et Apple s'y sont essayés avec Google Wallet et Apple Pay, mais sans grand succès. Bien qu'aucune des deux firmes ne révèle publiquement le nombre d'inscrits sur sa plate-forme, une simple observation quotidienne arrive à la même conclusion qu'une analyse plus fouillée : le taux d'utilisation est infiniment plus bas qu'en Chine. En 2017, la société d'études de marché iResearch a estimé que le rapport entre les dépenses américaines et chinoises par paiement mobile était de 1 à 50[12]. La même année, l'ensemble des transactions effectuées sur des plates-formes de paiement mobile en Chine auraient dépassé 17 000 milliards de dollars[13] – un chiffre ahurissant, supérieur au PIB chinois, et qui s'explique autant par les transferts entre particuliers que par les innombrables transactions mobiles tout au long de la chaîne de production de produits et de services.

Les taxis entrent dans la danse

Si le paiement mobile peine tant à gagner du terrain aux États-Unis, c'est dû en grande partie à la solidité du système en place. Les Américains jouissent déjà (moyennant finances) du confort offert par les cartes de crédit et de débit – la technologie de pointe des années 1960 dans ce domaine. Or, si le paiement mobile représente une amélioration spectaculaire par rapport aux espèces, c'est moins le cas par rapport aux cartes bancaires. On retrouve là le même mécanisme qu'avec l'Internet mobile : le retard de la Chine dans un équipement qui règne sans partage ailleurs (les ordinateurs de bureau, les lignes de téléphone fixe ou, ici, les cartes de crédit) se transforme en force, lui permettant de passer directement à un nouveau modèle.

La transition vers le paiement mobile en Chine, quant à elle, n'est pas seulement due à la faiblesse des technologies en place ou à des choix indépendants effectués par les consommateurs. Alibaba et Tencent ont accéléré, voire forcé, cette transition en recourant massivement aux offres promotionnelles, autre exemple de l'approche « rouleau compresseur » – avec laquelle les entreprises américaines sont très mal à l'aise.

Lorsque les services de VTC ont démarré en Chine, les clients réservaient leur trajet via l'application, mais payaient souvent en liquide. Sur les grandes plates-formes, la majorité des véhicules étaient des taxis traditionnels conduits par des hommes d'un certain âge, pas particulièrement pressés de dire adieu aux bons vieux billets de banque. Tencent a donc décidé de récompenser le chauffeur *et* le client s'ils acceptaient d'utiliser WeChat Wallet pour leur transaction. Le client bénéficiait d'une réduction, le chauffeur recevait un bonus et Tencent prenait en charge la différence des deux côtés.

Le coup de pub s'est révélé extrêmement coûteux, notamment parce que aux trajets légitimes, s'ajoutaient des trajets bidon destinés à profiter des bonus. Mais Tencent a tenu bon, et sa décision a payé. Non contentes de forger les habitudes des utilisateurs, ces promotions ont surtout réussi à attirer sur la plate-forme les chauffeurs de taxi, maillons cruciaux dans cette économie urbaine mue par la consommation.

Quand Apple Pay et Google Wallet sont entrés dans l'arène, ils l'ont fait sur la pointe des pieds. Depuis, ils assurent aux clients que leur méthode est plus avantageuse, mais se refusent à les soudoyer pour qu'ils aillent s'en rendre compte par eux-mêmes. Cela n'a rien de surprenant : tous ces cadeaux, qui entament sérieusement le chiffre d'affaires trimestriel, sont très mal vus des puristes de l'innovation. Pour la Silicon Valley, il ne s'agit ni plus ni moins que d'essayer d'acheter les utilisateurs.

Dans un monde où règne une intelligence artificielle nourrie aux données, la réticence des géants américains va leur coûter de plus en plus cher. Les données récoltées grâce aux paiements mobiles, véritable mine d'or pour cartographier l'activité des consommateurs, sont beaucoup, beaucoup plus précieuses que celles générées par les cartes de crédit dans le monde physique ou que celles captées par les Amazon, Google ou Yelp. Elles vont se révéler inestimables dans le commerce de détail, l'immobilier et quantité d'autres secteurs.

Bicyclettes 2.0

Pendant que les paiements mobiles bouleversaient le paysage financier de la Chine, les bicyclettes en libre-service transformaient son paysage urbain. À bien des égards, la révolution des vélos partagés nous fait remonter le temps. Dès le déclenchement de la révolution communiste, en 1949, et jusqu'au tournant du millénaire, les cités chinoises ont grouillé de bicyclettes. Mais les réformes économiques, en créant une nouvelle classe moyenne, ont aussi marqué l'essor de la voiture individuelle. Le vélo fut relégué aux marges des villes et de la culture populaire. Dans une émission de téléréalité chinoise très regardée, l'une des candidates a parfaitement résumé cet esprit matérialiste en s'exclamant, après avoir repoussé un prétendant peu fortuné : « Je préfère encore sangloter à l'arrière d'une BMW que m'amuser sur le porte-bagages d'un vélo ! »

Et puis, brusquement, l'Internet chinois de la cinquième dimension a inversé la tendance. Fin 2015, les start-up Mobike et Ofo* ont commencé à équiper les grandes villes de dizaines de millions de bicyclettes

* Les vélos Ofo ont été commercialisés à Paris de décembre 2017 à décembre 2018, date à laquelle l'entreprise chinoise a annoncé un retrait temporaire et une « pause » dans le déploiement des vélos (source : BFM Business). La flotte Mobike est toujours déployée à Paris en mars 2019. [NdE]

connectées à Internet. Celles de Mobike sont dotées d'un système de verrouillage intelligent de la roue arrière qui se débloque automatiquement lorsque vous scannez le code QR imprimé derrière la selle – ce que vous pouvez faire dans l'appli Mobike ou dans sa mini-appli hébergée par le WeChat Wallet. Une fois parvenu à destination, il vous suffit de laisser la bicyclette là où vous vous trouvez, disponible pour qui voudra. Le coût du trajet est fonction de la distance parcourue et du temps d'utilisation, mais on s'en tire souvent pour 15 cents, voire moins, grâce aux nombreux gestes commerciaux proposés. Cette invention révolutionnaire appliquée dans le monde réel est rendue possible par la fluidité du paiement mobile, aisé à intégrer sur un vélo et incroyablement performant. En comparaison, doter les vélos de lecteurs de cartes de crédit serait trop coûteux en termes d'installation et de maintenance.

Les bicyclettes en libre-service ne sont pas restées longtemps des ovnis urbains. En à peine un an, on a commencé à les voir partout, aux carrefours, aux sorties de métro, agglutinées autour des magasins et des restaurants à la mode. En général, il suffit de tourner la tête pour en repérer une, et on la déverrouille en cinq secondes. Les villes chinoises ont rapidement pris les couleurs de l'arc-en-ciel : orange et gris argenté pour Mobike, jaune vif pour Ofo, plus quelques touches de bleu, de vert et de rouge pour leurs imitateurs. À l'automne 2017, Mobike enregistrait déjà 22 millions de trajets par jour, presque tous en Chine. Cela représentait quatre fois le nombre de trajets effectués quotidiennement *dans le monde* par Uber en 2016 – le chiffre le plus récent communiqué par l'entreprise américaine. Au printemps 2018, trois ans tout juste après sa création, Mobike a été racheté par Meituan-Dianping, le groupe de Wang Xing, pour 2,7 milliards de dollars[14].

Ces millions de déplacements donnent peu à peu naissance à des réseaux d'IdO, ou Internet des objets (des appareils physiques connectés à Internet et capables de transmettre des données sur le monde qui les entoure à d'autres appareils reliés au réseau). Leur étendue et leurs fonctions surpassent sans doute tout ce que nous avons connu. La plupart des vélos Mobike sont pourvus d'un GPS à énergie solaire, de poignées d'accélération, de dispositifs Bluetooth et de fonctions de communication en champ proche (NFC) qui peuvent être activées par smartphone. Tous ces capteurs réunis génèrent chaque jour 20 téraoctets de données qui nourrissent les serveurs du *cloud* de Mobike.

De splendides nouveaux mondes

La révolution des vélos partagés en Chine offre une spectaculaire illustration, visible au quotidien, de ce que cette cinquième dimension numérique fait le mieux : résoudre des problèmes concrets en transcendant les frontières entre le virtuel et le réel.

Nous l'avons vu, l'édification de cet univers ne s'est pas faite en un jour. Il a fallu la conjonction de multiples facteurs : des entrepreneurs guidés par le marché, un saut technologique dans l'Internet mobile, des super-applis innovantes, des métropoles densément peuplées, une main-d'œuvre peu coûteuse, des systèmes de paiement mobile et, enfin, un changement des mentalités motivé par les pouvoirs publics. Ce fut un processus difficile, ruineux, parfois perturbant, mais ses résultats se sont avérés fabuleux. La Chine a donné naissance à un cercle de géants qui, ensemble, pèsent plus de mille milliards de dollars – c'est un exploit qu'aucun pays, à part les États-Unis, n'avait jamais accompli auparavant.

Et les plus grands bénéfices restent à venir. De même que la matière organique enfouie sous terre depuis des millénaires a généré les combustibles fossiles dont s'est nourrie la révolution industrielle, les interactions entre le monde réel et cet univers numérique parallèle sont en train de produire les masses de données qui vont alimenter la révolution chinoise de l'intelligence artificielle. Chacune des dimensions de cet univers – WeChat, les services O2O, les VTC, les paiements mobiles, les vélos partagés – ajoute une couche d'informations, créant un terreau de données à nul autre pareil.

Avec l'explosion de l'O2O, les entreprises chinoises collectent de précieux détails sur toutes les activités hors ligne des internautes. Les paiements numériques les dotent d'une carte ultra-précise et en temps réel des comportements des consommateurs. Les transactions entre particuliers superposent à ces données économiques une strate de données plus sociales. En même temps qu'ils mettent de la couleur dans les villes, les vélos partagés localisent et enregistrent des dizaines de millions de trajets – travail, courses, rendez-vous galants, etc. Pour la quantité et la précision des données, Uber et Lyft ne leur arrivent pas à la cheville.

Dans tous ces secteurs stratégiques, les chiffres montrent que la Chine et les États-Unis ne jouent plus dans la même catégorie. Selon les dernières estimations, le rapport entre les entreprises américaines et leurs concurrentes chinoises est de 1 à 10 pour ce qui est du nombre de repas livrés, et de 1 à 50 pour le montant des paiements mobiles. Les Chinois font environ deux fois plus d'achats en ligne que les Américains, et le fossé ne cesse de s'élargir. Nous manquons de statistiques sur les applis de VTC, mais les chiffres rendus publics par Uber et Didi au plus fort de leur bataille sur le marché chinois indiquaient que les trajets pris en charge par Didi en Chine équivalaient à quatre fois le total mondial d'Uber. Enfin, en ce qui concerne les vélos en libre-service, l'avance de la Chine est renversante, puisque le rapport est de 1 à 300[15].

Les bulldozers chinois ont déjà regagné du terrain sur leurs homologues américains en termes de chiffre d'affaires et de capitalisation boursière. Dans un futur proche, ces deux écosystèmes de données bien distincts vont déterminer dans chaque pays quels secteurs seront ébranlés par les start-up d'intelligence artificielle et quels délicats problèmes celles-ci s'efforceront de résoudre.

Mais pour bâtir une véritable économie fondée sur l'intelligence artificielle, deux autres ingrédients seront nécessaires : une armée d'ingénieurs compétents et un gouvernement impatient de réaliser le formidable potentiel de cette technologie. Ce sont les deux dernières pièces du puzzle de l'IA. Une fois en place, elles nous permettront de savoir quel type d'équilibre compétitif va s'instaurer entre les deux superpuissances mondiales.

4
Le conte de deux pays

En 1999, les chercheurs chinois en intelligence artificielle tâtonnaient encore dans l'obscurité… et pas seulement au sens figuré. Je m'explique.

Cette année-là, je suis allé donner une conférence à l'Université des sciences et des technologies de Chine. C'était l'une des meilleures écoles d'ingénieurs du pays, mais elle était située très loin au sud de la capitale, dans la ville de Hefei (prononcer « hou-faye »). Je venais y parler du travail que nous menions, au sein de Microsoft Research, sur la reconnaissance vocale et visuelle.

Le soir de la conférence, les étudiants se sont massés dans l'amphithéâtre. Ceux qui n'avaient pas pu avoir de billet se pressaient contre les vitres, à l'extérieur, pour essayer de grappiller quelques bribes. L'événement semblait susciter un tel intérêt que j'ai prié les organisateurs de laisser les auditeurs s'asseoir dans les allées, et même sur l'estrade, à mes côtés. Tous m'ont écouté attentivement exposer les grandes lignes des techniques de la reconnaissance et de la synthèse vocales, du graphisme en 3D et de la vision par ordinateur. Ils ont pris des pages et des pages de notes et m'ont assailli de questions sur les principes théoriques et les applications pratiques. Certes, la recherche chinoise en intelligence artificielle avait plus de dix ans de retard sur les États-Unis, mais les étudiants absorbaient les connaissances comme des éponges. Dans la salle, l'excitation était palpable.

La conférence s'est prolongée jusque tard dans la soirée. Quand j'ai quitté l'amphithéâtre pour me diriger vers le parking, il faisait nuit noire et le campus était calme. La route, bordée par les bâtiments de la résidence universitaire, était déserte. Soudain, de longues files d'étudiants ont commencé à sortir des dortoirs et à se disperser dans la rue, comme s'ils s'étaient donné le mot. J'ai regardé autour de moi, ébahi. J'avais l'impression d'assister à un exercice d'évacuation incendie au ralenti, dans le silence le plus total.

En les voyant s'asseoir sur le rebord du trottoir et ouvrir des manuels sur leurs genoux, j'ai compris : après l'extinction des feux dans les chambres, à 23 heures précises, la plupart des étudiants allaient lire dehors, à la lueur des réverbères. Devant moi, les apprentis ingénieurs les plus brillants du pays se pressaient sous la pâle lumière jaune pour pouvoir travailler deux ou trois heures de plus. Je l'ignorais à l'époque, mais parmi eux se trouvait le futur fondateur d'une des plus grosses entreprises d'intelligence artificielle de Chine.

Ces jeunes gens n'avaient que des ouvrages obsolètes et mal traduits à leur disposition, mais ils étaient déterminés à en tirer tout le savoir possible. Dans l'école, les points d'accès à Internet étaient rares. Partir étudier à l'étranger n'était possible que si l'on obtenait une bourse couvrant la totalité des frais d'inscription. Pour les étudiants de Hefei, la seule fenêtre sur l'état de la recherche mondiale en IA se trouvait dans ces pages cornées et dans les interventions occasionnelles de spécialistes extérieurs.

Comme il est loin, ce temps-là !

Comment devenir une superpuissance de l'intelligence artificielle

Nous avons vu au premier chapitre que quatre ingrédients principaux entrent dans la composition d'une superpuissance de l'IA au XXIe siècle : une abondance de données, des entrepreneurs au caractère bien trempé, des scientifiques compétents et un environnement politique favorable. L'Internet de la cinquième dimension et les combats de gladiateurs ont abondamment doté la Chine des deux premiers. Dans ce chapitre, nous allons nous intéresser aux deux derniers et tenter d'évaluer l'équilibre des forces. Ma conviction est que, alors que s'ouvre l'ère de l'IA appliquée, l'avantage de la Silicon Valley en termes d'expertise et d'excellence a fait son temps. Je suis aussi persuadé que l'attitude des autorités chinoises dans ce domaine, que l'on peut qualifier de « techno-utilitariste », va créer des conditions propices au déploiement accéléré de technologies révolutionnaires.

À mesure que l'intelligence artificielle se propage dans l'économie, la *quantité* de bons spécialistes dont dispose un pays devient plus précieuse que la *qualité* de ses chercheurs d'élite. Ces derniers auront beau faire reculer les limites de leur science, ce ne sont pas eux qui généreront la véritable puissance économique. Il faudra une armée d'ingénieurs dotés d'une solide formation et associés à des entrepreneurs pour mettre en application les découvertes qui changeront la donne dans le monde réel.

Voilà exactement le type d'armée que la Chine est en train de constituer. Deux décennies se sont écoulées depuis ma conférence à Hefei, et la communauté chinoise de l'IA a comblé une bonne partie du fossé qui la séparait des États-Unis. Si les superstars de la discipline restent concentrées en Amérique, la Chine compte à présent nombre d'entreprises et d'instituts de recherche qui regorgent d'ingénieurs expérimentés.

Cette évolution est le résultat conjoint de deux facteurs : l'extraordinaire appétit de savoir que j'avais pu constater à Hefei et un accès désormais illimité à la recherche internationale de pointe. Les étudiants chinois n'en sont plus à s'abîmer les yeux sur des manuels périmés. Profitant à plein de la culture d'ouverture qui règne dans le secteur de l'IA, ils vont puiser les connaissances directement à la source et en temps réel : ils épluchent les dernières publications scientifiques en ligne, créent des groupes WeChat pour échanger leurs points de vue sur les chercheurs phares et leurs méthodes, visionnent des conférences en streaming sur leur smartphone. Parallèlement, les algorithmes de pointe disponibles en *open source* peuvent être récupérés par des start-up pour développer des produits utilisant l'intelligence artificielle – drones autonomes, systèmes de paiement par reconnaissance faciale ou appareils électroménagers connectés.

Pour se tailler une part du gâteau, ces start-up doivent être agressives. Car l'économie de l'IA est sous la domination croissante de ceux que j'appelle les « Sept Géants de l'intelligence artificielle » : Google, Facebook, Amazon, Microsoft, Baidu, Alibaba et Tencent. Ces mastodontes, presque équitablement répartis sur les deux rives du Pacifique, rivalisent d'audace pour asseoir leur hégémonie. Ils se jettent sur les talents disponibles en mettant sur la table des milliards de dollars et des montagnes de données.

Ils œuvrent aussi à l'édification des « réseaux électriques » de l'IA – des réseaux informatiques sous contrôle privé qui distribuent l'apprentissage automatique dans toute l'économie –, agissant ainsi en qualité de « fournisseurs » de la ressource. C'est un phénomène de concentration inquiétant pour qui souhaite voir évoluer l'IA vers un écosystème ouvert, ainsi qu'un potentiel obstacle aux ambitions de la Chine, désireuse d'accéder au statut de superpuissance.

Mais pour appliquer toute la puissance de l'IA à grande échelle, il faut plus que l'investissement de compagnies privées. Le processus requiert un environnement politique favorable et peut être accéléré par un soutien direct des autorités, à l'instar du vaste plan gouvernemental publié au lendemain de la défaite de Ke Jie face à AlphaGo. Au même titre que la campagne pour « l'entrepreneuriat et l'innovation de masse », ce plan entend stimuler la croissance du secteur de l'intelligence artificielle grâce à une avalanche de capitaux, sous forme à la fois de subventions aux start-up et de généreux contrats publics pour favoriser la diffusion de cette technologie. Il encourage également l'imagination en matière de politiques publiques. D'un bout à l'autre du pays, des maires pleins d'ambition se démènent pour transformer leur ville en vitrine des nouvelles applications de l'IA, prévoyant des routes pour camions autonomes, installant des systèmes de reconnaissance faciale dans les réseaux de transport et connectant les voies de circulation à des « cerveaux urbains » capables d'optimiser les flux.

Cette débauche d'efforts souligne une différence fondamentale de culture politique entre les États-Unis et la Chine. La culture politique américaine repose sur le conflit ; le moindre faux pas dans une entreprise de modernisation technologique ou le moindre gaspillage de capitaux pour favoriser des innovations sont sévèrement punis. L'approche chinoise, techno-utilitariste, récompense les investissements dynamiques et la témérité en termes d'innovation. Aucun des deux systèmes ne peut revendiquer de supériorité morale objective. Indéniablement, le bilan américain, sur le plan des libertés individuelles comme des réussites technologiques, n'a pas d'égal dans l'histoire moderne. Mais n'oublions pas que nous sommes entrés dans l'ère des applications : dans ce contexte, je pense que la démarche chinoise va permettre un déploiement plus rapide de l'IA, générer davantage de données et semer les graines d'une croissance future. Ce cycle auto-entretenu se nourrit d'une singulière alchimie entre données numériques, audace entrepreneuriale, compétences durement acquises et volonté politique.

Pour évaluer la position respective des deux superpuissances, il nous faut comprendre d'où viennent ces compétences.

Prix Nobel et bricoleurs anonymes

En montant sur le pont du *Franconia II* en 1939, Enrico Fermi a bouleversé l'équilibre mondial du pouvoir. Il venait de recevoir le prix Nobel de physique à Stockholm et partait s'installer à New York avec femme et enfants. Son épouse, Laura, était juive. Or, l'Italie mussolinienne avait instauré des lois raciales qui excluaient les Juifs et les Africains de la majorité des emplois, leur interdisant également d'épouser des ressortissants italiens. Pour fuir l'antisémitisme qui gangrenait l'Europe, Fermi résolut d'emmener sa famille à l'autre bout du monde.

Cette décision personnelle eut des conséquences incommensurables. Peu après son arrivée aux États-Unis, Fermi apprit que des scientifiques de l'Allemagne nazie avaient découvert la fission nucléaire. Il se mit promptement au travail pour comprendre le phénomène. En 1942, il réalisa la première réaction nucléaire en chaîne sous les gradins du stade de l'université de Chicago. Fermi joua ainsi un rôle crucial dans le projet Manhattan, nom de code de la plus vaste entreprise industrielle jamais menée, qui aboutit à la mise au point des premières armes atomiques pour l'armée américaine. Ces mêmes bombes mirent fin à la Seconde Guerre mondiale dans le Pacifique et définirent les bases de l'ordre mondial nucléaire.

Fermi et le projet Manhattan symbolisaient une ère de découvertes – une époque qui récompensait la qualité plutôt que la quantité en matière de savoir-faire technique. Dans le domaine de la physique nucléaire, les années 1930 et 1940 ont été marquées par une série d'avancées majeures. Pour des innovations de cette ampleur, un Fermi valait autant que des milliers de physiciens moins brillants. D'ailleurs, en ce temps-là, la domination des États-Unis reposait essentiellement sur leur capacité à attirer de tels génies, des hommes et des femmes capables à eux seuls de rebattre les cartes du pouvoir scientifique.

Mais toutes les révolutions technologiques ne suivent pas ce schéma. Souvent, peu après une découverte capitale, le centre de gravité se déplace, passant du petit noyau de chercheurs d'excellence qui en est à l'origine à une cohorte de « bricoleurs ». Ces ingénieurs ont juste les compétences nécessaires pour appliquer cette technologie à de nouveaux problèmes. C'est particulièrement vrai quand l'innovation en question profite à l'ensemble de la société, et non à une poignée de laboratoires ou de forces armées.

L'histoire de l'électrification illustre bien ce phénomène. Sitôt que Thomas Edison eut maîtrisé l'électricité, on passa de la phase de l'invention à celle de l'application.

Des milliers d'ingénieurs se mirent à bricoler, utilisant l'électricité pour alimenter de nouveaux appareils ou réorganiser des processus industriels. Nul besoin pour cela du génie d'Edison. Il leur suffisait d'en savoir assez sur le fonctionnement de l'électricité pour transformer l'énergie qu'elle produisait en machines utiles et rentables.

L'ère de l'IA appliquée correspond à ce modèle. Parce que chaque nouvelle prouesse de l'intelligence artificielle fait la une de la presse, nous croyons vivre une époque où les Enrico Fermi du monde déterminent l'équilibre du pouvoir. En réalité, ce que nous voyons, c'est une découverte fondamentale – le *deep learning* et les techniques qui s'y rattachent – appliquée à quantité de domaines. Les bricoleurs d'aujourd'hui sont des spécialistes très bien formés qui, exploitant les dons surhumains de l'IA pour la reconnaissance des formes, lui apprennent à délivrer un prêt, à conduire une voiture, à traduire un texte, à disputer une partie de go et à faire fonctionner votre assistant personnel Alexa.

Bien sûr, des pionniers comme Geoffrey Hinton, Yann LeCun ou Yoshua Bengio – les Enrico Fermi de l'intelligence artificielle – continuent de repousser les limites, et une découverte susceptible de bouleverser la hiérarchie mondiale des technologies est toujours possible. Mais, en attendant, c'est du côté des bricoleurs que les choses bougent.

Partager l'intelligence

Dans la révolution technologique que nous vivons, les bricoleurs ont un avantage supplémentaire : ils ont accès en temps réel aux travaux des plus grands chercheurs. Pendant la révolution industrielle, les frontières nationales et les barrières linguistiques interdisaient la diffusion des innovations majeures au-delà de leur patrie d'origine, à savoir l'Angleterre. Les États-Unis ont pu dérober quelques inventions grâce à leur proximité culturelle et au flou de la législation sur la propriété intellectuelle, mais l'imitation arrivait toujours bien après la découverte.

C'est bien différent aujourd'hui. Quand on leur demande d'évaluer le retard de la Chine sur la Silicon Valley en matière d'IA, certains entrepreneurs chinois répondent par une blague : « Seize heures ! » – soit le décalage horaire entre la Californie et Pékin. La crème des chercheurs se trouve peut-être en Amérique, mais l'essentiel de leurs travaux et de leurs idées sont instantanément disponibles à toute personne équipée d'une connexion Internet et de connaissances basiques en intelligence artificielle.

Ce transfert de savoir est facilité par deux autres caractéristiques majeures de la communauté de l'IA. La première est la transparence : la plupart des chercheurs publient très volontiers leurs algorithmes, leurs données et leurs résultats. Cela s'explique par une volonté collective de faire progresser la discipline et par le souci de disposer d'indicateurs objectifs dans les compétitions internationales. Dans les sciences physiques, il est impossible de reproduire les expériences à l'identique d'un laboratoire à l'autre, car des variations infimes dans la technique utilisée ou l'environnement peuvent modifier considérablement les résultats. Les algorithmes, eux, sont immédiatement comparables entre eux. Il suffit de les entraîner et de les tester sur des ensembles de données semblables. Ainsi, les concours internationaux opposent souvent plusieurs équipes de vision par ordinateur ou de reconnaissance vocale, et les concurrents soumettent de bonne grâce leurs travaux à l'examen de leurs pairs.

La deuxième caractéristique du monde de l'IA est la rapidité des progrès, et elle constitue une autre incitation à partager immédiatement ses résultats. Les chercheurs, dans leur grande majorité, n'ambitionnent pas de faire une découverte de l'ampleur du *deep learning*. En revanche, ils essaient sans relâche d'améliorer à la marge les algorithmes les plus performants, ce qui les conduit à établir régulièrement de nouveaux records de précision dans des tâches comme la reconnaissance vocale ou l'identification visuelle. Ces records sont la base sur laquelle se joue la compétition scientifique. Aussi, quand vous parvenez à en battre un, vous comptez bien que l'exploit soit reconnu et porté à votre crédit. Mais il y a un hic : comme la recherche avance à une vitesse fulgurante, le temps que vous fassiez paraître vos résultats dans une revue spécialisée, votre nouveau record risque déjà d'être obsolète. Personne ne saura que vous avez été à la pointe de la technologie, ne serait-ce que pour un court instant.

C'est pourquoi beaucoup de chercheurs choisissent de publier immédiatement leurs travaux sur des sites comme www.arxiv.org. Ce fonds numérique d'articles scientifiques leur permet de dater avec précision leurs prouesses algorithmiques, comme on planterait un drapeau en territoire conquis. Depuis la victoire d'AlphaGo, les étudiants, les chercheurs et les ingénieurs chinois sont devenus de fervents adeptes de cette plate-forme. Ils fouillent et ratissent à la recherche de nouvelles méthodes, absorbant au passage tout ce que les meilleurs spécialistes mondiaux ont à leur offrir. Les étudiants consomment également avec avidité les conférences d'éminents chercheurs comme Yann LeCun, Sebastian Thrun (professeur à Stanford) ou encore Andrew Ng, qu'ils visionnent en streaming puis traduisent et sous-titrent pour leurs pairs.

Sur WeChat, cette communauté crée des groupes de discussion géants et des plates-formes multimédias où sont analysées les dernières tendances. Pas moins de treize nouveaux médias sont sortis de terre pour couvrir ce seul secteur. On y trouve des infos, des critiques d'experts et des débats ouverts au public. Ces organes spécialisés se targuent de compter plus d'un million d'inscrits, et la moitié d'entre eux ont fait l'objet d'investissements en capital-risque qui ont porté leur valorisation à plus de 10 millions de dollars chacun. Pour ma part, je suis l'un des cinq cents membres du groupe « L'Article de la semaine », qui propose des discussions plus théoriques. Comme des dizaines de groupes semblables sur WeChat, il décortique chaque semaine une nouvelle publication scientifique. Les messages quotidiens se comptent par centaines, allant de remarques très sérieuses sur le contenu du papier à des captures d'écran montrant les réalisations algorithmiques des uns ou des autres, le tout agrémenté, cela va de soi, d'une multitude d'émoticônes animées.

Mais les Chinois ne se contentent pas d'absorber passivement un flot de connaissances venu du monde occidental. De plus en plus de professionnels contribuent personnellement à cet écosystème.

Un conflit d'agendas

L'Association for the Advancement of Artificial Intelligence (AAAI) était bien embêtée. Cela faisait trente ans que cette illustre institution organisait l'un des principaux colloques mondiaux sur l'intelligence artificielle. Or, l'édition 2017 menaçait d'être un flop. La raison ? Elle tombait au beau milieu des festivités du Nouvel An chinois.

Quelques années plus tôt, cela n'aurait posé aucun problème. Historiquement, c'étaient les spécialistes américains, britanniques et canadiens qui dominaient l'événement et seule une poignée de Chinois venait présenter des travaux. Mais, cette fois-ci, les organisateurs avaient sélectionné à peu près autant d'intervenants venus de Chine que d'Amérique et la fête la plus importante du calendrier chinois était sur le point de les priver de la moitié de leurs participants. « Personne n'aurait eu l'idée de tenir la conférence un 25 décembre, a expliqué le président de l'AAAI au magazine *The Atlantic*. Nous avons dû revenir sur notre décision et trouver un nouveau lieu pour qu'elle puisse se dérouler une semaine plus tard[1]. »

Les contributions chinoises à la science de l'intelligence artificielle sont de toute ampleur et de toute nature : elles vont d'infimes altérations de modèles existants à des innovations majeures dans le domaine des réseaux de neurones. Il suffit d'examiner les références citées dans les publications scientifiques pour mesurer cette influence croissante. C'est ce qu'a entrepris de faire Sinovation Ventures sur un corpus composé des cent principales revues et conférences spécialisées en IA entre 2006 et 2015. L'étude a révélé que le nombre de travaux dus à des auteurs ayant un nom à consonance chinoise a quasiment doublé au cours de la période, passant de 23,2 % à 42,8 %[2]. Ce pourcentage incluait des chercheurs évoluant à l'étranger – par exemple, des scientifiques sino-américains qui n'avaient pas anglicisé leur nom –, mais une analyse plus précise des organismes auxquels ils étaient rattachés a montré que la vaste majorité d'entre eux travaillaient en Chine.

Cette tendance a été confirmée par un autre décompte récent : celui des cent instituts de recherche le plus fréquemment cités à propos d'IA entre 2012 et 2016[3].

Dans ce classement, la Chine occupe la deuxième place, devancée seulement par les États-Unis. Parmi les institutions d'élite, l'université Tsinghua dépasse même des établissements comme Stanford en nombre de citations. Et ces études ne concernent que l'ère pré-AlphaGo. Depuis, les autorités chinoises n'ont cessé d'encourager davantage de chercheurs à embrasser la discipline. Dans les années à venir, un raz-de-marée de jeunes doctorants va porter la recherche nationale vers de nouveaux sommets.

L'apport de la Chine ne se limite pas à une somme d'articles et de références. Dans les réseaux de neurones et la vision par ordinateur, certains des plus grands progrès accomplis depuis la naissance du *deep learning* sont dus à des chercheurs chinois. Beaucoup d'entre eux sont passés par Microsoft Research China, une entité que j'ai créée en 1998. Rebaptisée par la suite Microsoft Research Asia, elle a formé plus de cinq mille spécialistes de l'intelligence artificielle, dont plusieurs hauts dirigeants de chez Baidu, Alibaba, Tencent, Lenovo et Huawei.

En 2015, dans le concours international de reconnaissance visuelle ImageNet, une équipe de Microsoft Research Asia a pulvérisé ses concurrents grâce à son algorithme révolutionnaire ResNet. Face à 100 000 photos, celui-ci est parvenu à identifier les objets représentés et à les classer en 1 000 catégories différentes avec un taux d'erreur de seulement 3,5 %. Deux ans plus tard, DeepMind, la société détenue par Google, a fait de ResNet l'une des technologies de base de son AlphaGo Zero – le successeur autodidacte d'AlphaGo.

Les concepteurs de ResNet n'ont pas fait de vieux os chez Microsoft. Sur les quatre auteurs de cette invention, un seul est parti à l'étranger – il a intégré l'équipe de recherche de Yann LeCun chez Facebook. Les trois autres ont fondé et/ou rejoint des start-up d'intelligence artificielle en Chine. L'une d'elles, Face++, s'est rapidement hissée parmi les leaders mondiaux de la reconnaissance faciale et visuelle. Lors de l'édition 2017 du concours de reconnaissance d'images COCO, elle s'est classée première dans trois des quatre principales catégories, éliminant les meilleures équipes issues de Google, Microsoft et Facebook.

Vus de l'Occident, ces exploits paraissent contradictoires avec l'idée que l'on se fait de certains systèmes politiques et de leur rapport délicat à la connaissance ou à la recherche. Comment expliquer la qualité des innovations produites par les chercheurs chinois quand on sait à quel point le Web est contrôlé par le pouvoir ? Une partie des critiques du système de gouvernance chinois sont recevables, notamment celles qui concernent le débat public et la recherche en sciences sociales. Mais la recherche en sciences dures n'est pas autant affectée que les observateurs extérieurs pourraient le présumer. L'intelligence artificielle n'aborde pas de questions de politique intérieure sensibles. Aussi les chercheurs chinois jouissent-ils peu ou prou de la même liberté que leurs homologues américains pour inventer des algorithmes d'avant-garde ou tirer tout le profit possible de cette technologie.

Je ne suis pas le seul à le dire. En 2017, lors d'un sommet consacré à l'intelligence artificielle et la sécurité mondiale, Eric Schmidt, l'ancien PDG de Google, a exhorté les participants à prendre très au sérieux le potentiel de la Chine en matière d'intelligence artificielle. Dans un discours sans détour, Schmidt a prédit qu'elle rattraperait les États-Unis en seulement cinq ans : « Croyez-moi, ces Chinois sont vraiment bons. [...] Si vous doutez, par préjugé ou par scepticisme, que leur système et leurs écoles puissent produire le genre de personnes dont je vous parle, vous avez tout faux[4]. »

Les Sept Géants et le *deep learning* de demain

Si la communauté mondiale de l'intelligence artificielle s'est épanouie jusqu'à devenir un écosystème fluide et transparent, l'une de ses composantes demeure remarquablement fermée : les laboratoires de recherche internes aux grands groupes industriels. Alors que les universitaires s'empressent de partager leurs résultats avec le reste du monde, les sociétés cotées en Bourse, elles, ont pour objectif de maximiser les profits pour leurs actionnaires. C'est ce qu'on appelle leur « responsabilité fiduciaire ». En général, cela se traduit par moins de publications et plus de technologies brevetées.

Attardons-nous de nouveau sur les Sept Géants du domaine : Google, Facebook, Amazon, Microsoft, Baidu, Alibaba et Tencent. Dans les faits, ils ressemblent à ce qu'étaient les nations il y a cinquante ans : de vastes systèmes relativement clos où les talents et les ressources se concentrent sur des découvertes qui, pour l'essentiel, resteront « entre les murs ». Naturellement, la bulle qui protège ces recherches n'est jamais parfaitement étanche : certains salariés partent fonder leur propre start-up, et d'autres groupes, comme Microsoft Research, Facebook AI Research ou encore DeepMind, continuent de rendre publiques leurs principales inventions. Mais en général, si l'un de ces colosses découvre quelque chose d'absolument unique – qui peut lui valoir d'énormes profits, et à lui seul –, il fera tout son possible pour protéger son secret et tenter d'en extraire le maximum de bénéfices avant que cela ne s'ébruite.

Il suffirait qu'une percée majeure se produise au sein d'un de ces bunkers pour que le rêve d'un écosystème ouvert chavire et que les prétentions chinoises de leadership mondial soient encore une fois menacées. La Chine a déjà l'avantage en ce qui concerne le dynamisme entrepreneurial, les données et le soutien gouvernemental, et elle rattrape les États-Unis à grands pas en matière d'expertise technique. Dans les années à venir, si le statu quo technologique se maintient, une multitude de start-up chinoises vont exploiter le *deep learning* et d'autres techniques d'apprentissage automatique pour bouleverser des dizaines de secteurs industriels et en récolter les fruits. En revanche, si la prochaine grande découverte appelée à ébranler le monde survient bientôt dans un système hermétiquement fermé, tout sera remis à plat. Cela pourrait conférer à l'une des entreprises dominantes un avantage décisif sur les six autres, inaugurant une nouvelle ère de découvertes dans laquelle l'excellence technique fera pencher la balance du côté des États-Unis.

Pour être bien clair, je ne pense pas que ce dernier scénario ait de grandes chances de se réaliser dans les toutes prochaines années. D'une part, les découvertes de l'ampleur du *deep learning* sont généralement espacées de plusieurs décennies. D'autre part, le monde ouvert de la recherche universitaire est un terrain beaucoup plus propice à ce genre de percée que celui de l'entreprise. À l'heure actuelle, les géants industriels sont trop occupés à tirer du *deep learning* jusqu'à la dernière goutte de profit, et ils y consacrent des sommes inégalées. En d'autres termes, puisque l'accent est mis sur les réglages et ajustements d'algorithmes, seule une toute petite part de leur recherche est vraiment libre, tournée vers la quête de la prochaine innovation révolutionnaire.

De leur côté, les chercheurs universitaires ne font pas le poids face aux industriels pour ce qui est des applications concrètes du *deep learning*, en raison de leur accès limité aux données et aux capacités de calcul. Suivant l'appel de Geoffrey Hinton à « passer à autre chose », beaucoup d'entre eux choisissent donc de se concentrer sur l'invention du « *deep learning* de demain » : ils tentent d'imaginer une approche totalement novatrice des problèmes d'intelligence artificielle, capable de redéfinir les règles du jeu.

Google… et les autres

Si toutefois le *deep learning* de demain devait *vraiment* être découvert dans le monde de l'entreprise, cela se passerait probablement chez Google.

Google – plus précisément Alphabet, sa maison mère, propriétaire de DeepMind et de Waymo, filiale consacrée aux voitures autonomes – dépasse d'une bonne tête les six autres géants. En effet, Google a été le premier à déceler le potentiel du *deep learning* et l'a exploité en y déversant davantage de ressources que tous ses concurrents. Davantage même que son propre gouvernement, si l'on s'en tient aux ressources financières. En effet, son budget de R&D représente plus du double des fonds fédéraux américains affectés à la recherche en mathématiques et en informatique[5]. Grâce à cette débauche de dépenses, Alphabet a pu attirer certains des spécialistes de l'intelligence artificielle les plus doués au monde. C'est bien simple : sur les cent meilleurs chercheurs et ingénieurs de la discipline, la moitié travaille déjà pour Google.

L'autre moitié se répartit entre le reste des géants, le monde universitaire et une poignée de start-up plus modestes. Microsoft et Facebook en ont aspiré une part substantielle, Facebook s'offrant notamment les services de superstars comme Yann LeCun. Côté chinois, Baidu a été pionnier dans la recherche sur le *deep learning*. Il a même tenté de racheter la start-up de Geoffrey Hinton en 2013, mais l'offre de Google a été la plus forte. En 2014,

Baidu a réalisé un très joli coup en faisant venir Andrew Ng pour diriger son laboratoire californien d'intelligence artificielle, le Silicon Valley AI Lab. Les résultats extraordinaires ne se sont pas fait attendre. Dès 2015, les algorithmes de Baidu faisaient mieux que les humains dans la reconnaissance vocale en langue chinoise. Cette réussite majeure est passée quasiment inaperçue aux États-Unis, au point que, un an plus tard, quand Microsoft est parvenu à franchir ce cap pour l'anglais, ses dirigeants n'ont pas hésité à parler d'« exploit historique[6] ». Ng a quitté Baidu en 2017 pour créer son fonds d'investissement en IA[7]. Grâce à lui, l'entreprise a pu à la fois signaler ses ambitions au monde entier et renforcer sa réputation dans le domaine de la recherche.

Alibaba et Tencent sont entrés assez tardivement dans la course, mais ils disposent de suffisamment de capitaux et de données pour s'assurer de belles prises. Avec WeChat, Tencent est sans doute le géant qui possède le plus riche écosystème de données, ce qui lui permet d'attirer des chercheurs de haute volée. En 2017, il n'a pas hésité à débaucher des scientifiques de chez Microsoft pour monter les équipes de son tout nouvel institut de recherche en IA à Seattle. Alibaba lui a emboîté le pas, envisageant de créer un réseau mondial de laboratoires de recherche, avec des antennes dans la Silicon Valley et à Seattle.

Les deux groupes doivent encore démontrer que ces efforts de recherche portent leurs fruits en termes d'avancées théoriques. À ce jour, ils continuent de privilégier la création et le perfectionnement de produits. Avec son City Brain, Alibaba tient la corde dans le domaine des « cerveaux urbains ». Ces gigantesques réseaux fonctionnant à l'intelligence artificielle sont capables d'optimiser les services municipaux en mobilisant des données puisées à différentes sources : caméras, réseaux sociaux, transports publics, applis utilisant la géolocalisation… Dans sa ville de Hangzhou, en lien avec l'administration locale, Alibaba exécute des algorithmes spécialisés dans la reconnaissance d'objets et la prédiction des flux de circulation pour pouvoir ajuster en temps réel les cycles des feux tricolores et alerter les secours en cas d'accident. Résultat : une amélioration de l'écoulement du trafic atteignant 10 % dans certaines zones. Alibaba se prépare désormais à renouveler l'expérience dans d'autres métropoles.

Google a donc pris une avance considérable dans cette « ruée vers l'élite » de l'intelligence artificielle, mais la victoire n'est pas garantie. Le *deep learning* a dû son apparition à un petit réseau de scientifiques un peu décalés qui ont fait une fixation sur une méthode jusqu'alors négligée par la plupart des chercheurs. Le *deep learning* de demain peut quant à lui se cacher dans n'importe quel campus ou labo d'entreprise, sans que personne ne puisse prédire où et quand il fera son apparition. Mais pendant que le monde attend cette découverte capitale comme on guette le numéro gagnant du loto, l'intelligence artificielle appliquée, elle, prend racine sous nos yeux.

Réseau électrique ou batteries ?

La course au *deep learning* de demain ne se joue pas seulement entre les géants de la tech ; ces derniers affrontent aussi les petites start-up qui entendent utiliser l'apprentissage automatique pour révolutionner certains secteurs. Deux approches différentes s'opposent pour distribuer l'« électricité » (l'intelligence artificielle) dans l'économie : l'approche « réseau » des Sept Géants et l'approche « batteries » des start-up. L'issue de la course déterminera le type d'organisation économique qui dominera cette nouvelle ère : marché monopolistique, oligopolistique ou une compétition libre entre des centaines d'entreprises.

L'approche « réseau » tente de transformer l'intelligence artificielle en marchandise. Dans ce modèle, les capacités d'apprentissage automatique deviendraient un service standardisé qui pourrait être acheté par les entreprises, voire offert gratuitement aux chercheurs ou aux particuliers, et auquel il serait possible d'accéder via des plates-formes de *cloud computing* (informatique en nuage). Ces plates-formes feraient office de réseau et prendraient en charge les opérations les plus complexes, c'est-à-dire les optimisations d'algorithmes dont les utilisateurs ont besoin pour résoudre leurs problèmes de données. Les entreprises auxquelles elles seraient adossées – Google, Alibaba et Amazon – agiraient comme des fournisseurs gérant le réseau et percevant les redevances.

En se connectant au réseau, les entreprises traditionnelles disposant de gros volumes de données pourraient avoir aisément accès aux capacités d'optimisation de l'intelligence artificielle sans être obligées de repenser toute leur structure. Un premier pas dans cette direction a déjà été franchi avec TensorFlow, l'outil en *open source* de Google qui permet de développer des modèles de *deep learning*. Mais, pour l'instant, il ne fonctionne qu'avec l'aide d'experts humains. L'approche en réseau entend à la fois abaisser ce seuil d'expertise et étendre les capacités des plates-formes d'IA disponibles dans le *cloud*. Utiliser l'apprentissage automatique ne pourra jamais être aussi simple que de brancher un appareil sur une prise électrique, mais c'est ce vers quoi les géants du secteur tendent : générer l'« électricité », piloter le « réseau » et en récolter les fruits.

Les start-up d'intelligence artificielle procèdent à l'inverse. Au lieu d'attendre qu'un tel réseau prenne forme, elles conçoivent des applications spécifiquement adaptées à chaque cas d'utilisation et fonctionnant sur « batteries ». En d'autres termes, elles misent moins sur l'étendue que sur la profondeur. Plutôt que de proposer des outils d'apprentissage automatique multi-usages, elles préfèrent concevoir de nouveaux produits et entraîner des algorithmes à des tâches particulières – diagnostic médical, prêts immobiliers, drones autonomes, etc. Leur pari est que les entreprises traditionnelles ne pourront jamais purement et simplement « brancher » toutes leurs opérations quotidiennes sur un réseau universel ; leurs activités comportent trop de petits détails propres à chaque cas. Le but des start-up n'est pas d'aider ces entreprises à accéder à l'intelligence artificielle, mais de les court-circuiter en utilisant cette technologie. En somme, c'est de donner naissance à une génération concurrente d'entreprises leaders construites de A à Z autour de l'intelligence artificielle.

Il est beaucoup trop tôt pour savoir quelle approche va l'emporter. Tandis que les colosses comme Google ne cessent d'étendre leur emprise, start-up chinoises et américaines rivalisent pour conquérir des territoires vierges et se protéger contre les incursions des Sept Géants. Cette lutte va dessiner les contours de notre futur paysage économique.

La puce à l'oreille

L'intelligence artificielle fait l'objet d'une autre compétition, moins souvent sous le feu des projecteurs : celle des puces électroniques, aussi appelées « semi-conducteurs ».

Les puces haute performance, loin d'être passionnantes à première vue, sont les héros méconnus de toute révolution informatique. Situées – littéralement – au cœur de nos ordinateurs, de nos smartphones et de nos tablettes, elles demeurent largement invisibles à l'utilisateur final. Pourtant, la maîtrise de leur production est cruciale pour les acteurs du secteur, d'un point de vue économique (les marchés évoluent souvent vers des situations de monopole très lucratives) ou pour des raisons de protection (travailler au plus près du matériel permet de mieux repérer les failles de sécurité).

Chaque ère informatique exige un type de puces différent. Du temps où les ordinateurs de bureau régnaient sans partage, les fabricants de dispositifs à semi-conducteurs (appelés « fondeurs ») cherchaient à maximiser la vitesse de traitement et les qualités graphiques sur des écrans haute résolution. En revanche, ils ne se souciaient guère de la consommation d'énergie – les ordinateurs étaient branchés sur secteur en permanence. Intel est passé maître dans la fabrication de ces puces, ce qui lui a rapporté des milliards de dollars. Avec l'arrivée des smartphones, il a fallu imaginer des matériels offrant une meilleure performance énergétique. Qualcomm est alors devenu le roi incontesté de la puce en utilisant des architectures conçues par la firme britannique ARM.

Aujourd'hui, les programmes informatiques sont supplantés par des algorithmes d'intelligence artificielle et les besoins évoluent encore. L'apprentissage automatique nécessite l'exécution en rafales de formules mathématiques complexes, une tâche pour laquelle ni les puces d'Intel ni celles de Qualcomm ne sont adaptées. Nvidia s'est engouffré dans la brèche. Cette société championne des processeurs graphiques pour jeux vidéo, qui intègrent une forte composante mathématique, répondait parfaitement aux nouvelles exigences de l'IA. Elle s'est imposée comme l'acteur incontournable sur le marché de la puce, multipliant par dix le cours de son action entre 2016 et début 2018.

De la reconnaissance faciale aux voitures autonomes, les semi-conducteurs jouent un rôle essentiel dans de nombreuses applications, d'où la bataille qui fait rage pour mettre au point des puces nouvelle génération spécialement destinées à l'intelligence artificielle. Google et Microsoft, longtemps réticents à fabriquer leurs propres puces, sont entrés dans la mêlée, en même temps qu'Intel, Qualcomm et une kyrielle de start-up californiennes aux reins solides. Pour sa part, Facebook s'est associé avec Intel pour sa première incursion sur le terrain.

Cependant – et c'est inédit –, la majeure partie de l'action se déroule en Chine. Cela fait des décennies que les autorités chinoises tentent de développer une production nationale de puces haute performance. Mais le procédé de fabrication est extrêmement complexe et requiert un savoir-faire de pointe. Plusieurs projets commandités par le gouvernement s'y sont déjà essayés, sans succès. Jusqu'à maintenant, ce sont des firmes privées de la Silicon Valley qui ont récolté les bénéfices.

Cette fois-ci, les dirigeants chinois – accompagnés d'un cortège de start-up spécialisées – espèrent une autre issue. Le ministère des Sciences et des Technologies distribue de l'argent à tour de bras en fixant un objectif très précis : mettre au point une puce vingt fois plus performante et moins énergivore que celles de Nvidia. Des entreprises comme Horizon Robotics, Bitmain et Cambricon Technologies, qui croulent sous les capitaux d'investissement, développent des produits sur mesure pour les véhicules autonomes et d'autres applications d'intelligence artificielle. L'abondance de données dont jouit la Chine va aussi entretenir la croissance du secteur, puisque les puces testées vont pouvoir se nourrir de tonnes d'exemples.

Résultat des courses : la Silicon Valley domine toujours nettement le marché des puces dédiées à l'intelligence artificielle, mais le gouvernement et les investisseurs chinois font tout leur possible pour mettre fin à cette hégémonie. Compte tenu des bouleversements qu'elle promet d'apporter à l'échelle internationale, l'intelligence artificielle n'est plus seulement une question d'économie ; c'est un enjeu politique majeur.

Washington et Pékin : deux administrations, deux plans pour l'IA

Le 12 octobre 2016, la Maison-Blanche, encore occupée par Barack Obama, a rendu public un plan longuement mûri définissant la stratégie américaine pour l'intelligence artificielle. Le document décrivait en détail les transformations économiques promises par le déploiement de cette technologie et proposait une série de mesures : augmentation des fonds alloués à la recherche, intensification de la coopération entre les secteurs civil et militaire, investissements destinés à atténuer la violence des bouleversements sociaux prévisibles. C'était un panorama relativement complet des changements qui se profilaient, accompagné de recommandations pleines de bon sens pour s'y adapter.

Bien qu'émanant de la magistrature suprême, ce rapport a eu autant d'effet qu'un essai jargonneux rédigé par quelque obscur chercheur en science politique. Sorti la même semaine que l'affligeante vidéo de Donald Trump *Access Hollywood*, il n'a pas tardé à disparaître dans le tourbillon de l'info en continu. À l'évidence, il n'a ni suscité d'engouement national, ni déclenché un déluge d'investissements et d'aides publiques à destination des start-up du secteur, ni incité les maires ou les gouverneurs à adopter des politiques favorables à l'IA. Au contraire, quand le président Trump est entré en fonctions trois mois plus tard, il a appelé à *réduire* les financements de la National Science Foundation pour la recherche en IA[8].

L'onde de choc provoquée par le plan du gouvernement chinois offre un contraste saisissant. Publié en juillet 2017 par le Conseil des affaires d'État, le « Plan de développement pour une intelligence artificielle nouvelle génération » était à l'image des précédentes publications gouvernementales sur les technologies : un langage simple, mais un impact retentissant. S'il partageait nombre des prévisions et recommandations du rapport de la Maison-Blanche, il détaillait aussi des centaines d'applications secteur par secteur. Surtout, il balisait le chemin avec des échéances très précises : faire partie des acteurs de premier plan d'ici à 2020, être à l'origine d'avancées majeures d'ici à 2025, s'imposer comme le leader mondial de l'IA à l'horizon 2030.

Parier sur l'intelligence artificielle

Nous l'avons vu, le plan chinois pour l'IA a été conçu au plus haut niveau de l'État, mais la véritable action se déroule à l'échelon local, sous la houlette d'une multitude de maires zélés déployant toute leur énergie sous forme de subventions, de zones de développement prioritaires et d'incubateurs.

Nankin est sans doute l'exemple le plus frappant à l'échelle du pays. La capitale du Jiangsu, située sur la côte est, n'est pas de celles qui comptent le plus de start-up – le tiercé de tête en la matière aligne Pékin, Shenzhen et Hangzhou. Mais sa municipalité, déterminée à faire de la ville un haut lieu de l'intelligence artificielle, y a investi des montagnes de capitaux et de ressources politiques pour attirer les entreprises et les talents.

Entre 2017 et 2020, la zone de développement économique et technologique de Nankin prévoit de consacrer à l'essor de l'intelligence artificielle au moins 3 milliards de yuans (450 millions de dollars environ). La liste des aides et avantages accordés donne le tournis : jusqu'à 15 millions de yuans d'investissement dans des entreprises locales ; une subvention de 1 million de yuans par compagnie pour assurer les recrutements ; jusqu'à 5 millions de yuans d'exonération sur les dépenses de recherche ; la création d'un centre de formation en IA ; des contrats publics pour déployer des technologies comme la reconnaissance faciale ou les robots autonomes ; des procédures simplifiées pour immatriculer sa société ; des capitaux de démarrage et des espaces de bureaux pour les anciens combattants de l'armée ; des navettes d'entreprise gratuites ; des places dans les écoles les plus demandées pour les enfants des dirigeants ; et des appartements réservés à leurs salariés. Tout cela dans une seule ville, qui, avec ses 7 millions d'habitants, n'est que la dixième métropole la plus peuplée du pays.

On dénombre en Chine une centaine de villes de plus d'un million d'âmes. À l'heure actuelle, cette tornade de primes gouvernementales souffle sur la majorité d'entre elles. Toutes sont engagées dans une compétition acharnée pour attirer, soutenir et renforcer des entreprises d'intelligence artificielle. Ce n'est pas la première fois que l'on assiste en Chine à un tel mouvement de croissance technologique boosté par le gouvernement. On peut citer deux autres exemples depuis le début du millénaire. En 2007, la Chine n'avait pas une seule ligne de chemin de fer à grande vitesse ; dix ans plus tard, elle en comptait davantage que le reste du monde en nombre de kilomètres. Et il faut rappeler que la campagne pour « l'entrepreneuriat et l'innovation de masse », démarrée en 2015, a créé 6 600 nouveaux incubateurs, transformant profondément les mentalités au passage.

Bien sûr, il est encore trop tôt pour évaluer les résultats de cette croisade en faveur de l'intelligence artificielle. À en juger par les expériences passées, on peut s'attendre à ce qu'elle soit quelque peu dispendieuse, mais aussi prodigieusement efficace. Quand un gouvernement distribue les capitaux et les subventions à une telle échelle et à une telle vitesse, les gaspillages sont quasiment garantis. Certaines résidences de logements resteront vides. Certains investissements iront à des projets qui ne verront jamais le jour. Des compagnies de technologies traditionnelles se rebaptiseront « entreprise d'intelligence artificielle » pour empocher les aides gouvernementales. Des équipements flambant neufs prendront la poussière dans les bureaux des administrations. Mais tous ces fonctionnaires sont prêts à courir le risque et à éponger les pertes pour moderniser leur ville à marche forcée. Les bénéfices attendus sont si énormes qu'ils justifient les paris les plus fous – et les plus coûteux – pour être sûr de ne pas passer à côté de la prochaine découverte du siècle. En cas de résultats décevants, les édiles savent qu'ils ne seront pas éternellement punis pour avoir joué le jeu du gouvernement.

Maintenant, comparez cela avec la volée de bois vert qui s'abat sur un décideur américain lorsqu'il perd sa mise après avoir parié gros. Le plan de relance du président Obama au lendemain de la crise financière de 2008 incluait des prêts garantis par l'État fédéral pour soutenir des projets d'énergies renouvelables. En plus de faire redémarrer une économie en panne, ce programme visait à faciliter la transition vers des énergies vertes créatrices d'emplois.

Solyndra, une start-up californienne fabriquant des panneaux solaires, fut l'un des heureux bénéficiaires. Mais voilà : quinze mois plus tard, en 2011, cette entreprise apparemment promise à un brillant avenir a mis la clé sous la porte. Les détracteurs d'Obama se sont empressés de faire de cet échec un de leurs arguments massue dans la course à la présidence de 2012. À l'aide de spots de campagne venimeux – pour lesquels ils ont déboursé des millions de dollars –, ils se sont acharnés sur le président sortant, qualifiant le prêt accordé à Solyndra de « gâchis », symptomatique du « capitalisme de copinage » et du « socialisme hasardeux » qui caractérisaient son gouvernement[9]. Les projections indiquant que ce programme de prêts allait, au bout du compte, *rapporter* de l'argent à l'État n'ont pas pesé lourd : il avait suffi d'un seul revers ultramédiatisé pour que tout l'effort de montée en gamme technologique se trouve décrédibilisé.

Obama a résisté à la charge et a été reconduit pour un second mandat. Mais les élus américains ont appris leur leçon : utiliser des fonds publics pour financer des améliorations économiques et technologiques est une entreprise à haut risque. Quand les succès passent le plus souvent inaperçus, le moindre raté devient matière à publicité négative. Moralité : mieux vaut rester sagement à distance.

Les chauffeurs disparaissent, pas les dilemmes

L'essor de l'intelligence artificielle requiert, on l'a vu, un environnement politique favorable. Dans ce domaine aussi, la différence de culture politique entre les États-Unis et la Chine est frappante.

Depuis trente ans, les dirigeants chinois favorisent une approche techno-utilitariste, privilégiant le bien du plus grand nombre grâce aux avancées technologiques, tout en acceptant que certains groupes d'individus ou certains secteurs économiques en subissent les revers. C'est un système profondément imparfait, comme tout système politique. Lorsque le gouvernement encourage l'investissement et la production dans une direction donnée, il arrive que le curseur soit poussé trop loin. Dans certaines industries, comme les panneaux solaires ou l'acier, ces dernières années ont été marquées par des excédents d'offre et des situations d'endettement insoutenables. Mais cette méthode peut être extrêmement bénéfique quand elle est correctement mise en œuvre. C'est le cas lorsque les injonctions gouvernementales ciblent des technologies innovantes susceptibles de changer la donne.

Le développement des voitures autonomes illustre bien ce délicat numéro d'équilibriste. En 2016, quarante mille personnes ont perdu la vie dans des accidents de la route aux États-Unis. C'est l'équivalent d'un 11-Septembre par mois entre janvier et novembre, plus deux en décembre. Selon l'Organisation mondiale de la santé, ce chiffre est d'environ 260 000 en Chine[10] et de 1,25 million dans le monde. À terme, les véhicules autonomes seront beaucoup plus sûrs que ceux conduits par des humains. Leur déploiement à grande échelle va entraîner un recul spectaculaire du nombre de victimes, mais aussi accroître la performance des réseaux de transport et de logistique, profitable à toute l'économie.

Pourtant, la même technologie va, dans d'autres cas, supprimer des emplois, voire des vies. Les chauffeurs de taxi, de poids lourd, de bus et autres livreurs deviendront nécessairement les laissés-pour-compte d'un monde où les véhicules se conduisent tout seuls. Ces derniers connaîtront inévitablement des défaillances qui provoqueront des accidents. Une voiture sans chauffeur pourra être confrontée à des choix déchirants : vaut-il mieux donner un coup de volant à droite et avoir 55 % de chances de tuer deux personnes, ou se déporter sur la gauche et avoir 100 % de chances d'en tuer une seule ?

Chacun de ces risques fait surgir d'épineuses questions éthiques. Face aux gains promis par les véhicules autonomes, qui se chiffrent en milliards de dollars et en millions d'heures, que pèse toute une population de chauffeurs routiers menacés de perdre leur emploi ? Quelle devrait être la décision « optimale » d'un véhicule autonome s'il doit choisir entre percuter la voiture A ou la voiture B ? L'algorithme d'une voiture autonome doit-il accorder la priorité à la vie de son propriétaire, ou peut-il la sacrifier pour sauver celle de trois autres personnes ?

Autant de dilemmes sur lesquels les éthiciens s'arrachent les cheveux. Autant, donc, de questions susceptibles de retarder la construction d'un cadre législatif propice au déploiement de cette technologie, voire d'engager les entreprises concernées dans des années de procédures judiciaires. Ces casse-tête moraux pourraient bien inciter les élus américains – toujours influencés par les groupes d'intérêt et la menace de publicité négative – à freiner le processus. Les premiers signes sont là : en 2017, grâce à leurs efforts de lobbying au Congrès, des syndicats de chauffeurs routiers ont réussi à exclure les poids lourds de la législation visant à accélérer la généralisation des véhicules autonomes.

Pour les dirigeants chinois, ces préoccupations seront des points importants à considérer, mais ne justifieront pas de différer la mise en œuvre d'une technologie appelée à sauver des centaines de milliers de vies. Que l'on considère cela comme un bien ou comme un mal – et je sais que la plupart des Américains penchent pour la seconde option –, l'ambition de parvenir à un consensus moral sur chacune de ces questions ne fait pas partie de la culture politique chinoise. La poursuite du bien pour le plus grand nombre, c'est-à-dire le bénéfice à long terme que représentent les vies épargnées, apparaît comme un motif suffisant pour lancer l'application sur le terrain ; les cas particuliers et les subtilités légales seront réglés en temps utile.

J'insiste : je ne suis pas en train d'exhorter l'Amérique et l'Europe à imiter la vision techno-utilitariste de la Chine. Chaque pays doit décider de sa propre méthode en fonction de ses valeurs et de sa culture. Mais il me paraît important de comprendre l'approche chinoise, avec toutes ses conséquences pour le développement de l'intelligence artificielle, en termes de cadence et d'objectifs.

Au cours de ce processus de déploiement accéléré, nous ne manquerons pas d'assister à une nouvelle mêlée des maires et gouverneurs de province pour se démarquer les uns des autres. En plus d'attirer les entreprises, ils s'efforceront d'être les premiers à mettre en œuvre les techniques dont tout le monde parle : les médecins d'hôpitaux publics assistés par l'IA, les routes réservées aux poids lourds autonomes, les « cerveaux urbains » qui optimisent la circulation… Ils soutiendront ces projets à la fois pour leur propre avantage politique et pour les bienfaits sociaux qui peuvent en découler. En tout cas, ils ne s'appesantiront pas longtemps sur les dangers potentiels qui feraient fuir leurs homologues américains.

Je ne porte pas ici de jugement moral. Chacun des deux systèmes – le mode de gouvernance utilitariste et l'approche fondée sur les droits – a ses angles morts et ses inconvénients. En choisissant d'ouvrir ses frontières et de valoriser les droits individuels, l'Amérique a pu attirer quelques-uns des plus grands scientifiques de la planète – des gens comme Enrico Fermi, Albert Einstein ou, aujourd'hui, les meilleurs spécialistes de l'intelligence artificielle. De son côté, la conception chinoise de la modernisation économique – des injonctions venues d'en haut et des échelons inférieurs qui les appliquent avec enthousiasme – peut être synonyme de gaspillage et d'endettement lorsque les secteurs ciblés sont mal choisis. Mais dans le cas présent, lorsqu'il s'agit de préparer la société et l'économie à tirer tout le profit possible de l'intelligence artificielle, cette méthode donne un avantage à la Chine. Le gouvernement chinois peut miser gros sur des technologies potentiellement révolutionnaires justement parce qu'il accepte les risques et que son volontarisme permet de les appliquer en un temps record.

Nous avons exploré les atouts et les faiblesses de chaque superpuissance. À présent, nous pouvons établir un calendrier du déploiement de l'intelligence artificielle, en examinant au passage quelques-uns des produits et systèmes qui, dès demain, vont changer le monde.

5

Les quatre vagues de l'intelligence artificielle

En 2017, j'ai découvert que Donald Trump parlait chinois. C'est arrivé pendant sa première visite en Chine en tant que président des États-Unis. Au cours d'un événement high-tech renommé, son visage est apparu sur grand écran. En plein milieu de son discours prononcé en anglais, il a brusquement changé de langue. « L'intelligence artificielle est en train de transformer le monde, a-t-il déclaré avec sa crânerie habituelle. Et iFlytek est vraiment génial. » Le tout dans un chinois impeccable.

Naturellement, Trump ne parle pas chinois. En revanche, l'intelligence artificielle est bel et bien en train de transformer le monde, et des acteurs comme iFlytek ouvrent la marche. En entraînant des algorithmes avec d'innombrables discours du président américain, l'entreprise chinoise a créé un modèle vocal numérique reproduisant presque parfaitement ses intonations, son timbre et sa prononciation. Elle l'a ensuite recalibré pour l'adapter au mandarin, offrant au monde une version de

Donald Trump né dans les environs de Pékin. Certes, le mouvement des lèvres n'était pas exactement synchronisé avec les mots, mais c'était largement suffisant pour faire illusion.

Puis ce fut au tour de Barack Obama. Utilisant la vidéo d'une vraie conférence de presse, iFlytek a transposé son style professoral caractéristique en mandarin. « Grâce à iFlytek, j'ai appris le chinois, a-t-il entonné devant les journalistes accrédités à la Maison-Blanche. Et je pense que mon chinois est meilleur que celui de Trump. Qu'en dites-vous ? »

C'est le genre de question qu'iFlytek pourrait adresser à ses concurrents. Au cours d'une série de concours internationaux prestigieux, l'entreprise a accumulé les victoires dans les catégories reconnaissance vocale, synthèse vocale, reconnaissance visuelle et traduction automatique. Même dans sa « deuxième langue », l'anglais, elle bat régulièrement des équipes de Google, DeepMind, Facebook et le Watson d'IBM en traitement automatique du langage naturel (TALN) – la capacité à décoder le sens général d'un énoncé, et non pas simplement les mots isolés.

Cette formidable réussite ne s'est pas faite en un jour. En 1999, quand j'ai lancé Microsoft Research Asia, l'une de mes meilleures recrues fut Liu Qingfeng, un jeune docteur très talentueux. Il faisait partie des étudiants que j'avais vus potasser leurs manuels à la lueur des réverbères après ma conférence à Hefei. Bourreau de travail doté d'une approche très créative de la recherche, Liu était l'un des chercheurs les plus prometteurs du pays. Mais lorsque nous lui avons offert une bourse pour devenir stagiaire, puis salarié de Microsoft, il a refusé. Ce qui l'intéressait, c'était de monter sa propre start-up spécialisée dans le traitement de la parole. J'ai essayé de le faire changer d'avis : « Tu as des compétences exceptionnelles, mais la

Chine a beaucoup trop de retard sur les géants américains de la reconnaissance vocale, comme Nuance ; en plus, il n'y a pas assez de clients ici pour cette technologie. » Ignorant mes conseils, Liu s'est lancé dans le développement d'iFlytek – à raison. Près de vingt ans plus tard, après avoir raflé des dizaines de récompenses dans des concours d'intelligence artificielle, iFlytek a largement dépassé Nuance en termes de capacités et de capitalisation boursière. Elle est aujourd'hui la société de traitement automatique de la parole la mieux valorisée sur le marché.

Les techniques de pointe d'iFlytek en reconnaissance vocale, en traduction et en synthèse vocale vont bientôt permettre de concevoir des produits révolutionnaires. Imaginez des oreillettes de traduction simultanée capables de transposer instantanément les mots et la voix de votre interlocuteur dans n'importe quelle langue. Voilà qui révolutionnera en profondeur les voyages à l'étranger, le monde des affaires et la culture. Et qui libérera d'immenses réserves de temps, de productivité et de créativité.

Une vague peut en cacher une autre

Mais procédons par étapes. La révolution de l'intelligence artificielle a besoin de temps pour s'accomplir pleinement. Elle va nous submerger par quatre vagues successives : l'IA en ligne, l'IA professionnelle, l'IA perceptive et l'IA autonome. Chacune exploitera à sa manière la puissance de cette technologie et l'inscrira davantage dans notre vie quotidienne, affectant des secteurs économiques différents.

L'IA en ligne et l'IA professionnelle sont déjà là, provoquant dans les sphères numérique et financière des bouleversements dont nous saisissons à peine l'ampleur. Elles permettent aux acteurs de l'Internet de capter puis retenir notre attention, mais aussi de remplacer les assistants juridiques par des algorithmes, lesquels se mettent également à échanger des actions sur les marchés boursiers et à diagnostiquer des maladies. L'IA perceptive, elle, est en train de numériser notre monde physique en apprenant à reconnaître nos visages, à comprendre nos requêtes et à « voir » notre environnement. Lorsqu'elle va déferler, en effaçant la frontière entre le virtuel et le réel, elle va radicalement transformer la moindre de nos expériences et de nos interactions avec le monde. La vague de l'IA autonome, la dernière, est celle dont l'impact sera le plus profond. Bientôt, les voitures sans chauffeur sillonneront les rues, les drones autonomes prendront possession du ciel, les robots intelligents peupleront les usines. Ce sera une révolution de tout notre univers, de l'agriculture bio à la conduite sur autoroute, en passant par la restauration rapide.

Chacune de ces quatre vagues se nourrit de données différentes, et chacune peut offrir à l'Amérique ou à la Chine une occasion unique d'asseoir leur hégémonie. Comme nous le verrons, la Chine s'achemine vers la première place pour l'IA en ligne et l'IA perceptive, peut-être ex æquo avec les États-Unis. Dans l'IA autonome, tout indique qu'elle va prochainement les rattraper. À ce jour, l'IA professionnelle reste le seul domaine où la domination américaine est incontestable.

Mais la compétition transcende la rivalité États-Unis – Chine. Dans un futur proche, les inventions qui naissent dans ces deux pays seront accessibles à des milliards d'utilisateurs à travers le monde, en particulier dans les économies en développement. Des entreprises comme Uber, Didi, Alibaba et Amazon se livrent déjà une concurrence acharnée, en déployant des stratégies bien distinctes. Tandis que les géants de la Silicon Valley cherchent à conquérir de nouveaux marchés avec leurs propres produits, les compagnies chinoises préfèrent investir dans les start-up locales qui résistent bec et ongles au rouleau compresseur américain.

Ce ne sont là que les prémices d'une lutte qui aura des conséquences déterminantes sur le paysage économique mondial du XXIe siècle. Pour en comprendre les ressorts, il nous faut plonger successivement dans les quatre vagues d'intelligence artificielle qui vont submerger nos économies.

Première vague : l'IA en ligne

Sans doute Internet contrôle-t-il déjà vos yeux, rivés sur l'écran, et il est fort probable qu'il ait également la main dans votre portefeuille. Vous est-il jamais arrivé de tomber dans une spirale sans fin de vidéos YouTube ? Avez-vous remarqué ce don troublant qu'ont les sites de streaming de vous recommander chaque fois une nouvelle vidéo à laquelle vous ne pouvez résister au lieu de vous remettre au travail ? Avez-vous l'impression qu'Amazon sait mieux que vous ce que vous avez envie d'acheter ? Si c'est le cas, vous êtes l'un des heureux bénéficiaires de l'IA en ligne, ou l'une de ses victimes – tout dépend de la valeur que vous accordez à votre temps, à votre vie privée et à votre argent.

Les premiers remous se sont fait sentir il y a près de quinze ans, mais la vague n'a déferlé sur le grand public qu'aux alentours de 2012. Le processus consiste essentiellement à transformer les algorithmes d'intelligence artificielle en outils de recommandation – des systèmes qui assimilent les préférences des utilisateurs afin de leur proposer des contenus sélectionnés rien que pour eux.

La puissance de ces moteurs dépend de la quantité de données à laquelle ils ont accès. À ce jour, nulle réserve de données numériques ne surpasse celles des grandes compagnies de l'Internet. Cependant, un algorithme ne peut utiliser les données qu'une fois qu'elles ont été « étiquetées ». Ici, « étiqueter » ne veut pas dire évaluer activement un contenu ni lui attribuer un mot clé (un *tag*). Cela signifie simplement relier une donnée à un résultat spécifique : « acheté » *vs* « pas acheté », « cliqué » *vs* « pas cliqué », « vidéo regardée jusqu'au bout » *vs* « vidéo interrompue avant la fin ». Toutes ces étiquettes – nos achats, nos *likes*, nos vues, les pages sur lesquelles nous nous sommes attardés – servent ensuite à entraîner les modèles pour qu'ils nous recommandent de nouveaux contenus susceptibles de nous intéresser.

Du point de vue des internautes, l'impression générale est que le Web « s'améliore » – sous-entendu : anticipe mieux nos désirs –, devenant dans le même temps encore plus addictif. C'est la preuve que l'IA parvient à nous connaître grâce aux données et personnalise son offre en fonction de nos intérêts. Pour toutes les compagnies bien établies qui s'enrichissent à chacun de nos clics – les Google, Baidu, Alibaba ou YouTube notamment –, cette optimisation se traduit par une explosion des profits. Alibaba peut désormais vous conseiller encore plus de produits que vous voudrez acheter, Google vous présenter encore plus de publicités sur lesquelles vous serez tenté de cliquer, YouTube vous suggérer encore plus de vidéos que vous aurez envie de regarder. Avec les mêmes méthodes, mais dans un autre contexte, la société Cambridge Analytica a exploité des données captées sur Facebook pour mieux comprendre et cibler les électeurs américains lors de la campagne présidentielle de 2016. Coïncidence éloquente, son fondateur, Robert Mercer, serait l'inventeur de la célèbre formule : « Les meilleures données, ce sont les données supplémentaires[1]. »

Algorithmes et rédacteurs

Cette première vague a fait éclore tout un faisceau de nouvelles entreprises numériques utilisant l'intelligence artificielle. Le champion chinois de la catégorie est le site Jinri Toutiao, qui signifie « Les titres du jour » (ByteDance pour la version anglaise). Né en 2012, Toutiao se spécialise dans les infos virales qui font l'actualité, d'où son surnom de « BuzzFeed chinois ».

Mais la ressemblance s'arrête là. BuzzFeed fonctionne avec une équipe de jeunes rédacteurs qui concoctent des articles originaux. Les « rédacteurs » de Toutiao, eux, sont des algorithmes. Ses moteurs d'intelligence artificielle partent à la pêche au contenu sur le Web – on parle alors de curation de contenu. Grâce au traitement automatique du langage naturel et à la vision par ordinateur, ils ingurgitent et digèrent textes et vidéos, puisés dans le vaste réseau des sites partenaires ou créés par des contributeurs rémunérés. Après quoi, en s'appuyant sur les comportements passés des utilisateurs – leurs clics, les articles qu'ils ont lus, les commentaires qu'ils ont postés, etc. –, ils mettent au point des fils d'actualité ultra-personnalisés, conçus pour satisfaire les centres d'intérêt de chacun. Les algorithmes vont jusqu'à reformuler les titres des articles pour augmenter leurs chances d'être lus.

Plus les lecteurs cliquent, plus Toutiao affine ses recommandations. Cette boucle de rétroaction positive a créé l'une des plates-formes de contenu les plus addictives du Web : les utilisateurs de Toutiao passent en moyenne soixante-quatorze minutes par jour sur l'application[2].

Robots reporters et infos douteuses

Au-delà de la simple curation, Toutiao recourt également à l'apprentissage automatique pour créer et contrôler ses propres contenus. En 2016, pendant les Jeux olympiques d'été de Rio, l'entreprise a collaboré avec l'université Peking pour mettre au point un « reporter » fonctionnant grâce à l'intelligence artificielle. Ce robot était capable, quelques minutes à peine après le coup de sifflet final, de rédiger de courts articles rendant compte d'un événement sportif. On était loin de la poésie, mais la vitesse d'exécution était prodigieuse : dans certains cas, le résumé était bouclé seulement deux secondes après la fin du match ou de la course et le « reporter » pouvait couvrir plus de trente événements par jour.

Les algorithmes de Toutiao lui servent aussi à flairer les infos bidon qui se promènent dans ses pages, souvent sous la forme de faux traitements médicaux. Au début, le site a demandé à ses lecteurs de lui signaler les articles mensongers qu'ils repéraient – en somme, c'était de l'étiquetage de données bénévole. Puis, à l'aide de ces données étiquetées, il a entraîné un algorithme à identifier les *fake news* partout ailleurs sur le Web. Mieux encore, il en a entraîné un second à *écrire* des articles remplis de fausses informations et l'a opposé au premier. En essayant de se duper mutuellement, les deux algorithmes ont pu améliorer leurs performances respectives.

Gérer les contenus au moyen de l'intelligence artificielle se révèle payant. À la fin de l'année 2017, Toutiao était déjà valorisé à 20 milliards de dollars. Il a continué sur sa trajectoire avec un nouveau tour de financement qui a porté sa valorisation à 30 milliards. En comparaison, la capitalisation de BuzzFeed (1,7 milliard à l'époque) paraissait ridicule. Pour 2018, les projections de chiffre d'affaires de Toutiao étaient situées entre 4,5 et 7,6 milliards de dollars. L'entreprise cherche aussi activement à se déployer à l'étranger. Après avoir échoué en 2016 à racheter le très populaire Reddit, site américain d'agrégation de contenu et de discussion, elle s'est adjugé deux belles prises en 2017 : un agrégateur d'actualité d'origine française et l'appli chinoise de play-back et de danse Musical.ly (rebaptisée TikTok en 2018), qui fait fureur chez les adolescents américains.

Toutiao n'est qu'un exemple parmi d'autres, mais son succès en dit long sur les atouts de la Chine dans le domaine de l'IA en ligne. Avec plus de 700 millions d'internautes parlant tous la même langue, l'optimisation des services par l'intelligence artificielle génère des profits fabuleux pour les géants chinois. Tencent, qui a vu sa capitalisation boursière monter en flèche et dépasser celle de Facebook en novembre 2017, est devenue la première compagnie chinoise valorisée à plus de 500 milliards de dollars. De son côté, Alibaba réussit à tenir son rang face à Amazon. Malgré sa solidité sur le plan de la recherche, Baidu reste loin derrière Google en matière de services mobiles, mais ce retard est largement compensé par tous les nouveaux venus qui, comme Toutiao, affichent des valorisations à plus de dix chiffres. Autant d'acteurs qui vont encaisser des bénéfices de plus en plus colossaux à mesure qu'ils perfectionneront leurs techniques pour retenir notre attention et engranger des clics.

À l'heure actuelle, Chinois et Américains font plus ou moins jeu égal dans l'IA en ligne ; sur le plan technologique, les chances de dominer ce secteur se répartissent à peu près à 50-50. Mais je prédis que les entreprises chinoises prendront légèrement l'avantage (60-40) d'ici à cinq ans. N'oublions pas que la Chine à elle seule compte plus d'utilisateurs que les États-Unis et l'Europe réunis – des utilisateurs qui, grâce à des systèmes de paiement mobile parfaitement fluides, peuvent envoyer de l'argent à n'importe qui : créateurs de contenu, plates-formes O2O, particuliers, etc. D'où cette créativité unique au monde dans le domaine des applications de l'IA, et de leur conversion en profits. Si l'on ajoute à cela ses entrepreneurs coriaces inondés de capitaux, la Chine a tout ce qu'il faut pour dépasser la Silicon Valley, ne serait-ce que d'une courte tête.

Si lucrative qu'elle soit, la première vague de l'intelligence artificielle reste largement confinée à la sphère technologique et au monde numérique. C'est en surfant sur la vague suivante, celle de l'IA, professionnelle, que des entités traditionnelles vont exploiter à plein sa puissance d'optimisation dans toutes sortes de secteurs économiques.

Deuxième vague : l'IA professionnelle

L'IA en ligne tire profit de l'étiquetage automatique des données effectué par quiconque navigue sur le Web. De la même façon, d'énormes volumes de données ont été étiquetés pendant des décennies dans des secteurs d'activité traditionnels : compagnies d'assurances (les accidents couverts et les fraudes repérées), banques (les prêts émis et les taux de remboursement enregistrés), hôpitaux (les diagnostics et les taux de survie archivés), etc. Toutes ces actions ont produit un corpus de données gigantesque associant des caractéristiques à un résultat explicite. Pourtant, les entreprises traditionnelles avaient encore des difficultés à exploiter ces résultats afin d'améliorer leurs rendements.

L'IA professionnelle leur en donne désormais les moyens. Pour ce faire, elle passe au peigne fin ces tonnes de décisions et de résultats pour y repérer les corrélations cachées – celles qui échappent à l'œil et au cerveau humains –, puis elle entraîne des algorithmes à partir des données ainsi étiquetées. Dans bien des cas, ces derniers dépassent les performances des professionnels les plus expérimentés. La raison est simple. En règle générale, les individus font des prédictions sur la base d'une poignée de paramètres « majeurs » – des données étroitement corrélées à un résultat spécifique, le plus souvent par une relation de cause à effet évidente. Un exemple : si l'on veut prédire la probabilité qu'une personne contracte le diabète, son poids et son indice de masse corporelle constituent des paramètres majeurs.

Les algorithmes d'intelligence artificielle, eux, prennent aussi en compte des milliers de paramètres « mineurs ». Il s'agit de données périphériques sans aucun rapport apparent avec le résultat, mais qui, examinées à la lumière de millions d'exemples, et pour des raisons échappant à l'entendement humain, possèdent une certaine valeur prédictive. Pourquoi les emprunteurs qui signent leur accord de prêt un mercredi le remboursent-ils plus rapidement que les autres ? Les algorithmes ne nous fournissent pas la réponse, mais ils sont capables d'exhumer toutes ces subtiles corrélations grâce à la combinaison de milliers de paramètres, majeurs et mineurs, et à l'application de relations mathématiques qui nous semblent inintelligibles. Voilà pourquoi ils dépassent les plus doués d'entre nous dans de nombreuses tâches impliquant une démarche analytique.

Dans les secteurs où l'on trouve de grands volumes de données structurées – synonymes ici de données classées, étiquetées et archivées – associées à des résultats explicites, ce type d'optimisation est particulièrement efficace. Parmi d'autres, citons l'historique des cotations en Bourse, les opérations par carte de crédit ou encore les défauts de remboursement de prêts immobiliers.

Le business de l'IA professionnelle

En 2004 déjà, des compagnies comme Palantir et IBM Watson conseillaient entreprises et gouvernements sur le *big data*. L'adoption du *deep learning* à grande échelle, à partir de 2013, a fait naître de nouveaux concurrents, comme Element AI au Canada ou encore Fourth Paradigm en Chine. Ces start-up se proposent de « lâcher » leurs algorithmes dans les bases de données d'organisations et d'entreprises traditionnelles. L'objectif est d'y chercher des solutions d'optimisation – qu'il s'agisse d'améliorer la détection des fraudes, de réduire les coûts ou de repérer des points faibles dans une chaîne logistique.

Sans surprise, les premières applications de l'IA professionnelle ont majoritairement concerné la finance. Fonctionnant sur la base d'informations soigneusement classées et d'indicateurs clairs à optimiser, ce secteur se prête naturellement à l'analyse de données. C'est aussi pour cette raison que les États-Unis ont pris une telle avance sur ce terrain. Les grands groupes américains recueillent déjà des montagnes de données qu'ils archivent dans des formats bien définis. Leur comptabilité, leurs inventaires, la gestion de leurs relations clients se font souvent à l'aide de logiciels d'entreprise. Lorsque les données existent sous cette forme, appliquer des techniques d'intelligence artificielle pour identifier les économies possibles et maximiser les bénéfices, comme le fait Palantir, est un jeu d'enfant.

Il en va tout autrement en Chine, où les compagnies sont traditionnellement réfractaires aux logiciels d'entreprise et au stockage standardisé des données, chacune tenant sa comptabilité à sa manière. Par conséquent, les systèmes ne sont pas évolutifs et sont difficiles à intégrer dans des programmes de traitement préexistants, ce qui complique la tâche de nettoyage et de structuration des données. Or, dans les opérations d'optimisation par l'intelligence artificielle, une piètre qualité des données signifie de piètres résultats. Autre obstacle au développement de l'IA professionnelle : la culture d'entreprise chinoise n'encourage pas le recours à des consultants extérieurs. Beaucoup de dirigeants de la vieille école administrent leur société comme un fief personnel et ne voient pas l'utilité d'aller acheter des compétences au-dehors, comme le font les organisations modernes.

Virez votre banquier !

En revanche, dans les secteurs où elle peut court-circuiter les anciens systèmes, c'est-à-dire transformer un retard relatif en tremplin vers des applications de pointe, la Chine avance à pas de géant. C'est le cas notamment dans les services financiers, où la microfinance assistée par l'intelligence artificielle a connu un essor impressionnant.

Lorsque les Chinois ont fait l'impasse sur les cartes bancaires en adoptant directement le paiement mobile, ils ont omis une pièce essentielle du puzzle : le crédit à la consommation. WeChat et Alipay vous laissent puiser directement dans votre compte, mais ils ne vous autorisent pas à dépenser un petit peu plus que ce qui s'y trouve en attendant que votre salaire tombe.

Smart Finance s'est engouffré dans la brèche. Cette application accorde des millions de prêts pour de petites sommes en s'appuyant exclusivement sur des algorithmes de *deep learning*. Au lieu de demander aux emprunteurs potentiels d'indiquer le montant de leurs revenus, elle requiert l'accès à certaines données de leur smartphone. Ces informations constituent une sorte d'empreinte digitale numérique, dotée d'une étonnante capacité à prédire la solvabilité. Les algorithmes de Smart Finance vont au-delà des indicateurs évidents, comme la somme contenue dans votre WeChat Wallet. Ils examinent aussi des paramètres qu'un agent de prêt humain jugerait totalement hors de propos, mais qui possèdent une valeur prédictive. Ils s'intéressent par exemple à la vitesse à laquelle vous avez entré votre date de naissance, au niveau de charge de votre téléphone et à des milliers d'autres variables.

En quoi le pourcentage de batterie de votre smartphone renseigne-t-il sur votre capacité à rembourser un prêt de 300 dollars ? C'est le genre de question auquel il n'existe pas de réponse, du moins en termes de cause et d'effet. Ce constat ne souligne pas les limites de l'IA, mais plutôt celles de nos esprits humains, incapables de repérer les corrélations enfouies dans des océans de données. En nourrissant ses algorithmes de millions d'exemples de prêts, dont certains n'avaient pas été remboursés, Smart Finance a mis au jour une multitude de paramètres « mineurs » corrélés à la solvabilité, même si la nature de ces liens nous paraît obscure. Pour Ke Jiao, son fondateur, ces indicateurs insolites représentent un « nouveau canon de beauté » de l'activité de prêt, se substituant à des informations brutes telles que le revenu, le code postal ou même l'historique de crédit[3].

Alimentés par des volumes croissants de données, les algorithmes de Smart Finance continuent de s'affiner. Grâce à cette application, des catégories que le secteur bancaire a tendance à oublier, notamment les jeunes et les travailleurs immigrés, peuvent désormais accéder au crédit. Fin 2017, Smart Finance accordait plus de 2 millions de prêts par mois avec des taux de défaut de 5 % ou moins – un bilan à faire pâlir d'envie les banques traditionnelles.

« L'algorithme va vous recevoir dans un instant »

La deuxième vague de l'intelligence artificielle ne se limite pas à la finance. Appliquée à d'autres sphères où l'information est une composante majeure, elle peut conduire à une démocratisation massive de services de pointe jusqu'alors réservés à une élite.

Le secteur le plus prometteur est celui du diagnostic médical. Des chercheurs de renommée mondiale basés aux États-Unis, comme Andrew Ng et Sebastian Thrun, ont présenté des algorithmes capables d'égaler les médecins dans la détection de certaines maladies sur la base de simples images – des radiographies du thorax pour la pneumonie et des photos pour le cancer de la peau. À terme, l'intelligence artificielle pourrait prendre en charge l'ensemble du processus de diagnostic, et ce pour une large gamme de pathologies.

De nos jours, le savoir médical – qui sous-entend l'aptitude à poser des diagnostics exacts – est loin d'être équitablement partagé. Il est majoritairement détenu par un petit nombre d'individus certes très talentueux, mais qui, parce qu'ils sont humains, ont une mémoire imparfaite et un temps limité pour assimiler les dernières découvertes. Bien sûr, Internet regorge d'informations, mais la plupart des gens n'ont pas les connaissances nécessaires pour s'y retrouver. L'accès à un diagnostic de qualité demeure fortement conditionné par votre localisation géographique et – ne nous voilons pas la face – par vos moyens financiers.

C'est particulièrement frappant en Chine, où les médecins hautement qualifiés se concentrent dans les villes les plus riches. Si vous vous faites soigner ailleurs qu'à Pékin ou Shanghai, vous avez toutes les chances de tomber sur des praticiens aux compétences limitées. Par conséquent, les patients affluent de tout le pays pour tenter de se faire admettre dans les hôpitaux les plus réputés, qui se retrouvent au bord de l'implosion.

Avec l'IA professionnelle, tout va changer. Au-delà de la dimension sociale profonde que revêt une visite chez le médecin, deux actions sont au cœur du diagnostic : le recueil d'informations (symptômes, antécédents médicaux, facteurs environnementaux) et la déduction du phénomène qui leur est corrélé (une maladie). Chercher des corrélations et émettre des prédictions : c'est précisément ce en quoi le *deep learning* excelle. Nourri de suffisamment de données (en l'occurrence, des dossiers médicaux détaillés), un outil de diagnostic utilisant l'intelligence artificielle peut transformer n'importe quel professionnel en super-diagnosticien. C'est comme si vous faisiez face à un médecin qui aurait examiné des dizaines de millions de cas, disposerait d'une mystérieuse faculté à repérer les corrélations invisibles et, en prime, serait doté d'une mémoire infaillible.

Voilà le type de produit que cherche à développer la start-up RXThinking, dont le fondateur est un expert chinois de l'intelligence artificielle passé par la Silicon Valley et par Baidu. L'entreprise entraîne des algorithmes pour en faire des diagnosticiens de choc qui pourront, aux quatre coins du pays, assister les médecins sans les remplacer. Cette application fonctionne comme un « instrument de navigation » au sein du processus de diagnostic : elle puise dans l'ensemble des informations disponibles pour recommander le meilleur itinéraire, mais laisse les professionnels tenir le volant. À mesure qu'il amasse des détails sur chaque cas, l'algorithme réduit le spectre des pathologies possibles, puis réclame des informations supplémentaires pour pouvoir poser son diagnostic final. Une fois qu'il a atteint un degré de certitude élevé, il livre sa prédiction sur la cause des symptômes observés, fournissant également une liste d'autres diagnostics envisageables avec, pour chacun, le pourcentage de chances qu'il soit avéré.

Sans empiéter sur le jugement du médecin, qui peut toujours décider de ne pas les suivre, l'application formule ses recommandations en balayant plus de 400 millions de dossiers médicaux existants ainsi que les dernières publications spécialisées. Elle permet de répartir plus équitablement le savoir médical de pointe dans des sociétés très inégalitaires, laissant les médecins et les infirmières se concentrer sur ce qu'aucune machine ne saurait faire mieux qu'un humain : apporter aux patients l'attention, les soins et le réconfort dont ils ont besoin pour affronter la maladie.

Juger les juges

Autre exemple de bureaucratie tentaculaire caractérisée par des niveaux de compétences très contrastés selon les régions, le système judiciaire chinois se voit désormais régi par des principes similaires. Dans la course pour faire entrer l'intelligence artificielle à l'intérieur des salles d'audience, iFlytek est parti en tête. À Shanghai, l'entreprise teste un programme pilote qui utilise les affaires déjà jugées pour guider les magistrats dans leurs décisions, qu'il s'agisse d'examiner les preuves ou de prononcer le verdict. En utilisant la reconnaissance vocale et le traitement automatique du langage naturel, un système de référencement croisé compare toutes les pièces du dossier – témoignages, documents, rapports d'expertise, etc. – à la recherche de contradictions factuelles. Il signale ces conflits au juge, qui peut ordonner de nouvelles investigations pour éclaircir ces points.

Une fois sa décision rendue, le juge peut une nouvelle fois recourir à l'intelligence artificielle pour fixer la peine. Un « assistant » algorithmique examine d'abord les éléments du dossier – le casier judiciaire de l'accusé, son âge, la gravité de son acte, etc. –, puis parcourt des millions d'archives judiciaires afin de trouver des cas analogues. C'est à partir de cela qu'il formule ses recommandations – durée d'emprisonnement ou montant de l'amende infligée. Le juge peut également faire apparaître la liste des précédents sous forme de graphique en nuage de points : en cliquant sur un point, il obtient les détails de l'affaire et la condamnation prononcée.

L'un des mérites de ce procédé est d'introduire un minimum de cohérence dans une institution qui compte plus de 100 000 magistrats. Il peut contribuer à remettre dans le droit chemin certains juges coutumiers de peines extravagantes. Toujours en s'aidant de l'intelligence artificielle, une province chinoise a même instauré un système d'évaluation et de classement des procureurs en fonction de leurs performances[4]. Aux États-Unis, des tribunaux ont commencé à utiliser des algorithmes comparables pour apprécier le niveau de « risque » que présentent des prisonniers admissibles à la libération conditionnelle, bien que plusieurs juridictions supérieures aient contesté cet usage en arguant d'un manque de transparence.

Tout comme RXThinking, l'« instrument de navigation » à destination des médecins, les algorithmes d'iFlytek à destination des juges demeurent de simples *instruments*, susceptibles d'aider des acteurs humains à prendre des décisions informées. Leur déploiement pourrait permettre d'équilibrer les plateaux de la balance judiciaire et de corriger les partis pris dont font preuve même les professionnels les plus compétents. Comme l'ont montré de nombreux travaux, la sévérité des peines prononcées aux États-Unis varie fortement selon la couleur de peau de la victime et du prévenu. Dans ce cas, le biais raciste est évident, mais parfois l'explication est bien plus prosaïque que cela. Une étude portant sur des juges israéliens a par exemple révélé qu'ils se montraient beaucoup plus indulgents... après un bon repas.

IA professionnelle : les pronostics

Quel pays mènera la danse dans le domaine de l'IA professionnelle ? Actuellement, la domination américaine est impressionnante (90-10), mais je prédis un rééquilibrage à 70-30 dans les cinq années à venir. Je pense aussi que le gouvernement chinois est mieux placé que son homologue américain pour tirer pleinement profit de cette vague.

Les États-Unis disposent d'un avantage évident concernant les applications les plus immédiates et les plus rentables de cette technologie – je veux parler des optimisations dans la banque, les assurances et tous les secteurs où de gros volumes de données bien structurées peuvent être exploités pour améliorer la prise de décision. Il ne fait aucun doute que les entreprises chinoises vont rester à la traîne sur ce terrain. En revanche, la Chine pourrait prendre le dessus dans les services publics et partout où il est possible de court-circuiter des modes d'organisation obsolètes. Avec son système financier immature et ses infrastructures médicales déséquilibrées, elle finira par repenser de A à Z la distribution de services comme le crédit à la consommation et les soins médicaux. L'IA professionnelle va transformer ces faiblesses en forces et reconfigurer entièrement ces secteurs.

La deuxième vague de l'intelligence artificielle peut donc avoir des conséquences concrètes et immédiates dans la vie de tous les jours. Mais les algorithmes se contentent encore de traiter des informations numériques par l'intermédiaire d'êtres humains. La troisième vague va créer une rupture majeure en dotant l'IA de deux organes précieux pour recueillir des informations : les yeux et les oreilles.

Troisième vague : l'IA perceptive

Avant l'intelligence artificielle, toutes les machines étaient sourdes et aveugles. Bien sûr, on pouvait prendre des photos numériques ou faire des enregistrements audio, mais il ne s'agissait que de *reproductions* d'un environnement sonore et visuel destinées à être analysées par des humains. Les machines, elles, n'y comprenaient strictement rien. Pour un ordinateur classique, une photo n'est qu'un amas insignifiant de pixels qu'il lui faut ranger quelque part. Pour un iPhone, une chanson se résume à une série de 0 et de 1 qu'il doit jouer pour le plaisir de son propriétaire.

Avec l'avènement de l'IA perceptive, tout a changé. Désormais, les algorithmes savent organiser les pixels d'une image ou d'une vidéo en petits groupes qui prennent du sens. Ils sont devenus capables de reconnaître les objets comme nous le faisons, ou presque – un golden retriever, un feu rouge, votre frère Patrick, etc. Même chose pour les données sonores : au lieu de stocker les fichiers audio comme une simple succession de bits numériques, les algorithmes parviennent à isoler des mots et, bien souvent, à décrypter le sens de phrases entières.

La troisième vague de l'intelligence artificielle cherche à développer ces capacités et à les étendre à l'ensemble de notre environnement. Par le biais d'une prolifération de capteurs et d'appareils intelligents, elle s'emploie à numériser notre monde physique, c'est-à-dire à le traduire en données numériques qui pourront ensuite être analysées et optimisées par des algorithmes de *deep learning*. L'Echo d'Amazon numérise l'environnement sonore du foyer où il est installé. Le City Brain d'Alibaba numérise les flux de circulation au moyen de caméras et de techniques de reconnaissance des objets. L'iPhone X d'Apple et les appareils photo Face++ font de même avec les visages, utilisant les données de perception pour protéger votre téléphone ou votre portefeuille électronique.

Un monde « OMO » sans frontières

L'IA perceptive brouille encore davantage les frontières qui séparent la sphère virtuelle de la sphère réelle. Comment s'y prend-elle ? Elle démultiplie nos points de contact avec l'univers digital. Jusqu'à présent, l'ensemble de nos interactions avec Internet étaient limitées à deux interfaces : le clavier de notre ordinateur et l'écran de notre smartphone. Ces portails sont notre accès direct aux vastes gisements de connaissances du Web, mais ils ne sont guère pratiques pour entrer des informations ou en récupérer, surtout quand on est au supermarché ou au volant de sa voiture.

En se perfectionnant dans la reconnaissance des visages, des voix et la détection du monde environnant, l'IA perceptive va créer des millions de nouveaux points de contact invisibles entre le virtuel et le réel – lesquels deviendront tellement omniprésents que la formule « aller sur Internet » n'aura plus aucun sens. Quand vous commandez votre dîner en quelques phrases lancées depuis votre canapé, êtes-vous en ligne ou hors ligne ? Quand votre réfrigérateur indique à votre chariot de supermarché qu'il faut racheter du lait, évoluez-vous dans un monde physique ou numérique ?

Ces nouveaux environnements intégrés forment ce que j'appelle l'« OMO », pour *online-merge-offline* [*merge* signifiant « fusionner »]. En passant du commerce électronique aux services O2O (*online-to-offline*), nous avons déjà franchi un certain nombre d'étapes, chacune construisant de nouveaux ponts entre le virtuel et le réel. L'OMO représente un pas supplémentaire : la fusion totale de ces deux univers. Nos interactions dans le monde réel revêtent alors l'aspect pratique du numérique (immédiateté, fluidité), tandis que la richesse sensorielle du monde physique s'invite dans la sphère virtuelle. Au cours des prochaines années, l'IA perceptive va transformer les centres commerciaux, les supermarchés, les centres-villes et les foyers en autant d'environnements OMO. Ce faisant, elle va produire des applications qui, pour le commun des mortels, paraîtront tout à fait futuristes.

Certaines d'entre elles sont déjà parmi nous. En Chine, l'enseigne KFC s'est récemment associée à Alipay pour installer dans quelques-uns de ses restaurants un système de paiement par reconnaissance faciale. Une borne électronique permet au client d'enregistrer lui-même sa commande, puis scanne son visage afin de rattacher le montant de l'addition à son compte Alipay. Plus besoin de liquide, de carte de crédit, ni même de smartphone. Le dispositif inclut un algorithme vérifiant que le client est bien présent en chair et en os, afin qu'il soit impossible de payer en utilisant la photo de quelqu'un d'autre.

Le paiement par reconnaissance faciale est une fonctionnalité amusante, mais ce n'est que la partie émergée de l'iceberg. Pour nous faire une idée de ce qui nous attend, téléportons-nous quelques années dans le futur et allons voir à quoi ressemblera un supermarché carburant à l'IA perceptive.

« Là où tous les caddies connaissent votre nom * »

« *Nihao*, Kai-Fu ! Content de vous revoir chez Yonghui Superstore ! »

C'est toujours agréable quand votre caddie vous salue comme un vieux copain. Le temps que je l'extraie de sa rangée, ses capteurs visuels incrustés dans le guidon ont scanné mon visage et l'ont relié à mon profil complet généré par intelligence artificielle – un portrait-robot de mes habitudes en tant que gourmet, consommateur et époux d'une cuisinière hors pair.

Tandis que je me creuse la cervelle pour savoir par où commencer, mon chariot interrompt mes réflexions : « Voici votre liste de courses hebdomadaire. » Et voilà !

* Clin d'œil à la série américaine *Cheers*, diffusée aux États-Unis entre 1982 et 1993, dont la chanson de générique évoque le besoin d'aller parfois se réfugier « là où tout le monde connaît votre nom ».

L'écran fixé sur le guidon s'allume, affichant les achats types de notre famille : aubergines, poivre du Sichuan, yaourts à la grecque, lait écrémé, etc.

À la maison, le frigo et les placards ont déjà détecté ce qui manquait et effectué automatiquement quelques commandes en gros de denrées non périssables – riz, sauce soja, huile de cuisson, etc. De cette manière, des enseignes comme Yonghui peuvent resserrer leur offre autour des produits que les clients tiennent à sélectionner personnellement – fruits et légumes frais, vins de choix, crustacés vivants, etc. –, ce qui réduit considérablement la superficie de leurs magasins. Ces commerces à taille humaine s'implantent ainsi à distance plus raisonnable des habitations.

Un tintement : « Signalez-moi toute modification à apporter à la liste », annonce mon caddie. Puis il poursuit :

« Le contenu actuel de votre panier et de votre réfrigérateur indique une carence en fibres cette semaine. Souhaitez-vous compenser avec un sachet d'amandes ou de quoi préparer une soupe de pois cassés ?

— La soupe de pois, non. En revanche, faites livrer chez moi un grand sachet d'amandes. Merci bien. »

Je ne suis pas certain que les remerciements s'imposent quand on s'adresse à un algorithme, mais on ne se défait pas facilement de ses habitudes.

Parcourant ma liste, je procède à quelques ajustements. Comme mes filles ne sont pas à la maison en ce moment, certains articles ne sont pas nécessaires. Par ailleurs, je me souviens qu'il reste du bœuf dans le frigo. Je décide de préparer la recette de nouilles au bœuf de ma mère pour mon épouse.

« Jusqu'à nouvel ordre, supprimez les yaourts à la grecque et remplacez le lait écrémé par du lait entier.

Ajoutez aussi ce qui me manque pour faire des nouilles au bœuf.

— Pas de problème ! » répond le chariot, rectifiant ma liste en conséquence.

Il s'exprime en mandarin, mais avec la voix de synthèse de Jennifer Lawrence, mon actrice préférée. Grâce à ce petit plus sympathique, faire ses courses est devenu beaucoup moins assommant.

Mon caddie se déplace tout seul. Tandis que je sélectionne des aubergines bien mûres et des grains de poivre parfumés – c'est de là que mon plat tire sa saveur épicée et enivrante –, il reste à quelques pas de moi. Puis il me conduit vers l'arrière du magasin, où un robot de haute précision pétrit et étire la pâte de mes nouilles fraîches en longs vermicelles. Lorsque je pose le paquet de nouilles dans mon caddie, il est instantanément identifié et pesé, comme tous les autres articles, par les caméras à détection de profondeur installées sur les rebords et les capteurs de poids qui garnissent le fond.

Au fil de ma progression, l'algorithme raye les éléments de ma liste sur l'écran et actualise le montant total. Ici, l'emplacement et la mise en valeur de chaque produit ont été optimisés à l'aide des données de perception et des statistiques d'achats de ce magasin précis. Quels sont les présentoirs à côté desquels les clients passent sans un regard ? Où s'arrêtent-ils pour prendre des articles et les examiner de plus près ? Lesquels finissent-ils par acheter ? Avec une telle matrice d'informations visuelles et commerciales, les supermarchés fonctionnant à l'intelligence artificielle ont une connaissance aussi fine des consommateurs que les acteurs du commerce électronique.

Au détour d'un rayon, près de la cave à vins, je vois se diriger vers moi un jeune homme affable habillé aux couleurs de l'enseigne.

« Bonjour, monsieur Lee ! me lance-t-il. Comment allez-vous depuis la dernière fois ? Figurez-vous que nous venons juste de recevoir des vins incroyables en provenance de la Napa Valley. Je crois savoir que l'anniversaire de votre femme approche. Pour l'occasion, nous voudrions vous offrir une réduction de 10 % sur votre premier achat d'Opus One 2014. C'est le cru haut de gamme du domaine qui produit l'Overture, son vin préféré. Il a des arômes merveilleux – des touches subtiles de café, et même une pointe de chocolat noir. Souhaitez-vous le goûter ? »

Il sait que j'ai un faible pour les vins californiens, et je ne me fais pas prier. Il a raison : c'est un vin extraordinaire.

« Il est délicieux, lui dis-je. Je vais en prendre deux bouteilles.

— Excellent choix ! Continuez tranquillement vos courses, je vous les apporte dans un instant. Si vous désirez vous en faire livrer régulièrement ou recevoir nos recommandations, n'hésitez pas à vous rendre sur l'appli Yonghui ou à venir me trouver. »

Tous les hôtes d'accueil qui sillonnent le magasin sont à son image : aimables, experts dans leur domaine et rompus à l'art de la vente incitative. La dimension sociale de leur travail est beaucoup plus importante que dans une grande surface traditionnelle : ils ont toujours le temps de discuter recettes, de vous parler des producteurs locaux auprès desquels le magasin s'approvisionne ou de vous demander si un article a été à la hauteur de vos attentes.

Ainsi se poursuit ma déambulation, guidée par le chariot dans mes rayons habituels. Çà et là, des conseillers tentent de me convaincre de faire quelques folies supplémentaires qui leur ont été suggérées par les algorithmes. Mes achats terminés, l'un d'eux se met à ensacher mes courses. Mon téléphone vibre : le ticket de caisse vient d'atterrir dans mon WeChat Wallet. Une fois vide, mon chariot se reconduit tout seul jusqu'à sa rangée. Je n'ai plus qu'à parcourir tranquillement les cinq cents mètres qui me séparent de chez moi.

Des expériences comme celle-ci nous sembleront à la fois anodines et profondément révolutionnaires – c'est l'une des contradictions fondamentales de ce futur proche dominé par l'IA. Pour l'essentiel, notre vie suivra son cours habituel, mais la numérisation de notre environnement éliminera les principaux obstacles de nos activités quotidiennes et créera des services adaptés à chaque individu. Fait non moins important : en améliorant leur compréhension des clients et en anticipant mieux leurs habitudes, les magasins de demain rationaliseront la chaîne d'approvisionnement, réduiront sensiblement le gaspillage alimentaire et accroîtront la rentabilité.

Le supermarché que je viens de décrire n'est pas si loin. Les technologies fondamentales qu'il mobilise existent déjà. Il ne reste plus qu'à corriger quelques petits défauts dans le programme, à y raccorder le circuit logistique et à faire sortir de terre les bâtiments.

À l'école de l'OMO

Le potentiel de l'OMO dépasse le monde du commerce. Les mêmes techniques – identification visuelle, reconnaissance vocale, profil comportemental détaillé – peuvent être utilisées pour concevoir des méthodes d'éducation ultra-personnalisées.

Les systèmes d'enseignement actuels reposent encore largement sur le modèle de l'« école-usine » du XIXe siècle : tous les élèves doivent apprendre au même endroit, en même temps, au même rythme et de la même manière. Exactement comme sur une chaîne de montage, les enfants passent d'un niveau à l'autre sans qu'on se préoccupe de savoir s'ils ont assimilé ce qui leur a été inculqué. Ce modèle se justifiait, à la rigueur, lorsque le professeur responsable n'avait que peu de temps et d'attention à consacrer à chacun. Aujourd'hui, l'intelligence artificielle nous donne les moyens de lever ces restrictions. En exploitant ses capacités de perception, d'identification et de recommandation, on peut adapter le processus d'apprentissage à chaque élève, laissant plus de temps aux enseignants pour des sessions individuelles.

L'éducation assistée par l'intelligence artificielle intervient dans quatre situations : la salle de classe ; les devoirs et exercices à la maison ; les contrôles et leur notation ; les cours particuliers personnalisés. Dans chacun de ces cadres, performances et comportements sont enregistrés et viennent nourrir le *profil de l'élève*, véritable socle du projet, qui les influence en retour. Ce profil « intelligent » contient un relevé précis de tout ce qui est susceptible d'influencer l'apprentissage : les concepts déjà bien maîtrisés par l'enfant, ceux sur lesquels il bute encore, ses réactions face à telle ou telle méthode d'enseignement, son attention en classe, le temps qu'il met à répondre aux questions, ses motivations, etc. Afin de mieux comprendre comment ces données sont collectées et mobilisées pour améliorer le processus d'apprentissage, examinons les quatre cas concernés.

Dans la salle de classe, un système à « double enseignant » peut être mis en place. L'heure s'ouvre sur un cours délivré à distance par un professeur très réputé dans sa discipline. Il est retransmis sur une télévision grand écran placée à l'avant de la salle. S'adressant simultanément à une vingtaine de classes, le maître de conférences pose des questions auxquelles les élèves doivent répondre à l'aide d'un petit boîtier portatif. Il reçoit les réponses en temps réel et peut ainsi s'assurer que les concepts sont bien compris. Le second enseignant, présent physiquement dans la classe, consacre à chacun une attention personnalisée.

Pendant le cours magistral, une caméra de visioconférence fixée à côté de l'écran utilise les techniques de reconnaissance faciale et d'analyse des postures pour remplir le cahier de présence, contrôler le niveau d'attention des élèves et évaluer leur degré de compréhension, sur la base d'indications comme les hochements de tête affirmatifs, les mouvements trahissant la perplexité ou l'étonnement. Toutes ces données – réponses aux questions, niveau d'attention et de compréhension – sont directement intégrées au profil de l'élève, offrant un tableau en temps réel de ce qu'il a assimilé et des points qui restent à approfondir.

Quittons la salle de classe. Chez eux, les élèves se voient proposer des devoirs conçus sur mesure grâce à l'association de leur profil et d'un algorithme générateur de questions. Tandis que les petits génies doivent résoudre des problèmes ardus qui stimulent leurs capacités, les enfants qui n'ont pas encore acquis les fondamentaux répondent à des questions plus simples et reçoivent des exercices supplémentaires. À chaque étape, le temps passé par l'élève sur les diverses tâches et les résultats obtenus s'ajoutent à son profil. Les exercices qui lui seront soumis par la suite tiendront compte de ces éléments et seront adaptés afin de renforcer sa compréhension.

Dans des matières comme l'anglais (obligatoire dans les écoles publiques chinoises), les outils d'intelligence artificielle constituent un atout déterminant : ils permettent à des régions reculées, dépourvues de professeurs anglophones, d'accéder à un enseignement de qualité. Par exemple, des algorithmes de reconnaissance vocale haute performance peuvent être entraînés à corriger la prononciation des élèves pour améliorer leurs intonations et leur accent.

Côté enseignants, l'apport de l'intelligence artificielle se traduit par un allègement de la corvée des corrections de copies. En utilisant l'IA perceptive, et notamment la reconnaissance visuelle, plusieurs entreprises chinoises ont développé des scanners capables de noter les questionnaires à choix multiples et les textes à trous. Même dans les dissertations, des erreurs courantes comme les fautes d'orthographe ou de grammaire peuvent être automatiquement repérées – et les points en moins comptabilisés, si ce paramètre a été programmé. En perdant moins de temps sur la forme, les enseignants pourront en passer davantage à discuter du fond avec leur classe.

Enfin, ces profils d'élèves alimentés à l'IA permettent d'alerter les parents sur le retard scolaire d'un enfant, avec un diagnostic précis de ses points faibles. S'appuyant sur ces données, ils peuvent décider de faire appel à un professeur particulier via une plate-forme comme VIPKid, qui propose des cours d'anglais en ligne dispensés par des enseignants américains. Les cours particuliers à distance ne datent pas d'hier, mais l'IA perceptive y ajoute une nouvelle dimension. Grâce à l'analyse du comportement (expressions faciales, attitude), ces sites recueillent des données en continu sur le degré d'investissement des élèves et peuvent ainsi sélectionner des professeurs capables d'améliorer leur attention.

Presque tous les outils que nous venons de décrire existent déjà ; beaucoup sont en train de faire leur entrée dans les salles de classe chinoises. Ensemble, ils forment un nouveau paradigme éducatif qui mêle virtuel et réel pour créer un apprentissage adapté aux besoins et aux capacités de chaque enfant. Si la Chine semble sur le point de dépasser les États-Unis dans ce domaine, c'est en grande partie parce qu'une très forte demande émane des parents. En raison de valeurs profondément enracinées, d'une très forte compétition pour entrer à l'université et d'un système d'enseignement public de qualité inégale, les Chinois sont obligés de consacrer beaucoup d'argent à l'éducation de leurs enfants, surtout lorsqu'ils n'en ont qu'un. Voilà pourquoi, après quelques années d'existence, un service comme VIPKid est aujourd'hui valorisé à 3 milliards de dollars.

Espaces publics et données privées

Pour opérer cette fusion entre virtuel et réel, l'OMO exige de récupérer de gigantesques masses de données dans le monde physique. Quand il optimise les déplacements urbains, le City Brain d'Alibaba ingurgite d'abord les images capturées par les caméras de villes entières. Quand un supermarché offre aux consommateurs des expériences de shopping personnalisées, il doit pouvoir les identifier grâce à la reconnaissance faciale. Et pour dicter des commandes sur Internet, il faut disposer d'une technologie capable de reconnaître vos moindres mots.

Beaucoup d'Américains sont réticents au recueil et au partage de ce genre de données. Ils n'apprécient pas que Big Brother ou les grands groupes industriels en sachent trop sur leurs faits et gestes. En Chine, les gens sont plus ouverts à l'idée qu'on enregistre et numérise leur visage, leur voix et leurs habitudes de consommation. Ici encore, ils sont prêts à renoncer à une partie de leur vie privée en échange de certains avantages. Notons que ce qui vaut pour les individus vaut pour les villes. Les métropoles chinoises utilisent déjà un vaste réseau de caméras et de capteurs pour faire respecter le Code de la route ; toutes les images de surveillance récoltées nourrissent des algorithmes destinés à optimiser la régulation du trafic, les opérations de police et les interventions des secours.

Chaque pays doit décider de l'équilibre qu'il souhaite instaurer entre vie privée et données publiques. L'Europe a opté pour l'approche la plus stricte possible avec le Règlement général sur la protection des données (RGPD), un texte prévoyant une série de dispositions pour limiter le recueil et l'exploitation des données au sein de l'Union européenne. Les États-Unis tâtonnent encore à la recherche d'un compromis adéquat en termes de protection de la vie privée. Preuve en est le scandale Cambridge Analytica, qui a conduit le fondateur de Facebook à être auditionné par le Congrès. En Chine, la loi sur la cybersécurité entrée en vigueur en 2017 institue de nouvelles sanctions contre quiconque collecterait ou revendrait illégalement des données privées.

Quel est le niveau de surveillance acceptable en échange de plus de sécurité et de plus de confort ? Quel degré d'anonymat devrait être garanti dans les aéroports ou les stations de métro ? Il n'y a pas une seule et unique « bonne » réponse à ces questions. En attendant, la Chine prend de l'avance sur le terrain de l'IA perceptive en adoptant une attitude relativement souple en la matière. La numérisation accélérée des environnements urbains ouvrira bientôt la voie à de nouvelles applications OMO dans le commerce, la sécurité ou les transports.

Mais, pour cela, il faut davantage que des caméras et des données numériques. Contrairement aux deux vagues précédentes, l'IA perceptive repose très largement sur le matériel utilisé. Si nous voulons transformer nos hôpitaux, nos voitures et nos cuisines en environnements OMO, il va nous falloir synchroniser le monde physique et le monde numérique à l'aide de toutes sortes de dispositifs munis de capteurs.

Made in Shenzhen

Pour ce qui est des *softwares* [les logiciels], la Silicon Valley règne en maître absolu. Mais sur le plan du *hardware* [le matériel informatique], elle est détrônée par la ville de Shenzhen (prononcer « shoun-djoun »). Depuis cinq ans, c'est vers cette jeune métropole industrielle de la côte sud que convergent tous les fabricants d'appareils intelligents.

Pour créer une appli innovante, un programmeur n'a besoin que de deux choses : un ordinateur et une bonne idée. En revanche, quand il s'agit de donner la vue à un chariot de supermarché ou l'ouïe à une chaîne hi-fi, c'est une autre paire de manches. Cela requiert un écosystème industriel puissant et malléable, qui regroupe pêle-mêle des fabricants de capteurs, des spécialistes du moulage par injection et des producteurs d'électronique à la demande.

Dans l'esprit de beaucoup, le mot « usine » appliqué à la Chine évoque l'image d'ateliers de misère où des hordes d'ouvriers sous-payés confectionnent des chaussures à bas prix et des ours en peluche. Si ces ateliers n'ont pas disparu, le secteur industriel chinois s'est considérablement modernisé en parallèle. Aujourd'hui, l'avantage compétitif des usines chinoises n'est plus le coût de la main-d'œuvre – celle-ci est désormais moins chère en Indonésie ou au Vietnam –, mais l'incroyable souplesse des chaînes logistiques et les bataillons d'ingénieurs talentueux qui savent concevoir des prototypes, puis produire les appareils à l'échelle voulue.

Avec ces armées de travailleurs qualifiés, la ville de Shenzhen a pu dire adieu aux usines bas de gamme. Elle est devenue le rendez-vous incontournable des créateurs de drones dernier cri, de robots, de technologies portables (*wearables*) ou de machines intelligentes. Là-bas, sur des marchés d'électronique aux dimensions étourdissantes, ces derniers dénichent des circuits imprimés, capteurs, micros ou caméras miniatures dans des milliers de versions différentes et à des prix défiant toute concurrence. Une fois leur prototype monté, ils peuvent choisir parmi des centaines d'entreprises pour fabriquer leur produit à l'échelle souhaitée – en quantité limitée ou industrielle. La proximité géographique de tous ces fournisseurs et fabricants a un formidable effet d'accélérateur sur le processus d'innovation. Les entrepreneurs de la branche affirment qu'on abat plus de travail en une semaine à Shenzhen qu'en un mois aux États-Unis.

Grâce aux facilités offertes par Shenzhen pour expérimenter et produire des appareils intelligents, les entreprises chinoises ont un net avantage à jouer à domicile. Non pas que Shenzhen soit fermée aux firmes étrangères, mais les difficultés inhérentes aux opérations effectuées dans un autre pays – barrière de la langue, problèmes de visa, complexité des démarches fiscales, éloignement de la maison mère, etc. – tendent à entraver leurs activités et à élever le coût de leurs produits. Si des multinationales titanesques comme Apple ont les moyens d'exploiter à plein le secteur industriel chinois, c'est rarement le cas des start-up étrangères de plus petite taille.

Pendant ce temps, à Shenzhen, les entrepreneurs chinois s'en donnent à cœur joie pour innover et fabriquer à bas prix.

Des maisons connectées

Grâce à la start-up de matériel informatique Xiaomi (prononcer « sheow-mi »), on peut voir à quoi ressemblerait un réseau compact d'appareils fonctionnant à l'IA perceptive.

Après des débuts fulgurants dans la conception de smartphones à bas prix, Xiaomi développe maintenant une gamme d'appareils électroménagers intelligents qui vont faire entrer nos cuisines et nos salons dans l'ère de l'OMO. Au cœur de cette toile se trouve l'enceinte Mi, un outil d'intelligence artificielle qui répond aux commandes vocales, comme l'Echo d'Amazon… mais à moitié prix. Si cela est possible, c'est parce que l'entreprise a joué sur son avantage industriel à domicile, le même qui lui a permis de développer ensuite une série de dispositifs intelligents équipés de capteurs : purificateurs d'air, autocuiseurs, réfrigérateurs, caméras de surveillance, lave-linge, aspirateurs autonomes, etc. Xiaomi ne fabrique pas tout cela elle-même. Elle a investi dans 220 entreprises et couvé 29 start-up – beaucoup situées à Shenzhen – dont les produits sont tous reliés à son réseau. L'ensemble forme un écosystème domestique abordable et facile à configurer, car les divers appareils, connectés au Wifi, se reconnaissent automatiquement les uns les autres. L'utilisateur les contrôle par commande vocale ou à l'aide de son téléphone.

Prix réduits, produits variés, fonctionnalités étendues : ce cocktail détonant a créé le plus vaste réseau d'appareils domestiques intelligents du monde, avec 85 millions d'objets connectés à la fin de l'année 2017 – bien loin devant les États-Unis[5]. Entièrement mis sur pied grâce à l'avantage « *made in Shenzhen* », il offre à Xiaomi une avance décisive dans la collecte de données, alimentant le cercle vertueux que nous avons déjà évoqué : des algorithmes plus puissants, des appareils plus intelligents, des utilisateurs plus satisfaits, davantage de ventes et encore plus de données. En outre, cet écosystème a produit pas moins de quatre licornes. C'est ce qui a permis, en 2017, à Xiaomi de viser une valorisation d'environ 100 milliards de dollars lors de son introduction en Bourse l'année suivante[6].

Dans un futur proche, toute la maison générera des masses de données dans lesquelles, simultanément, elle puisera pour fonctionner. Votre machine à cappuccino se mettra en marche sur simple commande vocale. Le parquet installé chez vos parents âgés, muni de capteurs intelligents, vous alertera immédiatement s'ils font une chute.

Ces produits de la troisième vague s'apprêtent à bouleverser notre environnement quotidien. Les Chinois disposent d'un avantage évident dans ce domaine, pour deux raisons principales : la relative docilité des utilisateurs quant à l'usage de leurs données et l'atout majeur que représente Shenzhen dans la production de matériel informatique. Si l'avance de la Chine est encore modeste (60-40), je pense qu'elle a de grandes chances de se creuser dans les cinq prochaines années, atteignant au moins 80-20.

Enfin, ces innovations ne créent pas seulement des opportunités économiques fantastiques, elles préparent le terrain pour la quatrième et dernière vague de l'intelligence artificielle : l'autonomie pleine et entière.

Quatrième vague : l'IA autonome

La vague de l'IA autonome englobe les trois autres ; c'est un aboutissement. Dès que les machines seront capables de voir et d'entendre le monde qui les entoure, elles pourront s'y déplacer en toute sécurité et augmenter leur productivité. Fortes de leurs nouvelles aptitudes sensorielles, entraînées à optimiser un résultat en balayant des masses de données extrêmement complexes, elles ne se contenteront pas de comprendre leur environnement : elles le façonneront.

Pour beaucoup, cette quatrième vague s'incarne prioritairement dans les véhicules autonomes, que j'aborderai plus loin. Mais, auparavant, il me paraît important d'élargir la perspective pour montrer combien l'influence de l'IA autonome s'annonce vaste et profonde. Elle va littéralement bouleverser nos existences, des galeries marchandes aux restaurants, en passant par les usines et les casernes de pompiers, sans oublier la gestion intelligente de la ville dans sa globalité. Tout comme les vagues précédentes, cela ne va pas se produire du jour au lendemain. Les premiers robots autonomes seront déployés dans des cadres très structurés, là où ils sont susceptibles de générer des gains économiques immédiats – essentiellement les usines, les entrepôts et les exploitations agricoles.

À première vue, cela semble surprenant. Ces environnements ne sont-ils pas déjà lourdement automatisés, au point que la plupart des ouvriers à la chaîne ont été supplantés par des robots ? C'est vrai : dans le monde développé, des machines surpuissantes ont remplacé les bras humains. Mais il y a une distinction cruciale : ces machines sont *automatisées*, pas *autonomes*. Elles savent effectuer des tâches répétitives, mais sont incapables de prendre des décisions ou d'improviser dans un contexte changeant – par exemple, si les objets qu'elles manipulent dévient de leur trajectoire. Puisqu'elles ne peuvent enregistrer la moindre information visuelle, elles ne fonctionnent que si un être humain est aux commandes ou si elles suivent un schéma d'opération précis et immuable.

En revanche, dotez ces machines de la vue et du toucher, puis de la faculté d'optimiser leurs décisions en fonction des données qu'elles reçoivent, et soudain la palette des tâches qu'elles peuvent accomplir s'élargit prodigieusement.

Des champs de fraises et des robots scarabées

Encore une fois, certaines de ces applications sont déjà disponibles. Prenons par exemple la récolte des fraises. Si simple qu'elle puisse paraître, la tâche qui consiste à repérer, jauger, puis cueillir ces fruits n'avait jamais pu être automatisée jusqu'alors. Des milliers de saisonniers mal payés devaient sillonner les champs, courbés en deux, comptant uniquement sur l'acuité de leurs yeux et l'agilité de leurs doigts. Combien d'exploitants californiens ont vu leurs fraises pourrir sur pied, faute d'avoir trouvé des ouvriers disposés à effectuer ce travail éreintant ?

La solution de Traptic, une start-up basée en Californie, est un robot. Monté à l'arrière d'un petit tracteur (demain, ce sera sur un véhicule autonome), l'appareil parvient à discerner les fraises au milieu d'un océan de feuilles grâce à des algorithmes de vision perfectionnés. Ces mêmes algorithmes examinent la couleur du fruit pour apprécier sa maturité, avant qu'un bras articulé ne vienne délicatement le cueillir, sans l'abîmer.

Passons à un autre univers : les entrepôts d'Amazon, où l'on peut entrevoir la promesse révolutionnaire de ces technologies. Il y a encore cinq ans, rien ne les distinguait des entrepôts traditionnels. On y trouvait d'interminables rangées d'étagères fixes le long desquelles des employés évoluaient, à pied ou sur des transpalettes motorisés, pour aller chercher des articles. Aujourd'hui, les humains ne se déplacent plus : ce sont les rayonnages qui viennent à eux. Les allées grouillent de robots autonomes aux allures de scarabées qui filent dans tous les sens, portant sur leur dos des étagères rectangulaires remplies de marchandises – celles que les employés les ont envoyés chercher. Ces derniers n'ont plus qu'à prélever le produit désiré dans l'étagère correspondante, avant de le scanner et de le placer dans un carton. Autour de ces humains statiques se déroule désormais le ballet élégamment chorégraphié des scarabées, qui se croisent et se frôlent.

Ces différents robots autonomes ont en commun de générer un retour sur investissement concret et des bénéfices directs. Voilà pourquoi l'IA autonome va d'abord apparaître dans des environnements commerciaux, là où elle peut exécuter les tâches d'employés humains devenus de plus en plus chers, ou de plus en plus rares.

D'une certaine manière, les employés de maison que l'on rencontre dans la société américaine remplissent ces critères, qu'ils soient embauchés pour assurer le ménage, la cuisine ou les soins aux personnes malades ou âgées. Pour autant, nous ne sommes pas près de voir l'IA autonome débarquer dans les foyers. Contrairement à ce que suggèrent les films de science-fiction, les robots domestiques humanoïdes ne sont pas pour demain. Faire du rangement ou du baby-sitting – des tâches apparemment simples – demeure hors de portée de l'intelligence artificielle telle qu'elle existe aujourd'hui. Sans oublier que, pour des robots encore maladroits, nos habitations encombrées de meubles et d'objets représenteraient de vraies courses d'obstacles.

L'intelligence en essaim

Pourtant, avec une technologie autonome de plus en plus souple et intelligente, nous allons commencer à voir apparaître des applications époustouflantes qui, par-dessus le marché, sauveront de nombreuses vies.

C'est le cas notamment des drones. En conjuguant leurs efforts, des nuées de drones autonomes pourront repeindre la façade de votre maison en quelques heures. Des escadrilles de drones résistants aux chaleurs extrêmes pourront combattre les feux de forêt avec une efficacité infiniment supérieure à celle des pompiers humains. D'autres pourront être envoyés sur des sites de catastrophes naturelles pour effectuer des opérations de recherche et de sauvetage, apporter des vivres aux populations isolées ou évacuer les rescapés par les airs.

La domination chinoise dans le domaine des drones autonomes est presque assurée. La société DJI, premier fabricant mondial de drones, se trouve à Shenzhen. Selon Chris Anderson, célèbre journaliste spécialisé, DJI est tout simplement imbattable[7]. Il détiendrait déjà 50 % du marché des drones en Amérique du Nord – voire davantage si l'on considère le haut de gamme. Mobilisant des ressources considérables pour la recherche et le développement, il diversifie actuellement sa technologie vers les entreprises et les particuliers. Les applications de l'intelligence artificielle distribuée – autre nom de l'intelligence en essaim – n'en sont qu'à leurs balbutiements. Mais une fois intégrées à l'écosystème industriel incomparable de Shenzhen, elles vont générer des résultats sidérants.

Pendant que ces nuées de drones partent à la conquête du ciel, les voitures autonomes vont transformer nos routes. Au-delà des transports, cette technologie révolutionnera aussi les espaces urbains, le monde du travail et l'ensemble de notre vie quotidienne. Des entreprises comme Google ont déjà démontré que les voitures autonomes seront à terme beaucoup plus sûres et plus efficaces que les conducteurs humains. À l'heure actuelle, une course effrénée pour commercialiser cette technologie est engagée entre des dizaines de start-up, les géants du secteur, des constructeurs automobiles traditionnels et des fabricants de voitures électriques. Google, Baidu, Uber, Didi, Tesla et bien d'autres ne cessent de monter des équipes, de tester des techniques et de collecter des données pour que, demain, nos véhicules puissent rouler sans aucune intervention humaine.

En tête de peloton, on trouve Google, avec sa filiale Waymo, et Tesla. Leurs approches respectives, très différentes, reflètent étrangement les politiques mises en œuvre par les deux grandes nations de l'intelligence artificielle.

Google et Tesla : deux philosophies de la voiture autonome

Si Google a été le premier à développer la technologie des véhicules autonomes, il s'est montré assez lent à la déployer à grande échelle. Cette prudence repose sur une philosophie perfectionniste. L'ambition est de construire le système parfait, incomparablement plus sûr que les conducteurs humains, pour passer ensuite directement à l'autonomie totale. Cette approche dénote une très faible tolérance au risque – pour les vies humaines comme pour la réputation de l'entreprise – et souligne l'ampleur de l'avance dont dispose Google.

Elon Musk, le patron de Tesla, cherche à rattraper son retard en procédant plutôt par étapes : il dote ses véhicules de fonctionnalités autonomes partielles dès qu'elles sont disponibles – par exemple, le pilotage automatique pour la conduite sur autoroute ou encore le guidage automatique, qui permet d'éviter les collisions et de se garer sans intervention humaine. Si la vitesse de déploiement en est considérablement accrue, cela implique aussi d'accepter un certain niveau de risque.

Les approches diffèrent, mais sont toutes deux alimentées par des données. Il faut des milliards de kilomètres de conduite pour entraîner les voitures autonomes à identifier les objets, à anticiper les comportements des autres conducteurs et des piétons. Recueillies par des milliers de véhicules sillonnant les routes, ces données viennent nourrir un « cerveau » central – le noyau d'algorithmes sur lequel reposent les décisions de toute la flotte. Autrement dit, dès qu'un véhicule rencontre une situation inédite, tous ses pairs – qui fonctionnent sur les mêmes algorithmes – en tirent les leçons.

En matière de collecte de données, Google a choisi d'avancer lentement, mais sûrement, en lançant sur les routes sa flotte réduite équipée de dispositifs de télédétection hors de prix. Tesla, à l'inverse, installe des systèmes moins coûteux sur les véhicules qu'il vend au public, laissant les propriétaires utiliser les fonctionnalités autonomes et recueillir des données à sa place. Il en résulte un écart considérable entre les deux entreprises. En 2016, après six années d'efforts, Google disposait d'un peu moins de 2,5 millions de kilomètres de données. Tesla, pour sa part, n'a eu besoin que de six mois pour amasser plus de 75 millions de kilomètres[8].

Depuis peu, on assiste à une certaine convergence des stratégies. Google – sentant peut-être Tesla et d'autres concurrents sur ses talons – a lancé un service de véhicules-taxis totalement autonomes dans la banlieue de Phoenix, dans l'Arizona. De son côté, Tesla semble avoir ralenti le déploiement de l'autonomie intégrale depuis qu'un accident a coûté la vie au propriétaire d'un de ses véhicules utilisant le pilotage automatique, en mai 2016.

Néanmoins, les deux approches restent fondées sur des compromis bien distincts. En visant la sécurité absolue, Google a dû retarder la mise en œuvre de systèmes qui auraient probablement déjà évité des accidents de la route. Tesla adopte plutôt une démarche techno-utilitariste, commercialisant ses véhicules dès qu'ils dépassent les performances humaines, avec l'espoir que l'accumulation subséquente de données permettra rapidement de perfectionner les algorithmes et, d'une manière générale, de sauver des vies.

La méthode Tesla à la sauce chinoise

La Chine compte 1,39 milliard d'habitants, dont 260 000 meurent chaque année sur les routes. Pour ses dirigeants, le mieux ne peut être l'ennemi du bien. Plutôt que d'attendre les voitures sans chauffeur 100 % sûres, ils préféreront probablement déployer des véhicules partiellement autonomes dans des situations contrôlées. L'accumulation de données pourra ainsi se poursuivre, renforçant l'avance chinoise.

Ce déploiement progressif passera par une phase cruciale : l'édification de nouvelles infrastructures spécifiquement conçues pour accueillir les véhicules autonomes. Aux États-Unis, on développe des voitures capables de s'adapter aux voies de circulation existantes, considérées comme immuables. En Chine, l'idée est que rien n'est immuable, pas même les routes. C'est pourquoi de nombreux administrateurs territoriaux modifient déjà les autoroutes et réorganisent les circuits d'approvisionnement ; en somme, ils bâtissent des villes taillées sur mesure pour les véhicules autonomes.

Dans la province du Zhejiang, le département des transports a annoncé la construction de la première autoroute intelligente du pays, pensée exclusivement pour les véhicules autonomes et électriques. En étudiant les plans, on découvre qu'elle comportera un système intégré de capteurs et de dispositifs de communication sans fil qui connectera la route, les véhicules et les conducteurs, en permettant d'accroître la vitesse de 20 % à 30 % et de faire considérablement baisser le nombre d'accidents. Le revêtement sera pavé de panneaux photovoltaïques dont l'énergie alimentera les stations de recharge pour véhicules électriques – l'objectif étant, à terme, de recharger ces derniers en continu, pendant qu'ils roulent. En somme, le projet prend acte des capacités actuelles de l'IA autonome : elle n'est pas encore capable de naviguer dans le chaos urbain, mais elle peut aisément gérer la conduite sur autoroute – et amasser beaucoup de données au passage. Si une telle entreprise réussit, le déploiement des véhicules autonomes et électriques va s'en trouver fortement accéléré.

Non contentes d'adapter les routes existantes aux véhicules autonomes, les autorités chinoises sont en train de construire des villes entières autour de cette technologie, à l'image de la nouvelle zone économique spéciale de Xiong'an, à une centaine de kilomètres au sud de Pékin. Sur ce territoire aujourd'hui parsemé de petits villages paisibles, le gouvernement central a ordonné l'édification d'une ville 100 % verte, véritable vitrine du progrès technologique[9]. Selon les projections, la zone devrait bénéficier de dépenses d'infrastructures de près de 583 milliards de dollars et accueillir 2,5 millions d'habitants – presque autant que la ville de Chicago. Aux

États-Unis, faire sortir de terre un nouveau Chicago serait totalement impensable; en Chine, ce n'est qu'un projet d'aménagement urbain parmi d'autres.

Xiong'an deviendrait ainsi la première ville du monde entièrement conçue pour les véhicules autonomes. Baidu a signé plusieurs contrats avec le gouvernement local pour donner naissance à une « ville intelligente », en mettant l'accent sur la régulation du trafic, les véhicules autonomes et la protection environnementale. Entre autres dispositifs envisagés, citons les capteurs enfouis dans le ciment, les feux tricolores dotés de vision ou encore les passages cloutés capables de déceler l'âge des piétons. Tout cela s'accompagnera d'une réduction spectaculaire de la place consacrée au stationnement : si tout le monde peut désormais commander son taxi autonome personnel, pourquoi ne pas transformer les parkings en espaces verts ?

Dans des cités flambant neuves comme Xiong'an, on imagine sans peine l'étape suivante : réserver le centre-ville aux piétons et aux cyclistes en déplaçant l'ensemble de la circulation automobile sous terre. Mais il faudrait éliminer de cette équation l'erreur humaine, qui conduit souvent à l'engorgement des tunnels, rendant un tel projet quasiment impossible à mettre en œuvre. En combinant des routes intelligentes, un système d'éclairage public contrôlé et des véhicules autonomes, on peut imaginer un réseau souterrain où l'on avancerait aussi vite que sur autoroute, tandis que, en surface, les citadins circuleraient à un rythme plus agréable.

Ces ambitions sont immenses et rien ne garantit que leur concrétisation se fera sans heurts. Ce ne serait pas la première fois que la Chine crée des infrastructures ultra-sophistiquées qui se soldent par un fiasco ou que des villes à peine bâties peinent à attirer des habitants. Mais, cette fois-ci, le gouvernement central a fait du projet de Xiong'an une priorité nationale. Son succès pourrait entraîner le développement d'autres métropoles semblables qui nourriront les algorithmes de données supplémentaires. À rebours de la philosophie qui prévaut aux États-Unis, où l'intelligence autonome doit s'adapter à des environnements urbains préexistants, la Chine envisage une évolution conjointe entre l'intelligence artificielle et la ville.

L'équilibre des pouvoirs à l'ère de l'IA autonome

Bien que très excitantes pour la Chine, ces perspectives ne peuvent occulter la dure vérité : le puissant soutien du gouvernement ne peut garantir son triomphe dans le domaine de l'IA autonome. S'agissant des technologies fondamentales qui sont au cœur des véhicules autonomes, les entreprises américaines ont toujours deux ou trois ans d'avance sur leurs homologues chinoises – autant parler d'années-lumière à l'échelle technologique. Les questions liées à la sécurité et l'immense complexité des techniques mobilisées font de la voiture autonome un véritable casse-tête d'ingénierie. Pour le résoudre, il ne suffit pas d'avoir des ingénieurs compétents ni d'en avoir en grand nombre ; il faut pouvoir compter sur un noyau d'experts de très haut niveau. En la matière, la balance penche toujours du côté des États-Unis, où des entreprises comme Google continuent d'accaparer les meilleurs ingénieurs de la planète.

L'avance de la Silicon Valley concerne aussi les activités de recherche et développement, conséquence de sa propension à initier des projets pharaoniques. Google a testé ses premiers véhicules autonomes dès 2009, puis nombre de ses ingénieurs sont partis monter leurs start-up. En Chine, le boom des créations d'entreprise dans ce secteur ne date que de 2016. Il est vrai que Baidu ou des start-up comme Momenta, JingChi et Pony.ai progressent à grands pas en termes de technologie et de données. Avec son projet Apollo – une plate-forme collaborative en *open source* permettant le partage de matériel et de données entre cinquante acteurs du secteur, dont le fondeur Nvidia et les constructeurs automobiles Ford et Daimler –, Baidu offre une alternative audacieuse à l'approche beaucoup plus fermée et secrète de Waymo. Il n'en reste pas moins que, à l'heure où ces lignes sont écrites, c'est encore en Amérique que l'on trouve les spécialistes les plus expérimentés dans ce domaine.

Le grand vainqueur de la course à l'IA autonome n'est pas encore connu. Tout va se jouer autour d'un nœud crucial : les principaux obstacles que rencontrera son déploiement à grande échelle. Seront-ils de nature technologique ou politique ? Si le développement de l'autonomie se heurte à des écueils purement techniques, Google a le plus de chances de les surmonter, et il le fera des années avant tous ses concurrents. En revanche, si un raz-de-marée technologique se produit – par exemple, si les récents progrès de la vision par ordinateur se propagent très rapidement –, l'avance qu'a prise la Silicon Valley dans la maîtrise des techniques fondamentales deviendra un facteur anecdotique. De nombreux fabricants apprendront à produire des véhicules autonomes qui rempliront toutes les exigences de sécurité ; ainsi, leur généralisation ne dépendra plus que d'une adaptation du cadre législatif et politique. Or, sur ce plan, l'approche « à la Tesla » du gouvernement chinois sera un atout majeur.

Nous ne savons pas encore sur quel terrain surviendront ces blocages et, à ce jour, les jeux sont loin d'être faits. Ici encore, l'hégémonie américaine est incontestable pour l'instant (90-10), mais, selon mon pronostic, la répartition passera à 50-50 dans cinq ans pour le marché des voitures sans chauffeur, tandis que la Chine prendra l'avantage dans le *hardware*, notamment avec les drones autonomes.

Le schéma ci-dessous synthétise – au mieux de mes connaissances – ma vision du potentiel respectif des États-Unis et de la Chine dans chacune des quatre vagues, aujourd'hui et dans cinq ans.

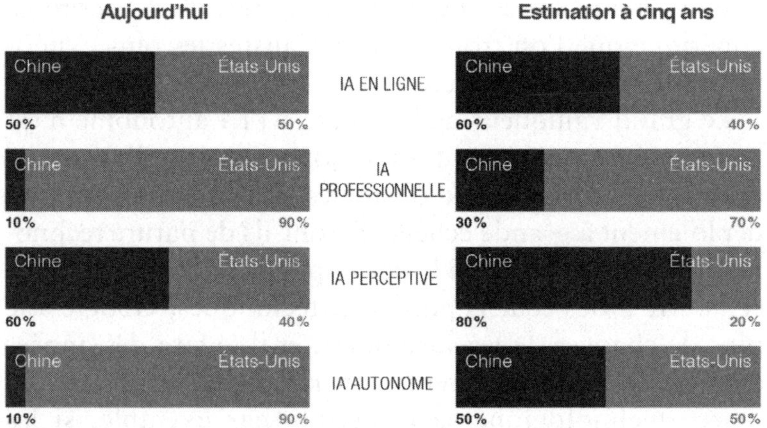

L'équilibre des forces entre les États-Unis et la Chine dans les quatre vagues de l'intelligence artificielle, aujourd'hui et dans cinq ans.

Envahisseurs ou résistants ?

Jusqu'à présent, les États-Unis et la Chine ont très largement cantonné la compétition du marché de l'IA à leurs territoires respectifs – qui sont aussi les plus vastes du monde en la matière. Pourtant, l'immense majorité de ceux qui, dès demain, utiliseront toutes ces applications révolutionnaires ne se trouvent ni dans l'un ni dans l'autre, mais dans les pays en développement. Quiconque entreprend de devenir le Facebook ou le Google du futur devra d'abord toucher et rallier ces masses de consommateurs.

Sur ce plan comme sur bien d'autres, les stratégies américaine et chinoise diffèrent profondément. Tandis que les bulldozers de la Silicon Valley cherchent à s'implanter directement sur ces marchés pour les dominer, la Chine préfère armer les « rebelles » locaux qui tentent de résister à leurs assauts.

D'un côté, donc, les Google, Facebook, Uber, entre autres, débarquent avec leur produit mondial standardisé, qu'ils tentent de vendre à des milliards d'utilisateurs en faisant un minimum d'efforts d'adaptation aux spécificités locales. Cette méthode du « tout ou rien » peut rapporter au centuple si la conquête est un succès, mais elle n'est pas sans risque. Les compagnies chinoises adoptent une approche radicalement différente : au lieu de prendre de front leurs concurrentes américaines, elles choisissent d'investir dans les plus combatives des start-up autochtones que ces dernières essaient d'écraser. C'est le cas en Inde et en Asie du Sud-Est, où Alibaba et Tencent financent et soutiennent des entreprises qui se battent de toutes leurs forces contre la domination d'Amazon.

Les géants chinois sont eux-mêmes passés par là, et ils ont retenu la leçon. Jack Ma, le fondateur d'Alibaba, sait mieux que personne les dégâts qu'une bande d'insurgés peut infliger à une entreprise étrangère, si imposante qu'elle soit. Aussi, plutôt que de se battre sur deux fronts en essayant simultanément d'anéantir les start-up locales et de tenir tête à la Silicon Valley, les Chinois ont choisi leur camp : ils font équipe avec la résistance.

Du rififi chez les taxis

L'approche que je viens d'évoquer a déjà été mise en œuvre dans le secteur des VTC. Non contente de s'être débarrassée d'Uber sur son marché, Didi s'est lancée dans des investissements et des partenariats avec plusieurs start-up cherchant à faire de même dans leur propre pays : Lyft aux États-Unis, Ola en Inde, Grab à Singapour, Taxify en Estonie ou encore Careem au Moyen-Orient. Au Brésil, sa participation stratégique dans la compagnie 99 Taxis en 2017 s'est transformée en prise de contrôle totale, moins d'un an plus tard. Toutes ces entreprises forment ensemble une sorte d'alliance mondiale anti-Uber qui se nourrit de l'expertise et des capitaux chinois. Certaines d'entre elles ont reconfiguré leur plate-forme pour la calquer sur celle de Didi. D'autres prévoient d'aller puiser dans ses capacités d'intelligence artificielle pour optimiser la répartition des trajets au sein de la flotte, arbitrer automatiquement les différends entre chauffeurs et clients et, à terme, introduire des véhicules autonomes.

L'ampleur exacte de ces échanges de technologies est difficile à mesurer, mais ils pourraient amorcer une autre organisation de l'écosystème planétaire en termes d'intelligence artificielle. En combinant un savoir-faire international à des données locales, ce modèle permettrait aux start-up de chaque pays de grandir et de se développer. Fondé sur la coopération plutôt que sur la conquête, ce système semble fait pour l'IA, une technologie qui requiert des ingénieurs d'élite et des données à profusion.

La contrainte d'adaptation aux spécificités locales est plus forte pour l'intelligence artificielle que pour n'importe quel autre service numérique. Vous ne pouvez pas lancer des véhicules autonomes à l'assaut de la ville indienne de Bangalore sans leur apprendre la manière particulière dont les piétons y circulent. Vous ne pouvez pas proposer une appli de microprêt au Brésil sans lui enseigner les habitudes de consommation des jeunes de Rio. Des bases d'utilisateurs différentes peuvent partager certains entraînements algorithmiques, mais rien ne remplace les données tirées du monde réel.

Les entreprises de la Silicon Valley ne sont pas complètement ignorantes des préférences de recherche ou des caractéristiques sociales qui prévalent dans ces pays. Cependant, pour tirer profit à la fois de l'IA professionnelle, de l'IA perceptive et de l'IA autonome, il va véritablement falloir aller sur le terrain. Équipements et services devront se plier aux particularités des galeries marchandes nord-africaines ou des hôpitaux indonésiens. Sur le long terme, diffuser des codes informatiques depuis la Silicon Valley ne suffira pas à asseoir son hégémonie.

Personne ne sait comment cette partie d'échecs planétaire va se terminer. Peut-être assisterons-nous à un sursaut des entreprises américaines, qui, en faisant davantage d'efforts pour s'adapter et en mobilisant la puissance de leurs produits actuels, dépasseront tous leurs concurrents, à l'exception de la Chine. Peut-être verrons-nous naître dans les pays en développement une nouvelle génération d'entrepreneurs qui mettra à profit le soutien chinois pour fonder des empires inexpugnables sur lesquels même la Silicon Valley se cassera les dents. Dans ce scénario, les poids lourds chinois ne domineraient pas le monde, mais ils seraient omniprésents via leurs participations. Ils perfectionneraient leurs algorithmes en les nourrissant de données puisées sur tous ces marchés et empocheraient au passage une bonne partie des profits générés.

Et demain ?

À l'horizon, on voit se profiler les vagues technologiques qui s'apprêtent à submerger l'économie mondiale. Ce sont elles qui vont faire basculer l'équilibre géopolitique du côté de la Chine. Aux États-Unis, les firmes traditionnelles excellent à améliorer leur rentabilité en exploitant le *deep learning*, tandis que les entreprises d'intelligence artificielle demeurent les bastions du savoir-faire d'excellence. Mais si l'on parle d'édifier de nouvelles forteresses numériques, de révolutionner le diagnostic des maladies ou de réinventer nos modes de consommation, de déplacement et d'alimentation, le champion de demain sera la Chine. En parallèle, les deux superpuissances s'affronteront probablement par procuration sur d'autres territoires, de l'Inde à l'Indonésie, en passant par l'Afrique et le Moyen-Orient.

L'analyse qui précède nous a permis de dessiner les contours de ce nouvel ordre mondial. Mais elle fait apparaître dans le même temps un angle mort de taille, justement parce que nous avons tendance à envisager l'aventure de l'intelligence artificielle comme une course hippique. Qui tient la corde ? Quels sont les pronostics ? Qui va l'emporter ? Ces questions, certes importantes, masquent des préoccupations autrement plus graves. Lorsque la pleine puissance de l'intelligence artificielle se déploiera, les lignes de fracture les plus redoutables ne seront pas celles qui se dessinent entre les pays. Ce seront celles qui déchirent chacun d'eux de l'intérieur.

6

Les utopies, les dystopies – et la crise bien réelle

À l'heure actuelle, sur le plan purement technologique, tout ce que nous venons d'évoquer au chapitre précédent relève du domaine du possible. Pour lancer ces produits et services sur le marché, nul besoin d'une avancée révolutionnaire. Le b.a.-ba de l'intelligence artificielle appliquée suffit : recueil des données, ajustement des formules, itération des algorithmes en variant les combinaisons, construction des prototypes, expérimentation des modèles économiques.

Mais en mettant ces solutions concrètes à notre portée, l'IA appliquée a aussi enflammé les imaginations. Certains pensent que nous approchons du saint Graal : l'intelligence artificielle générale (IAG), c'est-à-dire un monde peuplé de machines aussi intelligentes que les humains, voire davantage.

D'aucuns prédisent qu'avec l'IAG les ordinateurs se perfectionneront tout seuls et que leurs progrès intellectuels s'emballeront soudainement. On utilise souvent le terme de « singularité » pour désigner un futur dominé par une *superintelligence* artificielle. Selon cette hypothèse, les machines en viendraient à développer des capacités de compréhension et de manipulation du monde tellement supérieures aux nôtres que, comparés à elles, nous ferions figure d'insectes.

Face à ces prédictions étourdissantes, il y a deux écoles : l'utopie et la dystopie.

Les utopistes estiment que l'émergence de l'IAG et son corollaire, la singularité, sont l'étape ultime de notre épanouissement en tant qu'êtres humains. C'est la porte vers une conscience augmentée, l'échappatoire tant attendue à notre condition de mortels. Ray Kurzweil s'inscrit dans ce courant. Inventeur et futurologue fantasque, il est depuis 2012 le directeur de l'ingénierie chez Google – et son gourou attitré. Dans le futur qu'il prédit, hommes et machines fusionneront complètement. Nous pourrons télécharger notre cerveau dans le *cloud* et régénérer notre corps en permanence grâce à des nanorobots intelligents libérés dans notre système sanguin. D'après ses prophéties, l'intelligence informatique rattrapera l'intelligence humaine dès 2029 (l'avènement de l'IAG) et nous atteindrons la singularité en 2045[1].

Pour d'autres utopistes – comme Demis Hassabis, le fondateur de DeepMind –, nous pourrions bientôt percer les mystères de notre univers physique grâce aux solutions de génie mises au point par la superintelligence. La civilisation humaine en finirait avec des problèmes jusqu'alors insolubles, comme le réchauffement climatique ou certaines maladies incurables. Capables de déchiffrer le monde à des niveaux inconcevables pour l'homme, les ordinateurs feraient bien plus qu'alléger les fardeaux de l'humanité ; ils nous rapprocheraient de l'omniscience et de l'omnipotence divines.

Cet optimisme est loin de faire l'unanimité. Selon Elon Musk, rejoint entre autres par le défunt cosmologiste Stephen Hawking, la superintelligence constitue « le plus grand danger auquel ait jamais été confrontée la civilisation humaine[2] ». Permettre son avènement reviendrait à « invoquer le diable[3] ». Dans le camp de la dystopie, beaucoup s'inspirent des travaux du philosophe Nick Bostrom, de l'université d'Oxford, dont le livre *Superintelligence* a passionné les futurologues dès sa sortie en 2014. Ils ne redoutent pas une prise de contrôle par l'intelligence artificielle à la *Terminator*, où des robots humanoïdes devenus diaboliques et assoiffés de pouvoir tenteraient de conquérir l'humanité. Même si elle advenait, la superintelligence ne serait pas le produit d'une évolution « naturelle », mais une création humaine. Par conséquent, elle ne peut être dotée des instincts de survie, de reproduction et de domination qui caractérisent les hommes et les animaux. En revanche, elle cherchera à atteindre le plus efficacement possible les buts qui lui auront été fixés.

C'est justement cela qui suscite la crainte : pour peu que l'espèce humaine représente un obstacle dans la réalisation de ces objectifs – en empêchant par exemple de freiner le réchauffement climatique –, un agent superintelligent pourrait aisément la rayer de la surface de la Terre, même par accident. Pour cela, nul besoin d'armes aussi grossières que des robots tueurs. Grâce à sa profonde maîtrise des lois de la chimie, de la physique et des nanotechnologies, un programme informatique à l'intelligence supérieure pourrait concevoir des moyens bien plus ingénieux d'arriver à ses fins, en un temps record. Les chercheurs parlent alors d'un problème de « contrôle » ou d'« alignement des valeurs ». Cette question préoccupe même les plus optimistes d'entre eux.

Quant à déterminer la date à laquelle ces événements se produiraient, personne n'est d'accord. S'appuyant sur des enquêtes réalisées auprès de spécialistes de l'IA, l'ouvrage de Bostrom évoque l'année 2040 (prédiction médiane) pour la création de l'intelligence artificielle générale[4]. La superintelligence apparaîtrait sans doute au cours des trois décennies suivantes.

Mais cela ne s'arrête pas là.

Retour à la réalité

Utopies et dystopies suscitent souvent un mélange d'émerveillement et d'effroi dans l'opinion publique. Ce sont ces émotions incontrôlables qui tendent à brouiller la frontière entre les scénarios fantastiques et la réalité de l'IA appliquée dans laquelle nous vivons. Plus personne ne sait vraiment où nous en sommes ni où nous allons.

Je l'affirme sans détour : en l'état actuel des choses, d'un point de vue technologique, aucun des scénarios décrits plus haut n'est réaliste – ni les cerveaux numériques immortels, ni les superintelligences toutes-puissantes. À ce jour, l'algorithme ou le procédé de fabrication qui nous conduira à l'intelligence artificielle générale n'existe pas. Or la singularité ne se produira pas spontanément. En clair, nous ne verrons pas de véhicules autonomes se « réveiller » subitement et comprendre qu'il leur suffit de se liguer pour former un réseau superintelligent.

De fait, l'avènement de l'intelligence artificielle générale nécessiterait une série de découvertes scientifiques majeures, comparables au *deep learning – a minima*. Il faudrait lever des contraintes fondamentales qui restreignent encore notre IA « étroite » et intégrer aux programmes un vaste éventail de nouvelles capacités :

l'apprentissage multi-domaines, l'apprentissage indépendant du domaine, l'apprentissage à partir d'un nombre limité d'exemples, la compréhension du langage naturel, le bon sens, l'aptitude à planifier, etc. L'étape suivante, celle des robots *émotionnellement* intelligents, impliquerait de les doter d'une conscience de soi, d'un sens de l'humour, d'une sensibilité esthétique ou encore d'une faculté à éprouver de l'amour et de l'empathie. Voilà les barrières qui se dressent entre l'intelligence artificielle actuelle et l'intelligence artificielle générale. Mettre à bas chacune d'elles séparément présuppose déjà plusieurs bonds technologiques considérables ; parvenir à l'IAG nécessite de les faire tomber toutes à la fois.

De nombreux prophètes de l'intelligence artificielle générale commettent la même erreur : partant du rythme rapide des progrès de l'IA ces dix dernières années, ils l'extrapolent à d'autres domaines et prédisent un développement exponentiel de l'intelligence automatique, comme une boule de neige engagée dans une course folle. Incontestablement, le *deep learning* a fait passer l'apprentissage automatique à un niveau supérieur et a multiplié ses usages dans le monde réel – c'est l'ère de l'IA appliquée. Mais rien ne prouve que ce soit là le début d'un processus qui nous conduira inévitablement, à cent à l'heure et de plus en plus vite, à l'intelligence artificielle générale, puis à la superintelligence.

La science est une entreprise ardue et les découvertes qui font date le sont plus encore. Bien sûr, elles sont ensuite mises en œuvre et perfectionnées de multiples façons, comme l'ont montré par exemple les chercheurs de DeepMind en révolutionnant l'apprentissage par renforcement. Cependant, au cours des dix-sept années écoulées depuis l'article fondateur de Geoffrey Hinton et son équipe[5], aucun changement aussi radical que le *deep learning* n'est survenu. Les chercheurs interrogés par Bostrom prédisent l'émergence de l'intelligence artificielle générale pour 2040, mais je crois que les scientifiques ont tendance à sous-estimer le temps qu'il faut à une avancée théorique pour se concrétiser en un produit disponible dans le monde réel. J'en suis une preuve vivante. À la fin des années 1980, j'étais le meilleur spécialiste mondial de la reconnaissance vocale, et j'ai rejoint Apple intimement convaincu que cette technologie allait déferler sur le grand public en moins de cinq ans. Je me suis trompé de vingt ans.

Il m'est impossible de promettre que la communauté scientifique ne fera pas ces découvertes décisives. Au contraire, nous devons nous attendre à un perfectionnement continu des technologies de pointe existantes. Mais la relative lenteur de la recherche fondamentale en cours aujourd'hui m'incite à penser – avec d'autres experts, comme Andrew Ng et Rodney Brooks – que des décennies, peut-être des siècles, nous séparent encore de ce tournant majeur. Il pourrait même ne jamais advenir. Ce bouleversement radical des relations homme-machine constituerait aux yeux de beaucoup l'événement le plus marquant de l'histoire humaine. À mon sens, c'est une étape que nous ne devrions franchir qu'après avoir résolu, pour de bon, tous les problèmes de contrôle et de sécurité que nous avons évoqués.

Est-ce à dire que j'anticipe uniquement un avenir radieux, une amélioration constante et stable du niveau de vie matériel et un développement florissant de notre espèce ? Absolument pas. Au contraire, je suis persuadé que l'intelligence artificielle va bientôt nous plonger dans un autre genre de crise. Celle-ci n'aura pas la dimension théâtrale des scénarios apocalyptiques hollywoodiens, mais elle ébranlera jusqu'aux fondements de notre condition humaine.

Cette crise, c'est celle de l'emploi et des inégalités. Et elle pourrait détruire notre civilisation mieux que ne le ferait n'importe quelle future superintelligence.

« Pékin origami * » : à la croisée de la science-fiction et de l'économie

Six heures du matin: c'est l'heure du basculement. Dans un grondement, la ville de Pékin commence à s'auto-engloutir. Les tours de béton et d'acier, serrées les unes contre les autres, s'inclinent et se tordent, se fendent en deux et se replient sur leur base. Balcons, terrasses et auvents sont absorbés par les murs, laissant place à des façades parfaitement lisses et hermétiques. Les gratte-ciel se décomposent en blocs, réorganisés puis fusionnés pour former comme des Rubik's Cubes géants. À l'intérieur vivent les habitants du troisième espace, une sous-classe économique qui trime la nuit et dort le jour.

Bientôt, des sections du sol commencent à pivoter à 180°, faisant disparaître sous terre les structures nouvellement assemblées et déployant vers le ciel celles qui couvaient en dessous. Sous les premiers rayons du soleil, c'est une tout autre ville qui se révèle. Des rues bordées d'arbres, de larges pelouses, de grandes et belles maisons individuelles se déplient jusqu'à recouvrir toute la surface. Les habitants du premier espace frémissent dans leur sommeil et s'étirent paresseusement. Au-dehors, le monde leur appartient.

* Hao Jingfang, « Pékin origami », in *L'Insondable Profondeur de la solitude*, recueil de nouvelles traduites par Michel Vallet, Paris, Fleuve Éditions, 2018.

Cette vision est née dans l'esprit de Hao Jingfang, une jeune autrice de science-fiction et chercheuse en économie. Sa nouvelle « Pékin origami », qui a remporté en 2016 le prestigieux prix Hugo, décrit avec un réalisme saisissant une ville qui sépare les classes sociales au point de leur réserver des univers distincts.

Dans ce Pékin futuriste, trois castes se relaient en surface. Le premier espace abrite une élite de 5 millions de personnes qui, à partir de 6 heures du matin, jouissent d'un cycle complet de vingt-quatre heures dans une cité rutilante, hypermoderne et débarrassée de tout déchet. Quand il se replie et se retourne, les 25 millions d'habitants du deuxième espace entrent en scène pour seize heures, dans un environnement un peu moins resplendissant. Enfin, c'est au tour du troisième espace d'émerger. Pendant huit heures, de 22 heures à 6 heures, 50 millions d'individus plongés dans l'obscurité ramassent les ordures, vendent à manger et s'acquittent des basses besognes au milieu des gratte-ciel et des fosses remplies d'immondices.

Le tri et le recyclage des déchets représentent l'activité pivot du troisième espace. Cette tâche pourrait aisément être automatisée, mais elle continue d'être effectuée manuellement, pour une raison simple : cela fournit des emplois aux malheureux Pékinois condamnés à cette vie-là. Passer d'un monde à l'autre est interdit, ce qui permet aux privilégiés du premier espace de profiter de leur belle utopie technologique sans qu'elle soit contaminée par la plèbe.

La crise du monde réel

Ce récit dystopique est une œuvre de science-fiction, mais il reflète une peur bien réelle : celle des divisions socio-économiques et du chômage de masse qui caractériseront la société automatisée du futur. Hao Jingfang a obtenu un doctorat en économie et management à la prestigieuse université Tsinghua. Quand elle n'écrit pas, elle travaille pour un *think tank* qui conseille le gouvernement central. Ses recherches portent notamment sur la façon dont le marché de l'emploi chinois va être affecté par le déploiement de l'intelligence artificielle.

C'est un sujet qui inquiète de nombreux économistes, technologues et futurologues, dont je fais partie. En effet, en déferlant sur l'économie mondiale, les quatre vagues de l'intelligence artificielle pourraient élargir encore le fossé entre riches et pauvres, avec à la clé un chômage technologique massif. Comme le montre avec brio la nouvelle de Hao, les abîmes qui se creusent ainsi entre les classes menacent de déchirer le tissu social et de porter atteinte à la dignité humaine.

L'automatisation de tâches lucratives va générer d'énormes gains de productivité, mais aussi éliminer des millions d'emplois. Ce phénomène frappera indistinctement les cols blancs (y compris les plus qualifiés) et les ouvriers. Face à des machines qui opèrent à des niveaux de complexité inaccessibles à l'homme, un diplômé de l'université, même ultra-spécialisé, n'est pas irremplaçable.

Non contente de détruire directement des emplois, l'intelligence artificielle va aussi exacerber les inégalités économiques au niveau mondial. Les robots autonomes vont révolutionner le secteur manufacturier et condamner les ateliers de misère du tiers-monde à une fermeture certaine. Ce faisant, ils vont empêcher les pays en difficulté de recourir à la stratégie d'expansion qui a permis à une grande partie de l'Asie du Sud-Est de s'extraire de la pauvreté : la croissance fondée sur les exportations à bas prix. Les marées de jeunes travailleurs qui représentaient la principale force de ces États vont devenir un handicap, une source potentielle d'agitation sociale. Interdits de développement, les pays pauvres vont rester cloués au sol ; de là, ils verront décoller les superpuissances de l'intelligence artificielle.

Au sein même des nations technologiquement avancées, l'intelligence artificielle va creuser les écarts de revenus. Sous l'effet du cercle vertueux de l'enrichissement par les données, les secteurs qu'elle irrigue tendent naturellement à évoluer vers des situations de monopole, caractérisées par un effondrement des prix et l'élimination de toute concurrence. Les petites entreprises seront poussées à la faillite, tandis que les géants réaliseront des bénéfices inimaginables. Cette concentration du pouvoir économique entre les mains de quelques acteurs va aggraver les inégalités qui accablent déjà nos sociétés. Dans la plupart des pays développés, les disparités économiques et de classe font partie des sujets les plus explosifs. L'histoire récente nous le prouve : le chaudron des inégalités et de l'injustice sociale finit toujours par déborder puis se transformer en agitation politique radicale. En un mot, faute d'être maîtrisée, l'intelligence artificielle va jeter de l'huile sur tous les brasiers socio-économiques du monde.

Derrière ces troubles sociaux se jouera, en sourdine, une épreuve psychologique à l'issue encore plus déterminante. À mesure qu'ils seront remplacés par des machines intelligentes, les individus devront répondre à cette question : finalement, qu'est-ce qu'être humain ?

Les techno-optimistes et le « sophisme luddite »

Tout comme les utopies et dystopies autour de l'intelligence artificielle générale, les prévisions concernant la crise de l'emploi et les inégalités sont controversées.

Pour de nombreux économistes ou techno-optimistes, le rapport entre suppressions d'emplois massives et technologie serait totalement infondé. Cette crainte, affirment-ils, découlerait de ce qu'on appelle le « sophisme luddite ».

Les luddites sont ces tisserands britanniques qui, au début du XIXe siècle, ont entrepris de briser les métiers à tisser mécaniques, qu'ils tenaient pour responsables de leur manque à gagner. Malgré leur résistance et leurs protestations, l'essor industriel s'est poursuivi envers et contre tout. Il a permis à l'Angleterre de connaître pendant deux siècles un accroissement quasi ininterrompu du nombre d'emplois et de la qualité de vie. Autrement dit, les luddites ont échoué à protéger leur profession de l'automatisation – et cela s'est effectivement traduit pour beaucoup par une stagnation prolongée des salaires –, mais leurs enfants et petits-enfants, au bout du compte, ont largement bénéficié de cette évolution[6].

Pour les techno-optimistes, voilà résumée toute l'histoire du développement économique en lien avec le progrès technique. La technologie améliore la productivité du travail et fait baisser le prix des biens et services. En conséquence, les consommateurs ont un pouvoir d'achat plus élevé. Quelle que soit la manière dont ils dépensent ce surcroît de revenus, il en résulte une augmentation de la demande de main-d'œuvre, donc des créations d'emplois. Certes, à court terme, le changement technologique peut entraîner des déplacements au sein de la population active. Mais le XXe siècle n'a-t-il pas vu des millions de paysans quitter leurs fermes pour aller travailler dans les usines ? Demain, les ouvriers de ces mêmes usines à présent sans emploi peuvent très bien devenir professeurs de yoga ou programmeurs informatiques. Bref, à long terme, le progrès technique ne détruirait jamais réellement d'emplois et ne provoquerait pas de hausse du chômage.

C'est là une manière simple et élégante d'expliquer la situation qu'a connue le monde industrialisé ces deux derniers siècles : une augmentation constante de la richesse matérielle couplée à une relative stabilité du marché du travail. À ceux qui crient au loup, cet argument oppose donc une certaine lucidité : « Rappelez-vous, tout le monde craignait que les métiers à tisser mécaniques (ou les tracteurs, ou les distributeurs automatiques de billets) n'éliminent des millions d'emplois, mais finalement les hausses de productivité se sont toujours combinées à la magie du marché pour aplanir les difficultés. »

Les historiens de l'économie et les grands groupes industriels qui vont faire fortune grâce à l'intelligence artificielle s'appuient sur ces exemples du passé pour balayer la crainte d'une montée du chômage, évoquant les multiples inventions qui ont déjà fait mentir ces prédictions : l'égreneuse à coton, l'ampoule électrique, l'automobile, la caméra vidéo, le téléphone portable, etc. Il en ira de même pour l'intelligence artificielle, assurent-ils. Puisqu'elle promet des gains de productivité formidables, des créations d'emplois et une amélioration du bien-être de l'humanité, de quoi s'inquiète-t-on ?

En finir avec l'optimisme béat

La démonstration des techno-optimistes semble irréfutable et confirmée par les faits, à ceci près que l'un de ses présupposés est faux. Toutes les inventions ne sont pas dotées d'un poids équivalent. Certaines découvertes modifient l'exécution d'une activité (la machine à écrire), d'autres suppriment la nécessité d'une tâche (la calculatrice), d'autres encore bouleversent un secteur entier (l'égreneuse à coton).

Et puis il y a celles qui interviennent à une tout autre échelle – celles dont les conséquences traversent des dizaines de domaines différents en bousculant non seulement le processus économique, mais aussi l'organisation sociale. Ce sont les inventions que les économistes ont baptisées « technologies de portée générale », ou TPG. Dans leur ouvrage capital *Le Deuxième Âge de la machine*, Erik Brynjolfsson et Andrew McAfee, professeurs au MIT, en donnent une définition : ce sont les technologies d'une importance « décisive » qui « interrompent et accélèrent le cours normal du progrès économique[7] ».

Si l'on se focalise uniquement sur ces TPG, on exclut un nombre gigantesque de données de référence servant à estimer les futurs bouleversements technologiques et suppressions d'emplois. En outre, des débats sans fin opposent les historiens de l'économie pour savoir si telle ou telle invention de l'ère moderne doit être rangée dans cette catégorie (*quid* du chemin de fer ou du moteur à combustion interne ?). Mais trois découvertes majeures semblent mettre tout le monde d'accord : la machine à vapeur, l'électricité et les technologies de l'information et de la communication, ou TIC (l'informatique et l'Internet). Chacune d'elles a marqué une véritable rupture et, en se diffusant dans toute l'économie, a profondément transformé nos modes de vie et de travail. Ces trois TPG sont suffisamment espacées dans le temps pour justifier une évaluation indépendante de leurs répercussions sur les emplois et les salaires – à distinguer de celles de millions d'inventions plus modestes, comme le stylo à bille ou la boîte de vitesses automatique.

La machine à vapeur a constitué un élément crucial de la première révolution industrielle (1760-1830). L'électricité a joué un rôle équivalent pour la seconde (1870-1914). En faisant entrer dans les usines des flots de lumière et une puissance mécanique phénoménale, ces deux technologies ont donné naissance au système de production moderne, révolutionnant les procédés de fabrication traditionnels. Globalement, elles l'ont fait à travers un mouvement de *déqualification*. Les tâches nécessitant auparavant des ouvriers hautement qualifiés ont été décomposées en séries d'opérations beaucoup plus simples, pouvant être effectuées par des ouvriers de moindre qualification (par exemple, le tissage de textiles à la main par opposition au maniement d'un métier mécanique à vapeur). Au passage, les quantités produites ont explosé et les prix ont chuté. En termes d'emplois, ces deux premières TPG ont provoqué le déplacement d'un nombre restreint d'artisans qualifiés (dont certains deviendraient des luddites), mais, grâce à des innovations comme la chaîne de montage, elles ont aussi offert un rôle productif à des centaines de millions de travailleurs peu qualifiés, y compris de nombreux paysans. Au bout du compte, la richesse globale s'est accrue et le niveau de vie général s'est amélioré.

Qu'en est-il des technologies de l'information et de la communication ? Jusqu'à présent, il semblerait que leur impact sur l'emploi et les inégalités économiques ait été à double tranchant. Dans leur ouvrage, Brynjolfsson et McAfee soulignent que les États-Unis ont connu ces trente dernières années une hausse continue de la productivité du travail, accompagnée d'une stagnation du revenu médian et de l'emploi. C'est ce qu'ils appellent le « grand découplage[8] » : après des décennies à progresser au même rythme, la productivité a continué son essor impressionnant alors que les salaires et l'emploi ont plafonné, voire chuté. Il en a résulté un profond accroissement des inégalités économiques. Les gains générés par les TIC ont été empochés en majorité par les 1 % les plus riches – un groupe qui, aux États-Unis, a vu sa part du revenu national doubler entre 1980 et 2016[9]. En 2017, cette élite possédait presque deux fois plus que 90 % de la population américaine[10]. Autrement dit, en se répandant dans l'économie, la plus récente des TPG s'est traduite par une stagnation des salaires réels pour la classe moyenne, et même une baisse pour les plus pauvres[11].

Pourquoi les TIC diffèrent-elles autant des deux premières TPG ? L'une des raisons tient au déséquilibre de compétences qu'elles ont introduit. Alors que la machine à vapeur et l'électrification misaient sur la déqualification, les TIC favorisent souvent, voire systématiquement, les travailleurs très qualifiés. Grâce aux moyens de communication numériques, les individus les plus doués dans les métiers de la connaissance peuvent gérer efficacement des organisations bien plus vastes et atteindre des publics beaucoup plus étendus. En faisant tomber les barrières à la diffusion de l'information, les TIC renforcent les meilleurs et affaiblissent les moyennement compétents.

Il est difficile de déterminer le rôle exact qu'ont joué les TIC dans la stagnation des emplois et des salaires aux États-Unis. D'autres facteurs entrent en ligne de compte, comme le processus de mondialisation, le recul des syndicats ou le recours croissant à la sous-traitance, et les économistes trouvent là matière à d'interminables querelles théoriques. Mais une chose est désormais évidente : les gains de productivité que permet une TPG ne se traduisent pas automatiquement par une hausse de l'emploi ou des salaires.

Les techno-optimistes ont beau jeu de balayer ces inquiétudes en dénonçant le sophisme luddite. Ils doivent maintenant défendre leurs arguments contre certains des économistes les plus brillants de notre temps. L'un d'eux est Lawrence Summers, tour à tour économiste en chef de la Banque mondiale, secrétaire au Trésor dans l'administration Clinton et président du Conseil économique national sous Obama. Depuis quelques années, Summers met en garde contre l'optimisme inconditionnel qui entoure le changement technologique et son impact sur l'emploi. « La solution n'est certainement pas de mettre un coup d'arrêt au progrès technique, mais il ne faut pas non plus s'imaginer que tout va bien se passer du moment qu'on laisse la magie du marché opérer[12] », a-t-il déclaré au *New York Times* en 2014. Erik Brynjolfsson est sur la même ligne : cette question représente à ses yeux « le plus grand défi des dix prochaines années pour nos sociétés[13] ».

La plus générale des technologies de portée générale

En quoi tout ce qui précède est-il lié à l'intelligence artificielle ? Cette dernière, j'en suis convaincu, ne va pas tarder à rejoindre le club très fermé des technologies de portée générale universellement reconnues. La révolution de l'IA sera au moins aussi vaste que la révolution industrielle et assurément plus rapide. Selon le cabinet de conseil PricewaterhouseCoopers, l'intelligence artificielle rapportera 15 700 milliards de dollars à l'économie mondiale d'ici à 2030 – plus que le PIB chinois actuel, et l'équivalent d'environ 80 % du PIB américain en 2017. Si cette prédiction se réalise, 70 % de ce montant faramineux devraient être empochés par les États-Unis et la Chine.

Les bouleversements dépasseront largement ceux des révolutions économiques précédentes. La machine à vapeur a radicalement transformé la nature du travail manuel; les TIC ont fait de même pour certaines formes de travail intellectuel. L'intelligence artificielle, elle, va métamorphoser ces deux catégories d'activité. Elle va surpasser les humains en rapidité et en efficacité dans de nombreuses tâches physiques et cognitives, générant des gains de productivité fantastiques dans des secteurs aussi variés que les transports, l'industrie ou la médecine.

Contrairement aux TPG des révolutions industrielles, l'IA n'est pas synonyme de déqualification. Elle prendra intégralement en charge un certain nombre de tâches, à condition que celles-ci puissent être optimisées à l'aide de données et qu'elles n'impliquent pas d'interactions sociales (nous allons y revenir en détail). Certes, de nouveaux emplois seront créés en parallèle – des réparateurs de robots, des *data scientists*, etc. –, mais ils ne compenseront pas les suppressions dues à l'introduction de machines de plus en plus intelligentes. Même si, théoriquement, les travailleurs remplacés peuvent se reconvertir dans des métiers plus difficiles à automatiser, c'est un processus de longue haleine.

Plus vite, plus haut, plus fort

Or voilà bien une chose que cette nouvelle révolution n'est pas prête à nous accorder: du temps. La transition vers une économie fondée sur l'intelligence artificielle va se produire beaucoup plus rapidement que toutes les évolutions technologiques précédentes. Salariés, institutions, entreprises vont devoir s'adapter en un éclair, donnant lieu à une bousculade désespérée. La révolution industrielle s'est étalée sur plusieurs générations; il n'en faudra qu'une seule à celle de l'intelligence artificielle pour se déployer pleinement. Pourquoi si peu de temps ? Cela s'explique par l'apparition de trois catalyseurs dans les toutes dernières décennies.

Premièrement, les gains de productivité engendrés par l'intelligence artificielle reposent presque exclusivement sur des algorithmes, c'est-à-dire des produits réplicables à l'infini et distribuables instantanément. À l'inverse, les révolutions antérieures étaient essentiellement fondées sur des équipements – c'est vrai de la machine à vapeur et de l'électricité, mais aussi des TIC, pour une large part. La diffusion du progrès technologique passait par de nombreuses étapes: invention du matériel, mise au point de prototypes, fabrication, vente et expédition à l'utilisateur final. Chaque fois qu'une amélioration minime était apportée au produit, l'ensemble du processus devait se répéter. Sans parler des coûts afférents et des résistances que rencontre toute nouveauté. Ces difficultés ralentissaient le développement de nouvelles technologies et allongeaient le temps nécessaire à une entreprise pour rentabiliser l'acquisition d'un équipement.

La révolution de l'intelligence artificielle est très largement exempte de ces limitations. Bien sûr, ce n'est pas le cas de la robotique perfectionnée ni des véhicules autonomes, qui continuent de supporter une partie de ces coûts. Mais les algorithmes, eux, peuvent être distribués quasi gratuitement, puis actualisés et améliorés sans frais supplémentaires. Leur déploiement accéléré va conduire au remplacement de nombreux salariés du tertiaire. De nos jours, ces derniers ont majoritairement pour fonction de digérer et traiter de l'information afin de formuler des décisions ou des recommandations – précisément ce en quoi les algorithmes excellent. Dans les secteurs où la dimension d'interaction sociale est minime, ces remplacements poste pour poste peuvent intervenir très rapidement et à grande échelle. Sans la contrainte de fabrication, d'expédition, d'installation et de réparation sur site, les algorithmes sont finalement des machines qui se bonifient toutes seules avec le temps. Cette réduction des obstacles à la distribution et à l'amélioration facilite considérablement la diffusion de l'intelligence artificielle.

Deuxième catalyseur : la création des fonds de capital-risque, qui investissent très tôt dans des entreprises à haut risque et à fort potentiel. Cette composante de la sphère technologique paraît tout à fait normale aujourd'hui, mais rappelons-nous qu'elle ne date que des années 1970. Avant cela, les inventeurs et innovateurs qui cherchaient des capitaux pour développer leurs produits n'avaient guère le choix : soit ils puisaient dans leur fortune personnelle ou familiale, soit ils faisaient appel à de riches mécènes ou se tournaient vers les banques. Aucune de ces sources de financement n'intégrait les mécanismes incitatifs qui permettent l'investissement dans des innovations de rupture – un jeu risqué, mais extrêmement rémunérateur. Cela a probablement empêché beaucoup de bonnes idées de voir le jour et incontestablement ralenti l'application des technologies de portée générale.

Aujourd'hui, les fonds de capital-risque constituent une machine bien huilée, dédiée au développement d'innovations techniques et à leur mise sur le marché. En 2017, les investissements mondiaux en capital-risque ont battu un nouveau record, atteignant 148 milliards de dollars[14] – une performance à laquelle le Vision Fund de Softbank, fonds de placement spécialisé créé en 2016 et doté d'un budget de 100 milliards de dollars, n'est pas étranger. La même année, toujours au niveau mondial, les placements de capital-risque dans des start-up d'intelligence artificielle ont bondi à 15,2 milliards de dollars, soit une hausse de 141 % par rapport à 2016[15]. Dans la décennie à venir, des investisseurs insatiables vont tester des modèles économiques et explorer de fond en comble les usages de l'IA pour en tirer tous les gains de productivité possibles. Ils montrent déjà une nette prédilection pour les projets grandioses, capables de redessiner l'ensemble du secteur.

Le troisième et dernier catalyseur paraît lui aussi évident, mais il est souvent négligé : c'est la Chine. L'intelligence artificielle est la première TPG de l'ère moderne qui la propulsera au coude à coude avec l'Occident, qu'il s'agisse de recherche ou d'application. Pendant les phases d'industrialisation, d'électrification et d'informatisation de la planète, le peuple chinois est largement resté en marge. Mais il a suffisamment rattrapé son retard dans les technologies numériques pour apporter ses idées et son talent à l'écosystème mondial, comme en témoigne le rythme spectaculaire de l'innovation chinoise dans l'Internet mobile. Les Chinois, qui représentent près d'un cinquième de l'humanité, mettent désormais leurs compétences et leur créativité au service de la diffusion et de la mise en œuvre de l'intelligence artificielle. Avec ses chefs d'entreprise gladiateurs, son univers numérique à nul autre pareil et son gouvernement ultra-déterminé, la Chine constitue l'accélérateur essentiel qui faisait défaut aux révolutions technologiques précédentes.

Résumons. 1) À l'ère industrielle, le progrès technique s'est traduit par des créations d'emplois et des hausses de salaire sur le long terme. 2) Sans remettre en cause cette tendance globale positive, les technologies de portée générale sont suffisamment rares et fondamentales pour justifier que l'on évalue isolément leur impact sur la situation de l'emploi. 3) Par la déqualification qu'elles ont entraînée, la machine à vapeur et l'électricité ont stimulé à la fois la productivité et l'emploi ; en revanche, les technologies de l'information et de la communication ont amélioré la première, mais pas nécessairement le second. Au contraire, elles ont contribué à faire baisser le revenu de nombreux salariés du monde développé et à creuser les inégalités. 4) L'intelligence artificielle est la prochaine TPG. Compte tenu du biais qu'elle introduit en faveur des travailleurs qualifiés et de la rapidité de son adoption – accélérée par l'instantanéité de la diffusion numérique, l'ampleur des investissements en capital-risque et le dynamisme de la Chine –, on peut prédire qu'elle produira des effets négatifs sur l'emploi et la répartition des revenus.

Tout cela nous amène naturellement à nous poser les questions suivantes : quels sont les emplois vraiment menacés ? Et quelle sera la puissance de l'impact à venir ?

Évaluer le risque de remplacement

Lorsqu'on examine la question du remplacement des humains par l'intelligence artificielle, on a l'habitude de penser en termes de qualification – on parle alors de main-d'œuvre peu ou très qualifiée. Mais ce schéma est inopérant dans le cas de l'intelligence artificielle ; il y aura des gagnants et des perdants dans les deux catégories, déterminés en fonction de la *nature* des tâches effectuées. Si l'intelligence artificielle fait nettement mieux que nous dans les tâches limitées optimisables à l'aide des données, elle ne sait décidément pas communiquer naturellement avec les humains ni reproduire l'agilité de leurs mouvements. Elle n'est pas davantage capable d'effectuer des tâches qui mobilisent une réflexion transdisciplinaire, comme les tâches créatives, ni celles qui impliquent la mise en œuvre d'une stratégie complexe. D'une manière générale, tous les emplois où les données d'entrée et les résultats ne sont pas aisément chiffrables sont hors de sa portée.

Les deux graphiques ci-dessous proposent une vue d'ensemble du risque de remplacement, pour les tâches intellectuelles et pour les tâches physiques.

RISQUE DE REMPLACEMENT : **TÂCHES INTELLECTUELLES**

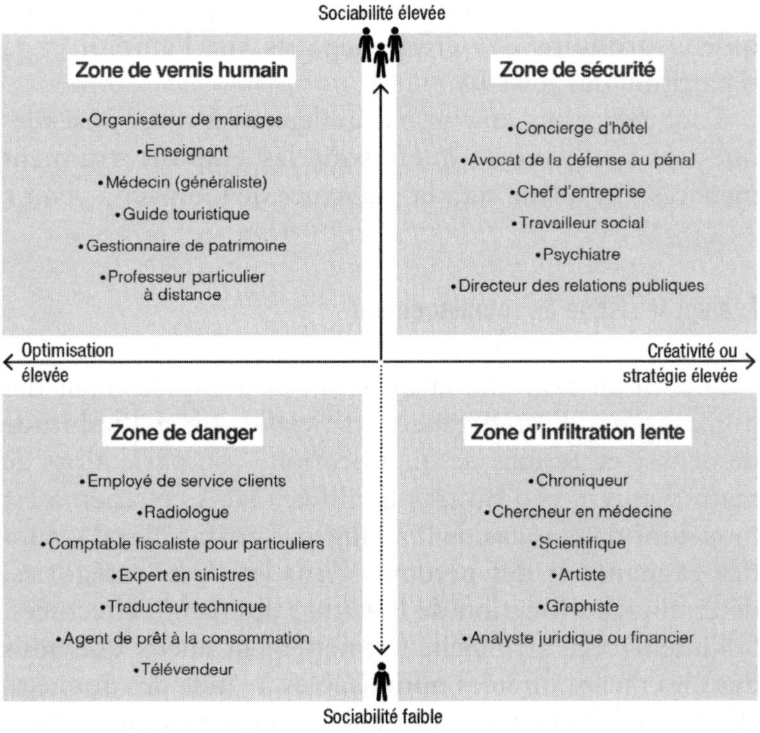

RISQUE DE REMPLACEMENT : **TÂCHES PHYSIQUES**

Que nous disent ces graphiques ?

Pour les deux types de tâches, l'axe des ordonnées est le même : il mesure l'intensité de la sociabilisation liée à un métier (de faible à élevée). Pour les tâches physiques, les abscisses représentent le niveau de dextérité requis (de faible à élevé) et le caractère plus ou moins délimité de l'environnement dans lequel elles se déroulent. Pour les tâches intellectuelles, la progression va des tâches reposant majoritairement sur l'optimisation de données à celles qui impliquent davantage de créativité ou de stratégie. Les premières consistent essentiellement à optimiser des variables chiffrées stockables sous forme de données (par exemple, fixer un taux d'assurance optimal ou déterminer le montant maximum d'un remboursement d'impôts).

Comme nous allons le voir, les professions ne se réduisent pas nécessairement au « cœur de métier » que nous avons considéré ici. Elles comportent souvent de nombreuses autres tâches et, dans bien des cas, cette diversité va compliquer leur automatisation. Néanmoins, ces graphiques donnent une idée générale des professions qui courent le plus grand risque de remplacement.

Les axes X-Y divisent chaque graphique en quatre quadrants. Dans la « zone de danger » se trouvent les emplois constitués d'une majorité de tâches aisément remplaçables par l'intelligence artificielle dans un futur proche (plongeurs dans la restauration, traducteurs débutants, etc.). La « zone de sécurité », à l'inverse, regroupe des professions qui sont probablement à l'abri de l'automatisation pour les prochaines années (psychiatres, infirmières à domicile, etc.).

Pour la « zone de vernis humain » et la « zone d'infiltration lente », la situation est plus floue. Les emplois qu'elles recouvrent ne sont pas encore intégralement remplaçables, mais une réorganisation des tâches dont ils se composent ou une poursuite des avancées technologiques pourraient entraîner de nombreuses suppressions de postes.

Dans la « zone de vernis humain », une grande partie des opérations de calcul et des tâches physiques peuvent déjà être effectuées par des machines. Cependant, l'élément social inhérent à ces professions est un frein à leur automatisation massive. Le choix du terme « vernis » fait référence à la façon particulière dont l'automatisation va sans doute se produire : les tâches d'optimisation seront réalisées en coulisse par des ordinateurs, tandis que la façade, c'est-à-dire l'interaction avec le client, restera assurée par des humains. Ce serait une véritable symbiose d'un nouveau genre entre hommes et machines. Les emplois menacés vont des barmen aux enseignants d'école primaire, en passant par les personnels soignants. À quelle vitesse et dans quelles proportions disparaîtront-ils ? Cela va dépendre de la souplesse dont feront preuve les entreprises pour réorganiser les tâches et de la plus ou moins grande réticence des clients à interagir avec des machines.

Les emplois de la « zone d'infiltration lente » (plombiers, ouvriers du bâtiment, graphistes débutants) se caractérisent par l'habileté manuelle, la créativité ou la faculté d'adaptation à des environnements non délimités, c'est-à-dire changeants. Toutes ces capacités demeurent des obstacles majeurs pour l'intelligence artificielle, mais il est évident qu'elle va progressivement les surmonter. Le rythme des suppressions d'emplois dans cette zone sera donc moins lié à la flexibilité des entreprises qu'au perfectionnement de la technologie. Dans la partie droite du quadrant, les professions les plus créatives ou les plus spécialisées (scientifiques, ingénieurs aéronautiques, etc.) peuvent utilement recourir aux outils d'intelligence artificielle pour accélérer leur évolution.

Ces graphiques nous fournissent une base pour comprendre quels types d'emplois sont menacés de disparition. Mais qu'en est-il de la situation globale sur le marché du travail ? Pour le savoir, nous devons nous tourner vers des travaux d'économie.

Les conclusions des études…

Pour les économistes et les cabinets d'audit du monde entier, pronostiquer l'ampleur des destructions d'emplois dues à l'intelligence artificielle est devenu une vraie marotte. Selon les modèles utilisés, les estimations font le grand écart – de terrifiantes à parfaitement insignifiantes. Le bref aperçu qui suit met l'accent sur les principales études qui ont influencé le débat. Comme nous manquons de travaux complets sur la Chine, je me suis appuyé sur les estimations du potentiel d'automatisation aux États-Unis et j'ai tenté de les extrapoler au cas chinois.

Deux chercheurs de l'université d'Oxford, Carl Benedikt Frey et Michael A. Osborne, ont ouvert le bal en 2013 avec un article annonçant un chiffre terrible : 47 % des emplois américains étaient susceptibles d'être automatisés dans les vingt prochaines années[16]. En premier lieu, les auteurs ont demandé à des spécialistes de l'apprentissage automatique d'évaluer les chances d'automatisation de soixante-dix professions. Ils ont examiné ces résultats à la lumière des « goulets d'étranglement » majeurs que rencontre cette technologie (lesquels recoupent plus ou moins les caractéristiques définissant notre « zone de sécurité »), puis ont appliqué un modèle de probabilité pour estimer les risques d'automatisation de 632 professions supplémentaires.

Leurs conclusions ont fait sensation. Frey et Osborne avaient pourtant pris soin de les entourer de nombreuses précautions – ils rappelaient en particulier que le chiffre de 47 % représentait les emplois qu'il était *techniquement possible* de robotiser, et non les destructions réelles ou les taux de chômage attendus. Mais dans l'effervescence qui a suivi la publication de leurs travaux, ces précisions cruciales se sont révélées inaudibles. À la place, les médias ont martelé ce message choc : « Bientôt la moitié des travailleurs au chômage ! »

La riposte ne s'est pas fait attendre. En 2016, trois chercheurs de l'OCDE (Organisation de coopération et de développement économiques) ont publié une estimation qui semblait réfuter directement l'étude d'Oxford. Selon eux, seulement 9 % des emplois américains étaient sérieusement menacés[17]. Ce gigantesque écart s'expliquait par une différence de méthode. L'équipe de l'OCDE contestait l'approche de Frey et Osborne, qui avaient évalué les probabilités d'automatisation de professions dans leur ensemble. En se concentrant ainsi sur les professions, soulignait-elle, on faisait abstraction de la grande variété de tâches qu'exécute un employé et qui ne peuvent être prises en charge par un algorithme – le travail en équipe, les relations clients, etc. Ce n'étaient pas des *professions* qui allaient être automatisées, mais *certaines des tâches* qu'elles regroupaient.

Les chercheurs de l'OCDE ont donc développé une autre approche : ils ont décomposé chaque emploi en une liste de tâches dont ils ont tenté de déterminer la portion automatisable. Par exemple, le métier de comptable fiscaliste peut être défini comme un ensemble de tâches automatisables (examiner les justificatifs de revenus, calculer les déductions les plus avantageuses, rechercher des incohérences en comparant des formulaires, etc.) et un ensemble de tâches qui ne le sont pas (rencontrer de nouveaux clients, leur expliquer les modes de calcul, etc.). Ensuite, l'exécution d'un modèle de probabilité a permis d'obtenir le pourcentage des emplois courant un « fort risque » d'automatisation (ceux qui comportaient au moins 70 % de tâches automatisables), soit 9 % pour les États-Unis. Le même modèle appliqué à vingt autres pays de l'OCDE a donné une fourchette allant de 6 % en Corée du Sud à 12 % en Autriche. L'étude semblait dire : « Pas de panique, ceux qui vous annoncent la mort du travail dramatisent beaucoup. »

Comme on pouvait s'y attendre, ces prédictions optimistes n'ont pas clos le débat. Même si l'approche fondée sur les tâches est devenue majoritaire parmi les chercheurs, tout le monde n'est pas tombé d'accord avec les résultats de l'OCDE. Début 2017, appliquant une méthode similaire, le cabinet PwC a estimé que 38 % des emplois américains risquaient d'être automatisés avant le début des années 2030[18]. L'écart avec les 9 % de l'OCDE était dû à l'utilisation d'un algorithme légèrement différent dans les calculs. Comme leurs prédécesseurs, les auteurs de l'étude se sont empressés de préciser que ce chiffre correspondait uniquement aux postes *susceptibles* d'être occupés par des machines : les destructions d'emplois effectives seraient atténuées par des régulations, des lois et des dynamiques sociales.

Après ces estimations extrêmement divergentes, les conclusions du McKinsey Global Institute, publiées en novembre 2017, ont adopté une position médiane. J'ai personnellement contribué aux recherches portant sur la Chine et corédigé avec cet institut un rapport sur le paysage numérique chinois. En utilisant l'approche fondée sur les tâches, désormais la plus populaire, l'équipe de McKinsey a indiqué que 50 % environ des opérations effectuées dans un cadre professionnel à travers le monde étaient *déjà automatisables*[19]. Ce chiffre a été fixé à 51,2 % pour la Chine et légèrement plus bas pour les États-Unis, à 45,8 %. Cependant, les chercheurs de McKinsey étaient moins pessimistes en ce qui concernait les *remplacements effectifs* : en cas d'adoption rapide des techniques de robotisation (scénario privilégié par toutes les études précitées), 30 % des tâches pourraient être automatisées dans le monde d'ici à 2030, mais seulement 14 % des travailleurs seraient contraints de changer de métier.

Que conclure de ce panorama ? On constate que les estimations vont dans tous les sens, même lorsqu'on s'en tient à l'approche fondée sur les tâches. Le fossé entre les 9 % de l'OCDE et les 38 % de PwC n'est rien de moins que la différence entre prospérité globale et crise de l'emploi dramatique. Mais ces divergences ne doivent pas nous décourager. Elles nous incitent au contraire à procéder à un examen critique pour tirer les enseignements de ces études et comprendre ce qu'elles n'ont peut-être pas vu.

… et leurs omissions

Avec tout le respect que je dois aux talentueux économistes à l'origine de ces divers travaux, je m'inscris en faux contre les estimations basses de l'OCDE. D'une part, je ne suis pas d'accord avec les données qu'elle utilise pour anticiper l'évolution des capacités techniques des machines dans les années à venir, ce qui me conduit d'emblée à m'aligner sur les prédictions hautes de PwC. D'autre part, j'ai une vision différente de la façon dont l'intelligence artificielle va bouleverser le marché du travail, et j'en tire des estimations encore plus pessimistes.

Ma première objection porte sur les prévisions relatives au progrès technique. L'étude de l'université d'Oxford date de 2013 ; les spécialistes sur lesquels elle s'appuyait s'exprimaient en fonction du contexte technologique de l'époque. L'OCDE et PwC sont partis des mêmes évaluations, bien qu'ils aient mis en œuvre des méthodes différentes de découpage des professions et des tâches. Or, ces cinq dernières années, la précision et la puissance de l'apprentissage automatique se sont considérablement accrues. Les experts de 2013 pouvaient peut-être imaginer certaines de ces avancées – celles qui pointaient déjà à l'horizon –, mais bien malin qui aurait pu prédire que le *deep learning* allait devenir aussi performant si rapidement. En élargissant le champ des usages concrets de l'intelligence artificielle, ces améliorations inattendues élargissent également celui des bouleversements potentiels sur le marché de l'emploi.

Si l'on souhaite mesurer l'ampleur et la rapidité de ces progrès, le concours international ImageNet est un excellent indicateur. Lors de cet événement annuel, des algorithmes de reconnaissance visuelle mis au point par différentes équipes s'affrontent pour identifier des milliers d'objets – oiseaux, balles de base-ball, tournevis, mosquées, etc. – sur des millions d'images. Lancé en 2010, ImageNet n'a pas tardé à s'imposer comme l'étalon incontesté des améliorations de la vision par ordinateur.

Les experts d'Oxford ont formulé leurs prédictions au début de l'année 2013, juste après l'édition 2012 d'ImageNet, où le *deep learning* a fait son apparition remarquée. L'équipe de Geoffrey Hinton y avait obtenu un taux d'erreur inégalé d'environ 16 % – une performance remarquable dans une compétition où personne n'était jamais descendu en dessous de 25 %. Toute la communauté de l'intelligence artificielle s'est immédiatement intéressée à cette nouveauté. Pourtant, ce n'était qu'un petit avant-goût de ce qui allait suivre. En 2017, la quasi-totalité des participants affichaient des taux d'erreur inférieurs à 5 % – c'est peu ou prou le degré de précision d'un être humain dans l'exécution de la même tâche. Cette année-là, n'importe quel algorithme de niveau moyen faisait déjà trois fois moins d'erreurs que le champion de 2012.

Ainsi, depuis l'étude d'Oxford, la vision par ordinateur a dépassé les capacités humaines, multipliant les utilisations possibles. Il en va de même dans bien d'autres domaines, comme la reconnaissance vocale, la lecture optique ou la traduction automatique. Aucune de ces améliorations ne marque en soi une rupture fondamentale, mais toutes enflamment l'imagination des entrepreneurs et leur font entrevoir de nouvelles opportunités.

La conjonction de ces progrès techniques et des applications qu'ils promettent m'incite à rejoindre la prédiction de PwC, selon laquelle 38 % des emplois américains ont de grandes chances d'être automatisés avant le début des années 2030.

Destructions d'emplois : la double peine

Comme je l'ai signalé, mon désaccord méthodologique avec les études citées plus haut se double d'une objection d'ordre plus général. Je crois que l'approche fondée sur les tâches omet un élément essentiel du tableau : les emplois menacés par la refonte de secteurs entiers du fait de la généralisation de modèles économiques fonctionnant à l'intelligence artificielle. C'est ce que j'appelle l'« approche par secteurs ».

Tout est affaire de point de vue. La plupart des analyses que nous avons évoquées ont été faites par des économistes. Pour identifier les types d'emplois en danger, ils ont considéré l'éventail des tâches accomplies par un employé : pourraient-elles être effectuées par une machine ? En d'autres termes, ils ont examiné les probabilités de remplacement poste pour poste – un robot à la place d'un humain.

Pour ma part, en tant que spécialiste des technologies et capital-risqueur, j'envisage le problème sous un angle différent. Dès le début de ma carrière dans l'intelligence artificielle, je me suis attelé à traduire des technologies de pointe en solutions pratiques, incarnées dans des produits. Aujourd'hui, mon fonds de capital-risque finance et contribue à monter de nouvelles start-up. Cette expérience m'a fait comprendre une chose : l'intelligence artificielle ne va pas seulement détruire des emplois par le biais de remplacements poste pour poste, elle va profondément bouleverser des secteurs d'activité entiers.

La majorité des entreprises dans lesquelles j'ai investi cherchent à développer un produit unique qui se substituerait à un certain type d'employé – par exemple, un robot capable de soulever et porter des charges comme un magasinier, ou bien un algorithme de voiture autonome qui remplit l'essentiel des fonctions d'un chauffeur de taxi. Lorsqu'elles y parviennent, elles s'efforcent de vendre ce produit à d'autres entreprises, lesquelles, par contrecoup, sont susceptibles de licencier des salariés devenus inutiles. Voilà le type de destructions d'emplois que comptabilisent les économistes, et, dans ce registre, le chiffre de 38 % me paraît une estimation raisonnable.

Cependant, il existe une tout autre catégorie de start-up : celles qui veulent utiliser l'intelligence artificielle pour repenser intégralement un domaine d'activité. Elles n'essaient pas de concevoir des machines qui effectueront les mêmes tâches que nous, mais d'inventer de nouvelles manières de satisfaire la demande sur laquelle repose l'ensemble du secteur. Des exemples ? Smart Finance, l'appli de microprêt qui fonctionne sans aucun agent de prêt humain ; la start-up chinoise F5 Future Store, qui ouvre des magasins sans employés, à l'image des supermarchés Amazon Go ; Toutiao, l'appli d'actualités dont les rédacteurs sont des algorithmes. Ici, on ne peut pas dire que l'intelligence artificielle remplace des salariés humains : il n'y en a jamais eu. En revanche, à mesure que ces entreprises augmentent leurs parts de marché grâce à la baisse des coûts et à l'amélioration des prestations, leurs rivales bardées d'employés font face à une pression croissante. Pour ces dernières, l'alternative est la suivante : soit elles se restructurent totalement, c'est-à-dire repensent leurs capacités de travail pour tirer profit de l'intelligence artificielle et allègent leurs effectifs, soit elles ferment boutique. Dans les deux cas, le résultat est le même : des travailleurs en moins.

Les économistes qui raisonnent sur la base d'un découpage par tâches passent totalement à côté de ces destructions d'emplois. Prenons le cas d'un rédacteur sur une appli d'actualités. Nombre de ses tâches quotidiennes ne peuvent être effectuées par des machines : lire et comprendre des flux de nouvelles et des articles, apprécier si tel ou tel contenu convient à tel ou tel public, communiquer avec des reporters ou d'autres rédacteurs, etc. Mais les fondateurs de Toutiao n'ont pas cherché à créer un algorithme capable d'exécuter toutes ces tâches. Ils ont réimaginé la fonction centrale d'une appli d'actualités – faire de la curation de contenu pour proposer aux utilisateurs le type d'articles qu'ils ont envie de lire – et l'ont mise en œuvre grâce à un algorithme.

Selon mes estimations, ces bouleversements de fond vont concerner environ 10 % de la population active américaine. Les secteurs les plus durement touchés seront ceux qui combinent une forte dose d'optimisation routinière avec une importante dimension marketing ou relation clients : la restauration rapide, les services financiers, la sécurité, voire la radiologie. Ce sont les emplois de la « zone de vernis humain ». Les interactions avec la clientèle relèveront d'une petite poignée de salariés, tandis que, en sous-main, les algorithmes effectueront l'essentiel des tâches subalternes. Fatalement, on assistera à des réductions d'emplois drastiques – mais pas à la disparition totale des employés humains.

Le résultat des courses

Si l'on ajoute les 38 % de remplacements poste pour poste et les 10 % environ de destructions d'emplois consécutives à la refonte de secteurs entiers, cela signifie que, dans les dix ou vingt prochaines années, nous serons techniquement capables d'automatiser entre 40 % et 50 % des emplois aux États-Unis. C'est un défi monumental. Pour les salariés qui ne seront pas purement et simplement remplacés, cela se traduira par une automatisation croissante de leurs tâches, couplée à une baisse de leur valeur ajoutée pour l'entreprise et de leur pouvoir de négociation salariale; ils vivront dans la crainte d'un licenciement futur. Des marées montantes de chômeurs rivaliseront pour des emplois en voie de raréfaction. Les salaires seront tirés vers le bas. Beaucoup n'auront donc d'autre choix que de se tourner vers le temps partiel ou les petits boulots dépourvus d'avantages sociaux.

Je ne le soulignerai jamais assez: *ceci n'est pas synonyme* d'un taux de chômage entre 40 % et 50 %. Le rythme effectif des destructions d'emplois sera considérablement ralenti par les résistances sociales et les freins réglementaires, sans oublier l'habituelle inertie économique. De plus, l'intelligence artificielle fera apparaître de nouveaux métiers, et les postes créés pourront compenser en partie les pertes – j'y reviendrai dans les chapitres suivants. Tous ces facteurs pourraient réduire de moitié l'impact sur l'emploi et ramener le taux de chômage *réel* entre 20 % et 25 %, voire plus bas encore, entre 10 % et 20 %.

À l'heure où j'écris ces lignes, l'étude la plus récente qui ait tenté de chiffrer les destructions d'emplois réelles aboutit à des estimations comparables. Réalisée par le cabinet de conseil Bain & Company, elle a été publiée en février 2018. Plutôt que de s'enliser dans les menus détails des tâches et des professions, les auteurs ont adopté une approche macroéconomique en cherchant à comprendre les interactions entre trois grandes forces à l'échelle mondiale : la démographie, la robotisation et l'inégalité. Leurs conclusions sont effrayantes : en 2030, les besoins en main-d'œuvre des entreprises américaines seront inférieurs de 20 % à 25 % à ceux d'aujourd'hui, ce qui représente 30 à 40 millions de personnes supplantées[20].

Tout en admettant que certains de ces travailleurs seront réabsorbés dans de nouvelles professions aujourd'hui balbutiantes (comme technicien en robotique), Bain estime que cela ne suffira pas à enrayer la tendance massive et croissante au remplacement. L'étude a même calculé que, si l'on tient compte à la fois des remplacements et des baisses de salaire, pas moins de 80 % des employés subiront l'impact de l'automatisation.

Pour la classe ouvrière, ce serait un cataclysme. Le plus grave, c'est que celui-ci ne serait pas temporaire, comme lorsque les États-Unis ont brièvement flirté avec les 10 % de chômage au lendemain de la crise financière de 2008. Au contraire, si l'on n'y fait rien, ce schéma deviendra la nouvelle norme : le plein-emploi pour les machines intelligentes, la stagnation éternelle pour le travailleur moyen.

La revanche de Moravec

Voilà pour les États-Unis. Mais qu'en est-il de la Chine ? Quel sort ce « splendide nouveau monde » va-t-il réserver à ses travailleurs ? Malgré le peu de travaux scientifiques consacrés aux les conséquences de l'automatisation dans ce pays, il se dit partout que les Chinois seront frappés beaucoup plus durement que les autres. Ainsi, les robots intelligents sonneraient le glas d'un âge d'or : celui de la Chine « usine du monde ».

Cette croyance populaire prend appui sur la composition de la population active chinoise et sur une intuition quant aux types d'emplois menacés par l'automatisation. Plus d'un quart des Chinois travaillent encore dans l'agriculture, tandis qu'un autre quart est employé à la production industrielle. Aux États-Unis, ces proportions sont respectivement de moins de 2 % et d'environ 18 %. Pour certains experts, comme Martin Ford, auteur du livre *L'Avènement des machines*, l'existence de cette vaste base d'ouvriers manuels employés à des tâches routinières pourrait faire de la Chine « l'épicentre des bouleversements économiques et sociaux que provoquera l'avènement des machines[21] ». De même, l'influent spécialiste des technologies Vivek Wadhwa prédit que la robotique intelligente va éroder l'avantage chinois sur le plan de la main-d'œuvre et entraîner un retour en masse de la production industrielle aux États-Unis... sans les emplois qui allaient avec. Il écrit : « Les robots américains travaillent aussi dur que les robots chinois, ils ne se plaignent jamais et ne sont pas syndiqués[22]. »

L'histoire récente de l'automatisation semble donner raison à ce genre de prédictions. Ces cent dernières années, les cols bleus de l'industrie et les ouvriers agricoles ont payé le plus lourd tribut à la mécanisation. Des outils comme les transpalettes ou les tracteurs ont fait exploser la productivité individuelle, réduisant en conséquence la demande de travail dans ces secteurs. Si l'on transpose cette évolution à l'ère de l'IA – comme c'est souvent le cas –, les travailleurs manuels des fermes et des usines chinoises se retrouvent exactement dans la ligne de mire. À l'inverse, la main-d'œuvre américaine, largement dominée par les cols blancs du tertiaire, paraît mieux à même d'amortir le choc, protégée par ses diplômes et ses salaires à six chiffres.

À mon sens, il s'agit là d'une interprétation totalement dépassée. Certes, l'automatisation va plonger le marché du travail chinois dans une transition douloureuse. Mais elle pourrait se produire moins rapidement ou plus graduellement qu'aux États-Unis, où elle va prendre l'allure d'un raz-de-marée. Alors que les tâches industrielles les plus simples et les plus routinières ont toutes les chances d'être automatisées dans un futur proche – pensez au contrôle qualité ou au travail à la chaîne basique –, d'autres opérations manuelles vont être beaucoup plus difficiles à déléguer aux robots. La raison en est que l'automatisation intelligente du XXIe siècle ne fonctionne pas comme la mécanisation du XXe siècle. Pour le dire autrement, il est bien plus facile de mettre au point un algorithme d'intelligence artificielle que de construire un robot intelligent.

Au cœur de cette démonstration se trouve un principe connu sous le nom de « paradoxe de Moravec ». Hans Moravec a été mon professeur à l'université Carnegie Mellon. Ses travaux en intelligence artificielle et en robotique l'ont conduit à formuler une vérité aussi fondamentale que contre-intuitive : il est beaucoup plus compliqué de doter un robot des facultés perceptives et sensori-motrices d'un tout petit enfant que de créer un algorithme qui reproduise les capacités intellectuelles ou mathématiques élevées d'un adulte. Les algorithmes battent les humains à plate couture quand il s'agit de formuler des prédictions à partir de données, mais le robot capable de remplacer une femme de chambre n'est pas encore né. En un mot comme en cent : si l'intelligence artificielle excelle à raisonner, les robots ne savent pas faire grand-chose de leurs dix doigts.

Le paradoxe de Moravec a été énoncé dans les années 1980. Depuis, bien sûr, il y a eu du changement. L'apprentissage automatique – plus particulièrement le *deep learning* – n'a pas seulement conféré aux machines des capacités de perception surhumaines; il a aussi considérablement renforcé leurs aptitudes intellectuelles, leur permettant de repérer des régularités dans des tonnes de données et de prendre des décisions en conséquence. Pourtant, sur le plan de la motricité fine (la capacité à saisir et à manipuler des objets), les robots restent loin, très loin derrière les humains. Peut-être que l'intelligence artificielle gagne contre les meilleurs joueurs de go et diagnostique le cancer avec une précision extrême, mais elle ne sait toujours pas apprécier une bonne blague.

Algorithmes et robots : une conquête à deux vitesses

Cette réalité incontournable influe profondément sur l'impact de l'intelligence artificielle, notamment sur l'*ordre* dans lequel elle va frapper. Au siècle dernier, la mécanisation a majoritairement touché les ouvriers; l'automatisation intelligente des prochaines décennies va d'abord atteindre les travailleurs les plus qualifiés. De fait, ces derniers ont bien plus à craindre des algorithmes déjà créés que des robots qui restent à inventer.

Pour nombre d'entre eux, les algorithmes d'intelligence artificielle seront ce que les tracteurs ont été aux ouvriers agricoles : des instruments qui, en démultipliant la productivité de chacun, réduisent la quantité globale de travailleurs nécessaires. Contrairement aux tracteurs, ils peuvent être expédiés instantanément et gratuitement à des millions d'utilisateurs à travers le monde – comptables fiscalistes, laboratoires de recherches climatiques, cabinets d'avocats, etc. –, puis mis à jour et perfectionnés en continu, sans qu'il soit nécessaire de fabriquer un nouveau produit physique.

La robotique est une affaire beaucoup plus complexe, qui nécessite un dosage délicat entre génie mécanique, IA perceptive et facultés motrices fines. Non pas que les problèmes rencontrés soient impossibles à résoudre, mais ils demandent du temps. Une fois le robot fabriqué, il doit encore être testé, vendu, expédié, installé et entretenu sur site. Certains ajustements algorithmiques peuvent être faits à distance, mais le moindre pépin mécanique exige d'intervenir directement sur la machine. Immanquablement, tous ces obstacles vont ralentir la cadence de l'automatisation par les robots.

Je ne prétends pas que les travailleurs manuels chinois sont hors de danger. Le déploiement de drones capables d'épandre des pesticides dans les fermes, de machines capables de décharger les camions dans les entrepôts, de robots capables d'effectuer les contrôles de qualité dans les usines va éliminer de nombreux emplois. D'ailleurs, les entreprises chinoises investissent massivement dans ces secteurs. La Chine est déjà le plus gros consommateur de robots – elle en achète presque autant que l'Europe et l'Amérique réunies. Chefs d'entreprise et dirigeants sont unis dans leurs efforts pour accélérer l'automatisation des usines et des exploitations agricoles. Mais ces destructions d'emplois seront progressives et partielles, alors que les algorithmes vont laminer la main-d'œuvre qualifiée sans faire de détail. Un algorithme correctement programmé peut avoir l'effet d'une frappe de missile ; l'assaut de la robotique sur le travail manuel s'apparente davantage à une guerre de tranchées.

Au bout du compte, je pense qu'autant d'emplois, en proportion, deviendront automatisables en Chine et aux

États-Unis. Le système éducatif américain, qui cherche à développer la créativité et les compétences relationnelles des étudiants, pourrait avantager les États-Unis sur le long terme. Mais, en la matière, le long terme compte moins que la rapidité d'adaptation. La Chine, grâce à sa structure économique unique, a tout ce qu'il faut pour gagner du temps.

Les superpuissances de l'IA contre le reste du monde

Quel que soit le fossé qui sépare la Chine des États-Unis, il n'est rien comparé à celui qui va se creuser entre ces deux superpuissances et le reste de la planète. Les entrepreneurs de la Silicon Valley adorent affirmer que leurs produits « démocratisent l'accès » à un service, « connectent les individus » et, évidemment, « rendent le monde meilleur ». Cette idée de la technologie comme remède universel contre les inégalités a toujours été une douce illusion. Aujourd'hui, elle pourrait devenir carrément dangereuse. Faute d'être maîtrisée, l'intelligence artificielle va entraîner une aggravation spectaculaire des inégalités, au sein des États et entre eux. Elle va dresser les deux superpuissances contre les autres pays, créant des divisions de classe rappelant la vision dystopique de Hao Jingfang.

Sur le plan technologique et économique, l'intelligence artificielle est naturellement attirée vers les situations de monopole. Nous avons déjà vu comment, en s'améliorant grâce aux données, elle initie un cercle vertueux : des produits de meilleure qualité font venir de nouveaux utilisateurs qui génèrent davantage de données, lesquelles permettent d'améliorer encore les produits, ce qui étend la base d'utilisateurs et le volume de données, et ainsi de suite. Dès lors qu'une entreprise s'est installée dans une position dominante, ce cycle répété à l'infini peut transformer son ascendant en forteresse infranchissable pour tout concurrent désireux d'entrer sur le marché.

Le processus est déjà bien rodé dans les compagnies américaines et chinoises, qui caracolent loin devant le reste du monde. Le Canada, le Royaume-Uni, la France et quelques autres abritent d'excellents spécialistes et des laboratoires de recherche de premier choix, mais leur arsenal est incomplet. Pour devenir de vraies superpuissances, il leur faudrait également de vastes réserves d'utilisateurs et un écosystème d'entrepreneurs et d'investisseurs beaucoup plus dynamique. À part DeepMind, londonienne de naissance, aucune start-up d'avant-garde n'a vu le jour sur ces territoires. Les Sept Géants de l'intelligence artificielle et une majorité écrasante des ingénieurs les plus doués se concentrent aux États-Unis et en Chine. Plus ces acteurs accumulent de données, plus il devient difficile à des concurrents d'autres pays, quels qu'ils soient, de rivaliser.

À mesure que l'intelligence artificielle s'infiltrera dans toutes les strates de l'économie, les profits afflueront vers ces deux bastions de données et de compétences. Le reste de la planète en sera réduit à ramasser les miettes. Pendant ce temps, les superpuissances amélioreront leur productivité au niveau national et récolteront des bénéfices dans d'autres pays. Les Américains revendiqueront probablement la plupart des marchés développés, tandis que les mastodontes chinois auront plus de chances de l'emporter dans les régions en développement – Asie du Sud-Est, Afrique et Moyen-Orient.

Mon inquiétude est que ce processus ne creuse un abîme entre les riches et les pauvres de l'intelligence artificielle. Alors que les premiers engrangeront des profits effarants, les nations restées en deçà d'un certain seuil technologique et économique perdront pied et se feront distancer encore davantage. Les machines intelligentes envahiront l'industrie et les services, privant les pays en développement du seul avantage compétitif qui aurait pu leur permettre, comme à leurs prédécesseurs, de s'extraire de la pauvreté : une main-d'œuvre ouvrière à bon marché. Leurs nombreux jeunes, qui étaient leur plus grande force, ne seront plus qu'une immense masse d'individus incapables de trouver un emploi productif. Autrefois moteur de croissance, ils deviendront un fardeau pour les finances publiques, mais aussi une source potentielle de troubles sociaux si leurs gouvernements échouent à satisfaire leurs exigences d'une vie meilleure.

Pendant que les superpuissances décolleront, ces pays sombreront, je le crains, dans une dépendance et un asservissement absolus. Peut-être tenteront-ils d'arracher aux géants des garanties d'assistance économique en échange de l'accès à leur marché et à leurs données. Mais, quel que soit l'arrangement conclu, il ne reposera ni sur l'autonomie d'action ni sur l'égalité entre les nations.

IA : la machine à produire des inégalités

Cette tendance mondiale à la polarisation se fera sentir au sein même des superpuissances, exacerbant les inégalités au niveau national. L'intelligence artificielle va soumettre des dizaines de nouveaux secteurs économiques à la logique selon laquelle le « gagnant rafle tout ». En parallèle, son biais en faveur des travailleurs qualifiés va pousser la classe moyenne vers la sortie. Le « grand découplage » entre la productivité et les salaires a déjà créé un fossé entre les 1 % les plus riches et les 99 % restants. J'ai bien peur que, livrée à elle-même, l'IA ne le transforme en gouffre.

Cette évolution est parfaitement visible sur le Web. Alors que celui-ci devait incarner un espace de compétition libre où tout le monde évoluerait sur un pied d'égalité, il a suffi de quelques années pour que des empires monopolistiques se bâtissent autour d'une poignée de fonctions essentielles. On peut affirmer que, dans le monde développé, Google règne sur les moteurs de recherche, Facebook domine les réseaux sociaux et Amazon est maître du commerce électronique. En Chine, les escarmouches entre géants sont plus fréquentes, car ces derniers n'hésitent pas à marcher sur les plates-bandes les uns des autres. Malgré cela, un tout petit nombre d'acteurs gardent la main sur l'ensemble des activités en ligne.

L'intelligence artificielle va étendre ce penchant monopolistique à de nombreux autres domaines, en affaiblissant au passage les mécanismes compétitifs inhérents aux marchés. Nous avons vu comment le « cercle vertueux » des données a créé une véritable oligarchie d'entreprises invulnérables. Dans ce contexte, les lois antitrust américaines sont difficiles à appliquer, car le plaignant est tenu de prouver que le monopole nuit réellement aux consommateurs. Or, en matière d'IA, les monopoles sont plutôt synonymes de meilleurs services à un meilleur prix.

Mais le problème n'est pas qu'ils fassent baisser les prix. C'est qu'ils aggravent dans le même temps les inégalités. Les profits des grands groupes vont s'envoler, enrichissant tous ceux qui ont la chance d'être partie prenante, des dirigeants aux ingénieurs. Imaginez une seconde la rentabilité d'Uber s'il n'avait plus besoin de chauffeurs ? Ou d'Apple si ses iPhones étaient fabriqués dans des usines sans ouvriers ? Ou d'une chaîne de supermarchés comme Walmart si elle pouvait se passer de caissiers, de manutentionnaires et de conducteurs de poids lourds ? C'est la garantie d'un déséquilibre croissant du marché du travail, lequel offrirait soit des emplois très lucratifs réservés aux professionnels de haut niveau, soit des métiers pénibles et mal payés. On le constate sur nos graphiques illustrant le risque de remplacement. Dans la « zone de sécurité » (celle des emplois les plus difficiles à automatiser) se côtoient les deux extrêmes de l'échelle des salaires : dirigeants d'entreprise et aides à domicile, capital-risqueurs et masseurs.

Parallèlement, le socle des emplois de la classe moyenne va s'effondrer – chauffeurs routiers, comptables, chefs de service, etc. Bien sûr, il serait tentant de reconvertir cette main-d'œuvre dans des métiers préservés de l'automatisation. Les techno-optimistes soulignent d'ailleurs que la profession d'aide à domicile est celle qui progresse le plus rapidement aux États-Unis. Mais c'est aussi l'une des moins bien payées, avec une rémunération annuelle d'environ 22 000 dollars. Si une masse de nouveaux chômeurs se ruent sur ce secteur, il ne pourra en résulter qu'une pression à la baisse encore plus forte sur les salaires.

La société à laquelle ces dynamiques vont donner naissance ne se contentera pas d'être profondément inégalitaire. J'ai bien peur que son effroyable instabilité ne la mène à sa perte, tout simplement.

Un sombre tableau

Ce sont ces inégalités criantes qui assombrissent l'horizon, pourtant porteur de richesses fabuleuses. Plus qu'une ombre, c'est un motif de désespoir. Nous avons vu comment l'intelligence artificielle va déchirer les superpuissances de l'intérieur, et consolider le plafond de verre pour les nations qui demeurent à la traîne dans ce domaine. Ne nous y trompons pas : il ne s'agit pas d'une ultime péripétie du processus capitaliste de « destruction créatrice » – celui-là même qui, par le passé, a permis aux économies développées d'accéder à un nouvel équilibre florissant, marqué par une hausse générale de l'emploi, des salaires et de la qualité de vie. Dans une économie dominée par l'intelligence artificielle, les mécanismes d'autorégulation du marché sont inopérants : la main-d'œuvre à bas coût ne confère aucun avantage face aux machines, et les monopoles qui se nourrissent de données se perpétuent à l'infini.

La conjugaison de toutes ces forces laisse augurer un phénomène sans précédent. Même si les destructions d'emplois ne se révèlent pas aussi terribles que prédit, l'accroissement des inégalités ébranlera nos sociétés et nos économies jusque dans leurs fondations. Les villes stratifiées imaginées par Hao Jingfang ne verront peut-être jamais le jour, mais on risque d'assister à l'émergence d'un nouveau système de castes : d'un côté, l'élite de l'intelligence artificielle ; de l'autre, ce que l'historien Yuval N. Harari appelle crûment la « classe inutile », c'est-à-dire les masses incapables de subvenir à leurs besoins par le biais de leur activité économique[23].

L'histoire récente et les divers événements qui l'ont émaillée nous rappellent combien des inégalités devenues insurmontables fragilisent les institutions politiques et le tissu social. Est-ce un avant-goût de ce que nous réserve l'ère de l'intelligence artificielle ? Je le crains.

La crise du sens

Au-delà de leur dimension politique, économique et sociale, les bouleversements qui nous guettent vont aussi prendre un tour très personnel. Depuis la révolution industrielle, les individus voient dans leur travail bien plus qu'un simple moyen de subsistance ; ils y puisent leur amour-propre, leur identité et le sens de leur existence. En société, nous nous présentons souvent en annonçant notre profession. C'est l'activité qui remplit nos journées, crée une routine rassurante et offre une occasion de nous lier à nos semblables. Percevoir un salaire régulier est une manière de signaler aux autres son statut de membre estimé de la société, contribuant à l'édification d'un projet commun.

La rupture de ce lien au monde – ou sa détérioration lorsqu'on est condamné à accepter des postes de plus en plus dégradants – va ruiner davantage que notre situation financière. Elle va s'attaquer directement à ce qui fonde notre identité et notre raison de vivre. En 2014, dans les colonnes du *New York Times*, un électricien décrivait les répercussions psychologiques de son licenciement et du chômage de longue durée dans lequel il était plongé : « J'ai perdu ma dignité, vous comprenez ? Avant, quand on me demandait : "Vous faites quoi, dans la vie ?", je répondais : "Je suis électricien." Maintenant, je me tais. Je ne suis plus électricien[24]. »

Cette perte de sens a des conséquences tout à fait concrètes et dévastatrices. Rester au chômage plus de six mois multiplie par trois les chances de faire une dépression[25]. Les probabilités de suicide sont deux fois plus élevées chez les personnes à la recherche d'un travail que chez celles occupant un emploi rémunéré. L'alcoolisme et les overdoses d'opioïdes augmentent au même rythme que le taux de chômage, au point que certains spécialistes parlent de « morts de désespoir » pour expliquer la hausse de la mortalité observée chez les Américains blancs peu éduqués[26].

Le chômage de demain aura des effets psychologiques encore plus ravageurs : il ne s'agira plus d'être temporairement privé de travail, mais d'être exclu de l'activité économique de façon permanente. Des individus qui auront passé toute leur vie à maîtriser des tâches spécifiques verront subitement des algorithmes et des robots les effectuer de manière incomparablement plus efficace. Ils en tireront une terrible impression d'insignifiance, voire d'obsolescence. Pendant que les gagnants de cette nouvelle ère s'émerveilleront de la puissance de la technologie, le reste de l'humanité se débattra avec une question autrement plus grave : si les machines font les mêmes choses que nous, qu'est-ce qui fait de nous des êtres humains ?

C'est une question que je me suis posée maintes fois au cours de la crise existentielle dans laquelle m'a plongé mon face-à-face avec la maladie et la mort. Au fond du précipice où je me suis retrouvé, j'ai vu mon corps poussé au bout de ses limites, mes convictions sur le sens de la vie ébranlées. Pourtant, ce chemin et les souffrances qui l'ont jalonné m'ont ouvert les yeux. Grâce à eux, j'ai compris que l'histoire des relations entre l'homme et l'intelligence artificielle pouvait avoir un autre dénouement.

7
Les leçons du cancer

Le rapport de l'individu au travail, la valeur qu'il en retire, le sens de la vie en général, toutes ces questions existentielles soulevées par l'intelligence artificielle m'ont touché en plein cœur ces dernières années.

Ma vie d'adulte a été presque intégralement dominée par mon obsession du travail. Il accaparait pratiquement tout mon temps et toute mon énergie, reléguant ma famille et mes amis au second plan. Je me sentais valorisé parce que je réussissais sur le plan professionnel, je générais des profits, j'étendais mon influence sur le monde. Au cours de ma carrière de chercheur, j'avais contribué à créer des algorithmes de plus en plus puissants, et j'en étais venu à considérer ma propre existence comme un algorithme d'optimisation orienté vers des fins très précises : accroître au maximum mon rayonnement personnel et délaisser autant que possible tout ce qui n'y contribuait pas. J'essayais de quantifier les moindres aspects de ma vie et d'évaluer objectivement ces « données », réajustant l'algorithme au besoin.

Je ne négligeais pas complètement ma femme et mes filles ; je m'arrangeais pour être juste assez présent afin qu'elles n'aient pas à se plaindre. Dès que j'estimais avoir atteint ce seuil, je courais me remettre à la tâche, répondre aux e-mails, lancer de nouveaux produits, monter des compagnies ou prononcer des discours. Je me réveillais naturellement deux fois par nuit, à 2 heures et à 5 heures du matin, pour répondre aux messages en provenance des États-Unis.

Cet engagement presque maladif dans le travail m'a apporté beaucoup au fil des années. Je suis devenu l'un des principaux experts en IA à l'échelle mondiale ; j'ai fondé le meilleur institut de recherche en informatique de toute l'Asie ; j'ai lancé Google China et créé une société de capital-risque florissante. Sans compter les nombreux best-sellers que j'ai publiés en chinois et les dizaines de millions de personnes qui me suivent sur les réseaux sociaux. Selon tous les indicateurs, mon algorithme personnel était une formidable réussite.

Et puis, d'un coup, la machine s'est enrayée.

En septembre 2013, on m'a diagnostiqué un lymphome de stade IV. En une seconde, mon univers fait d'algorithmes mentaux et de prouesses professionnelles s'est écroulé. Aucune formule mathématique ne pourrait me sauver, m'apporter le réconfort dont j'avais besoin, ni redonner un sens à ma vie. Comme tant d'autres personnes brusquement confrontées à leur condition de mortel, j'ai été envahi par l'angoisse, assailli de regrets déchirants. Pendant toutes ces années, j'avais toujours trouvé mieux à faire que passer du temps et parler à cœur ouvert avec mes proches. Ma famille n'avait cessé de m'entourer d'attentions et d'amour, et je ne lui avais offert que de froids calculs en retour. Obsédé par mon désir de concevoir des machines capables de penser comme les humains, j'étais devenu un être humain qui pensait comme une machine.

J'ai eu de la chance : mon cancer a fini par entrer en rémission et j'ai été tiré d'affaire. Mais ma confrontation avec la mort m'a amené à revoir mes priorités et à changer du tout au tout. Désormais, je passe beaucoup plus de temps avec ma femme et mes filles. J'ai choisi d'aller vivre plus près de ma mère, très âgée. J'ai considérablement réduit ma présence sur les réseaux sociaux et commencé à rencontrer en personne les jeunes gens en quête de soutien. J'ai demandé pardon à ceux à qui j'avais pu causer du tort. Je cherche aussi à être un collègue plus sensible, à manifester davantage d'empathie. Surtout, j'ai cessé d'appréhender mon existence comme un algorithme conçu pour accroître mon influence. Je préfère maintenant consacrer mon énergie à la seule chose qui rende la vie digne d'être vécue, comme je l'ai appris : créer des liens avec ceux qui m'entourent.

Cet effrayant face-à-face avec la mort m'a également permis d'envisager sous un nouveau jour la manière dont les humains peuvent coexister avec l'intelligence artificielle. On l'a vu, cette technologie va à la fois produire d'énormes bénéfices et détruire un nombre phénoménal d'emplois. Si l'on persiste à mettre sur le même plan notre valeur économique et notre valeur en tant qu'êtres humains, ce bouleversement va dévaster les sociétés et les individus.

De fait, il existe une autre voie : celle qui s'appuierait sur l'intelligence artificielle pour renforcer notre humanité. Ce ne sera pas facile, mais c'est, me semble-t-il, notre seul espoir pour survivre à l'avènement de cette nouvelle ère, voire y prospérer. Personnellement, c'est celle que j'ai décidé d'emprunter. J'ai choisi de détourner mon attention des machines pour revenir aux personnes et de délaisser l'intelligence pour me recentrer sur l'amour.

16 décembre 1991

La salle d'accouchement m'offrait le spectacle de son chaos savamment orchestré. Un ballet d'infirmiers et de docteurs entrait et sortait de la pièce, vérifiant les moniteurs, changeant les perfusions. Ma femme, Shen-Ling, était allongée sur le lit, occupée tout entière par l'acte le plus épuisant, physiquement et mentalement, qu'un être humain puisse accomplir : mettre un enfant au monde. Nous étions le 16 décembre 1991, et j'étais sur le point d'être père pour la première fois.

L'obstétricien m'informa que ce serait un accouchement difficile, car le bébé avait la tête tournée vers le ciel. Shen-Ling devrait peut-être subir une césarienne. Je faisais les cent pas, encore plus tendu que la plupart des futurs pères. Je m'inquiétais évidemment pour Shen-Ling et le bébé, mais mon esprit était aussi ailleurs. Ce jour-là, je devais présenter un projet important à John Sculley, mon PDG chez Apple et l'un des hommes les plus puissants du monde de la technologie. Un an plus tôt, j'avais rejoint Apple en tant que directeur scientifique spécialisé dans la reconnaissance vocale. Je comptais obtenir le soutien de Sculley pour inclure la synthèse vocale dans tous les ordinateurs Macintosh et la reconnaissance vocale dans tous les nouveaux types de Mac.

Ma femme était en train d'accoucher, et moi, j'avais les yeux rivés sur ma montre. J'espérais de tout mon cœur pouvoir à la fois assister à la naissance et arriver à l'heure au siège de l'entreprise. Tandis que j'arpentais nerveusement la pièce, j'ai reçu un appel de mes collègues : ils me demandaient si je voulais annuler la présentation ou me faire remplacer. « Non, ai-je répondu. Je pense que j'y serai à temps. »

Mais, le travail s'éternisant, la probabilité d'un tel scénario commençait à s'amenuiser. J'étais en plein dilemme : fallait-il rester aux côtés de ma femme ou filer à cette réunion cruciale ? Mon cerveau surentraîné d'ingénieur se mit à tourner à plein régime. Confronté à ce « problème », j'évaluais la situation en termes de données et de résultats, privilégiant les conséquences aux effets mesurables. Bien sûr, voir naître mon premier enfant serait formidable, mais ma fille allait voir le jour, que je sois là ou non. En revanche, si je ratais la présentation, les conséquences étaient quantifiables ; et elles promettaient d'être importantes. Peut-être que le logiciel ne réagirait pas bien à la voix de mon remplaçant – je savais l'amadouer pour maximiser ses performances –, auquel cas Sculley pourrait décider d'ajourner *sine die* la recherche en reconnaissance vocale. Ou alors il approuverait le projet, mais en confierait la responsabilité à quelqu'un d'autre. Selon moi, l'avenir de l'IA allait se jouer sur cette présentation. Pour optimiser les chances de succès, il fallait donc que je sois présent, tout simplement.

J'étais plongé dans ces calculs mentaux quand le médecin m'interrompit. Ils allaient procéder à une césarienne. Ma femme fut aussitôt conduite en salle d'opération, où je l'accompagnai, et moins d'une heure plus tard nous tenions notre petite fille dans nos bras. Nous eûmes le temps de profiter de ce moment tous les trois, puis, sans tarder, je partis à ma réunion.

Celle-ci se déroula à merveille. En plus de donner son feu vert au projet, Sculley commanda une énorme campagne de publicité autour de mon invention. S'ensuivirent une conférence TED très médiatisée, des articles dans le *Wall Street Journal*, ainsi qu'une invitation, en 1992, dans la célèbre émission *Good Morning America*. Devant des millions de téléspectateurs, John Sculley et moi-même fîmes une démonstration de la technologie, utilisant des commandes vocales pour prendre un rendez-vous, rédiger un chèque et programmer un magnétoscope. Pour la première fois, le public avait sous les yeux des exemples de fonctions futuristes qui ne deviendraient courantes que vingt ans plus tard avec le Siri d'Apple et l'Alexa d'Amazon. Cette victoire a propulsé ma carrière et m'a rempli d'une immense fierté.

Pourtant, quand je regarde en arrière, ce ne sont pas ces réussites professionnelles qui sont restées gravées dans ma mémoire ; c'est la scène de la salle d'accouchement. Si j'avais été obligé de choisir entre la naissance de ma fille et la réunion chez Apple, j'aurais très certainement opté pour la seconde. Je dois avouer qu'aujourd'hui ce souvenir me fait honte, même si mon attitude de l'époque m'étonne à peine : au-delà de cette réunion particulière, j'avais depuis des décennies adopté une mentalité d'homme-machine.

L'homme de fer

Très tôt, la science de l'informatique et de l'intelligence artificielle a résonné en moi. La pureté de la logique algorithmique reflétait ma propre façon de penser. À l'époque, je traitais tous les aspects de ma vie comme autant de variables ou de données à intégrer à mon algorithme mental. Les amis, le travail, le temps consacré à la famille étaient des éléments à quantifier et à doser précisément en fonction des résultats que je souhaitais obtenir.

Bien sûr, comme n'importe quel algorithme un peu élaboré, le mien poursuivait plusieurs objectifs à la fois. Prenez les voitures autonomes : en plus de vous amener à destination le plus rapidement possible, elles doivent également respecter la loi tout en minimisant les risques d'accident. De même, je m'efforçais de trouver des compromis entre ma vie personnelle et ma vie professionnelle. Je n'étais pas un père totalement absent, ni un mari trop négligent (si l'on excepte l'épisode évoqué ci-dessus), ni un fils ingrat. Mes algorithmes sociaux étaient bien paramétrés. Par conséquent, je n'oubliais jamais les anniversaires, j'avais de nombreuses petites attentions pour mes proches et je m'arrangeais toujours pour passer un peu de temps avec eux.

Mais j'abordais ces questions comme des fonctions de minimisation ; je cherchais à atteindre le résultat désiré en y consacrant le moins de temps possible. Mon algorithme principal était programmé pour privilégier systématiquement mes objectifs de carrière et maximiser mes heures au bureau, mon influence personnelle ou encore mon statut au sein de la profession. Quand il m'arrivait d'avoir quatre semaines de vacances, j'en passais une ou deux avec ma mère à Taïwan ou avec ma famille à Pékin, puis je me remettais au travail. Un jour, une intervention chirurgicale m'a cloué au lit pendant deux semaines ; j'ai fait construire une mini-grue métallique qui suspendait devant mes yeux un écran d'ordinateur, lui-même relié à un clavier et à une souris, posés sur mes genoux. Quelques heures après l'opération, j'étais déjà en train de répondre à mes e-mails !

Je voulais que mes employés, mes supérieurs et mes admirateurs me voient comme une machine ultra-puissante et hyperproductive, un individu abattant le double de travail d'une personne normale, en dormant moitié moins. C'était également une façon – assez peu subtile – d'indiquer à mes collaborateurs où je fixais la barre. Pour mon plus grand plaisir, on m'a surnommé « l'homme de fer ».

Grâce à cet acharnement au travail, j'avais un rythme de vie extrêmement stimulant. J'avais la chance de me trouver à la fois aux avant-postes de la science, au sommet du monde des affaires et sous le feu des projecteurs. En 2013, j'eus l'honneur de figurer dans la liste des cent personnalités les plus influentes de la planète publiée par le magazine *Time*.

Une belle épitaphe

Tous ces exploits alimentaient le feu qui brûlait en moi, me poussant à travailler encore plus dur. Je me suis mis à encourager les jeunes Chinois à adopter ce style de vie. J'ai écrit des best-sellers intitulés *Donnez le meilleur de vous-même*[1] ou encore *Comment changer la donne*[2]. Je me suis rendu sur de nombreux campus universitaires aux quatre coins du pays, enchaînant les discours galvanisants. Après des siècles de pauvreté, la Chine était en train de redevenir une puissance mondiale ; j'exhortais les jeunes à saisir leur chance et à marquer l'histoire.

En guise de pirouette, je terminais mes conférences par une image saisissante : celle de ma propre pierre tombale. J'expliquais que la meilleure façon de trouver sa vocation, c'était d'imaginer sa tombe et ce qu'on aimerait y voir inscrit. Ma mission était tout à fait claire dans mon esprit, et mon épitaphe était prête :

Ci-gît Kai-Fu Lee,
scientifique et chef d'entreprise.
En officiant au sein des plus grandes entreprises
de technologie,
il a transformé des progrès techniques complexes
en produits accessibles et profitables à tous.

C'était non seulement une façon mémorable de finir mes discours, mais aussi un appel à l'action résonnant profondément avec ce pays alors en pleine mutation. La Chine connaissait un taux de croissance exceptionnel; l'excitation était palpable. Quant à moi, je me sentais parfaitement dans mon élément, au paroxysme de mes facultés intellectuelles et physiques.

Après avoir quitté Google pour fonder Sinovation Ventures, j'ai commencé à consacrer une part croissante de mon temps à conseiller des jeunes. En utilisant la plateforme Weibo, comparable à Twitter, j'ai pu engager directement le dialogue avec les millions d'étudiants chinois qui me suivaient. Je leur proposais de l'aide et leur écrivais des lettres ouvertes qui ont ensuite été publiées sous forme de recueils. Je dirigeais toujours l'une des sociétés de capital-risque les plus prestigieuses du pays, mais je m'entendais de plus en plus souvent appeler « Professeur Kai-Fu ». En Chine, ce titre honorifique marque le respect, ainsi qu'une certaine proximité.

Je me délectais de mon nouveau rôle de mentor. À mes yeux, cet intérêt pour l'« enseignement » soulignait mon altruisme et mon désir sincère d'aider les autres. J'ai gardé l'allusion à la pierre tombale à la fin de mes discours, mais j'ai modifié l'épitaphe:

Ci-gît Kai-Fu Lee,
dont l'attachement à l'éducation s'est révélé
alors que la Chine prenait son envol.
À travers ses écrits, ses conférences
et sa présence sur Internet,
il a apporté son soutien à de nombreux étudiants,
qui l'appelaient avec déférence « Professeur Kai-Fu ».

M'exprimer devant ces assistances captivées me rendait euphorique et la nouvelle épitaphe me semblait offrir une conclusion parfaite: elle témoignait de mon autorité dans le domaine, mais aussi d'une certaine sagesse venue avec l'âge. De scientifique, je m'étais métamorphosé en ingénieur ; de chef d'entreprise, en professeur. Ce faisant, j'avais réussi à étendre mon influence, tout en manifestant bienveillance et empathie à l'égard de mes admirateurs. Mon algorithme mental, pensais-je, était réglé à la perfection.

J'allais devoir me confronter avec la réalité tapie derrière cette pierre tombale – ma condition de mortel – pour comprendre combien mes calculs étaient erronés et ridicules.

Le diagnostic

Le technicien chargé de réaliser le TEP-scan n'avait pas de temps à perdre en politesses. Aussitôt après m'avoir accueilli, il a entré mes informations dans le système, puis a programmé le scanner.

Chaque année, ma femme et moi retournions à Taïwan pour effectuer un bilan de santé. Plus tôt en 2013, on avait diagnostiqué un cancer à l'un de nos proches parents. Ma femme avait donc décidé que, cette fois-ci, nous passerions chacun un scanner et une IRM. À la suite du bilan, ces examens préliminaires avaient révélé quelque chose de suspect ; mon médecin souhaitait faire de plus amples investigations. Il m'avait donc prescrit un TEP-scan.

Contrairement aux IRM et aux scanners, impossibles à déchiffrer pour un profane, les résultats d'un TEP-scan sont relativement faciles à interpréter. On injecte au patient un traceur radioactif – une dose de glucose qui comporte une quantité infime de radio-isotopes. Les cellules cancéreuses ont tendance à absorber davantage le sucre que les autres parties du corps ; les radio-isotopes se concentrent donc autour des tumeurs potentiellement cancéreuses. Sur les images numériques générées par les scanners, ces concentrations apparaissent en rouge vif.

Avant de commencer, j'ai demandé au technicien si je pouvais voir les résultats à la fin de l'examen. « Je ne suis pas radiologue, m'a-t-il répondu, mais oui, je peux vous les montrer. »

Je me suis allongé sur l'appareil, et le tube actionné par la machine m'a englouti. Quand j'en suis ressorti quarante-cinq minutes plus tard, le technicien était toujours penché sur son ordinateur, les yeux fixés sur l'écran, cliquant frénétiquement sur sa souris.

« Je peux regarder ? ai-je demandé.

— Vous devriez vraiment aller voir votre radiologue d'abord, a-t-il répliqué sans lever les yeux.

— Mais vous m'aviez dit que je pourrais regarder, ai-je protesté. C'est là, sur l'écran, n'est-ce pas ? »

Devant mon insistance, il a fait pivoter l'écran vers moi. Le souffle coupé, j'ai senti un frisson glacé parcourir ma peau. Mon corps apparaissait bien en noir. Mais au niveau de l'estomac et de l'abdomen s'étendait une constellation de taches.

« C'est quoi, tous ces points rouges ? » ai-je demandé, la mâchoire agitée de tremblements.

Le technicien évitait mon regard. La panique a commencé à me gagner.

« Il est possible que ce soit des tumeurs, a-t-il fini par répondre. Mais je vous conseille de rester calme et d'aller voir votre radiologue. »

Mon esprit tournait à vide, mon corps fonctionnait en pilotage automatique. J'ai demandé au technicien d'imprimer le scan et je suis parti vers le bureau du radiologue. Je n'avais pas de rendez-vous et le règlement du service interdisait que l'on examine des résultats de manière informelle, mais j'ai tant supplié que quelqu'un a accepté de faire une exception. Après avoir étudié le scan, le radiologue m'a annoncé que le motif formé par les taches rouges révélait la présence d'un lymphome. Quand j'ai demandé à quel stade il se trouvait, il a essayé de biaiser :

« C'est-à-dire que… c'est complexe… Nous devons déterminer quel type… »

Je l'ai coupé :

« Mais à quel stade ?

— Sans doute au stade IV. »

Je suis sorti de l'hôpital en tenant la feuille plaquée des deux mains contre ma poitrine. Je ne voulais pas que quiconque puisse voir ce qui croissait en moi. Il me fallait rentrer de toute urgence pour rédiger mon testament.

Le testament

Cette larme sur la page allait me coûter une heure d'efforts laborieux. J'avais essayé de la tamponner avec un mouchoir alors qu'elle affleurait à mes cils, mais j'avais réagi une seconde trop tard. Elle était allée s'écraser sur la feuille, précisément sur le caractère chinois qui signifie « Lee ». Instantanément, la larme mêlée d'encre avait formé une petite flaque noire, imbibant progressivement le papier. Il fallait tout recommencer.

Pour qu'un testament prenne immédiatement effet à Taïwan, il doit être écrit à la main, sans taches ni ratures. C'est une condition très simple, bien qu'un peu datée. Je me suis donc mis au travail armé de mon meilleur stylo-plume, celui que j'avais utilisé pour signer des centaines d'exemplaires de mes livres. Voilà maintenant que ce stylo m'abandonnait… Pendant que l'angoisse faisait trembler ma main, mon esprit restait bloqué sur l'image du scanner. J'essayais de me concentrer sur les instructions que m'avait données le notaire, mais chaque fois que mes pensées s'égaraient le stylo dérapait, je loupais un caractère et devais tout reprendre à zéro.

Ce n'était pas seulement le souvenir de ces points rouge vif qui me compliquait tant la tâche. Le testament devait être rédigé dans les caractères chinois traditionnels utilisés à Taïwan – une combinaison de traits, de courbes et d'ornements bien plus complexe et élégante que les caractères simplifiés qui ont cours en Chine continentale. Il s'agit d'une des langues écrites les plus anciennes encore en usage. J'ai été immergé dans cette culture pendant toute mon enfance. À l'époque, j'étais fan des romans de kung-fu épiques, jusqu'à en écrire un quand j'étais à l'école primaire.

À l'âge de 11 ans, j'ai quitté Taïwan pour aller vivre dans le Tennessee – une décision inspirée par mon frère aîné, qui travaillait alors aux États-Unis. Il estimait que le système éducatif taïwanais était trop rigide et trop axé sur les examens pour un enfant comme moi. Ma mère a sûrement souffert de voir son petit dernier partir à l'autre bout du monde. Au moment de me quitter, elle m'a fait promettre de lui écrire chaque semaine une lettre en chinois. Dans ses réponses, elle incluait toujours une copie de ma lettre précédente, dans laquelle elle avait corrigé mes fautes. Cette correspondance m'a permis de maintenir mon niveau en chinois écrit pendant toute la durée de mes études.

Lorsque j'ai décroché un poste prestigieux chez Apple au début des années 1990, je me suis lancé à corps perdu dans mon travail. Ces échanges se sont alors espacés. Plus tard, je me suis installé à Pékin, où j'ai commencé à travailler chez Microsoft. Il était devenu beaucoup plus simple d'écrire en chinois sur un ordinateur : il suffisait de taper la version romanisée d'un mot chinois (par exemple, *nihao*), puis de sélectionner les caractères correspondants dans une liste. L'intelligence artificielle a encore rationalisé ce processus par l'écriture prédictive et la contextualisation. Grâce à cette technologie, il est devenu presque aussi facile de taper un texte en chinois que dans des langues alphabétiques comme l'anglais.

Le problème, c'est que j'avais gagné en efficacité, mais perdu en mémoire. Après des décennies sans pratique, penché sur la table, je peinais à retrouver la forme des caractères. J'oubliais systématiquement des points, ou ajoutais un trait horizontal là où il n'en fallait pas. À chaque nouvelle erreur, je froissais la feuille et recommençais.

Mon testament, dans lequel je léguais tout à mon épouse, faisait à peine une page. Mais mon notaire avait insisté sur la nécessité d'en rédiger quatre versions pour anticiper toutes les circonstances. Et si Shen-Ling mourait avant moi ? Je léguerais alors tout à mes filles. Et si l'une d'elles mourait ? Ou si Shen-Ling et mes deux filles mouraient ? C'était une série d'hypothèses passablement absurdes à soumettre à une personne elle-même confrontée à sa mort imminente, mais la loi ne prévoit pas d'exception pour cause de détresse.

Ces hypothèses m'ont cependant permis de me concentrer sur ce qui importait réellement : non pas la gestion de mes biens, mais ma famille. Depuis ma découverte de l'image du TEP-scan, j'avais sombré dans un désespoir sans fond. Pourquoi moi ? Je n'avais jamais nui à personne à dessein. J'avais toujours cherché à rendre le monde meilleur, à créer des technologies qui facilitaient la vie des gens. Je m'étais servi de ma notoriété pour instruire et inspirer les jeunes en Chine. Je n'avais pas mérité de mourir à l'âge de 53 ans.

Toutes ces pensées avaient un point commun : elles commençaient par « je » et se fondaient sur des affirmations fort présomptueuses quant à ma valeur « objective ». Il a fallu que j'écrive le nom de ma femme et de mes filles à l'encre noire, un caractère après l'autre, pour sortir de cette transe égocentrique et cesser de m'apitoyer sur moi-même. La vraie tragédie, ce n'était pas le peu de temps qu'il me restait à vivre ; c'était d'avoir vécu aussi longtemps incapable de prodiguer de l'affection à mes proches sans compter.

La perspective de ma fin prochaine a remis les choses à plat. J'ai arrêté de pleurer sur mon sort et de déplorer qu'aucune de mes prouesses passées ne puisse me sauver. J'ai surtout commencé à me poser de nouvelles questions : pourquoi avais-je mis tant d'énergie à me transformer en une machine hyperproductive ? Pourquoi n'avais-je pas pris le temps d'échanger à cœur ouvert avec les autres ? Pourquoi m'étais-je détourné de mon humanité ?

Voir la mort en face

Le soleil se couchait sur Taipei. J'ai regardé les quatre versions de mon testament étalées devant moi, synonymes de quatre heures de travail. Ma femme se trouvait à Pékin avec notre fille cadette. J'étais assis seul dans le salon chez ma mère, qui était couchée dans la pièce d'à côté. Elle souffrait de démence depuis plusieurs années et, même si elle reconnaissait encore son fils, elle n'avait plus la capacité de comprendre le monde qui l'entourait.

L'espace d'un instant, je me suis presque réjoui que la maladie ait obscurci sa raison : elle aurait sans doute été anéantie par le diagnostic que je venais de recevoir. Elle m'avait eu à l'âge de 44 ans. Les médecins, par prudence, lui avaient vivement conseillé d'interrompre cette grossesse, mais elle s'y était catégoriquement refusée. Par la suite, elle m'avait prodigué une affection sans borne. J'étais son bébé, et rien ne la comblait davantage que de me préparer ses raviolis épicés du Sichuan – des boulettes de porc enveloppées d'une fine pâte qui fondaient dans la bouche.

Lorsque je suis parti m'installer dans le Tennessee, ma mère est restée à mes côtés pendant six mois, alors qu'elle ne parlait pas un mot d'anglais, juste pour s'assurer que je m'adaptais bien. Toute sa vie, elle avait tissé des liens très forts avec ses enfants. Ce jour-là, assis dans son salon, j'ai été assailli de remords terribles. Comment avais-je pu rester aussi centré sur moi-même après avoir été élevé par une femme si aimante et si généreuse ? Pourquoi n'avais-je jamais dit à mon père que je l'aimais ? Ou montré à ma mère la profondeur de mon attachement avant qu'elle ne sombre dans la démence ?

Le deuil le plus dur à faire quand on va mourir, ce n'est pas celui des expériences qu'on n'aura pas la chance de vivre, mais de celles sur lesquelles on ne peut pas revenir. Bronnie Ware est une infirmière en soins palliatifs qui a longuement écrit sur les regrets que ses patients en phase terminale expriment le plus fréquemment au cours de leurs dernières semaines. Au seuil de la mort, ces personnes considèrent leur vie passée avec une clairvoyance dont on est généralement incapable lorsqu'on est pris dans le tourbillon du quotidien. Aucun de ces patients ne se reproche de ne pas avoir assez travaillé. La plupart, au contraire, déplorent de n'avoir pas passé plus de temps avec ceux qu'ils aiment.

« Tout ce qui importe au bout du compte, c'est l'amour et les relations avec les autres, écrit Ware sur son blog, dans l'article qui a lancé son livre. Voilà tout ce qui reste dans les dernières semaines de vie : l'amour et les liens entre les êtres[3]. »

À présent, tandis que ma mère était alitée dans la pièce voisine, cette vérité toute simple me consumait de l'intérieur. Mon esprit remontait le cours du temps, exhumant des souvenirs de mes filles, de ma femme et de mes parents. Je n'avais pas ignoré les autres au cours de mon existence ; au contraire, j'avais tenu compte – un compte très précis – de toutes les relations présentes dans ma vie. Je les avais toutes évaluées et chiffrées, calculant le temps optimal que je devais leur attribuer si je voulais atteindre mes objectifs. Maintenant, j'éprouvais un vide immense et un sentiment de perte irrémédiable en voyant le peu de temps que mon algorithme mental avait jugé « optimal » de leur consacrer. Non seulement ce raisonnement algorithmique laissait à désirer en termes d'efficacité, mais, pire encore, il me dépossédait de mon humanité.

Le maître sur la montagne

Comme c'est le cas avec les grandes révélations, j'ai mis un peu de temps à assimiler toutes ces réflexions. J'avais senti un changement s'opérer en moi. Seules une infinie patience et une introspection impitoyable pourraient transformer ces remords en une nouvelle manière d'envisager l'existence.

Au lendemain de mon diagnostic, un ami m'a conseillé d'aller visiter le monastère bouddhiste de Fo Guang Shan, dans le sud de Taïwan. Le vénérable maître Hsing Yun, un moine rondelet au sourire doux, l'a fondé en 1967 et y réside depuis. Son ordre monastique pratique ce qu'on appelle le « bouddhisme humaniste » – une approche moderne de la foi qui cherche à intégrer dans notre vie quotidienne l'essentiel des pratiques et des préceptes. Ses moines rejettent l'ésotérisme austère du bouddhisme traditionnel et embrassent la vie avec une joie sans retenue. Le monastère accueille des visiteurs de toutes origines et leur permet d'expérimenter cette pratique simple fondée sur une sagesse bienveillante. On y croise des couples en train de se marier, des moines riant à gorge déployée ou encore des touristes venus savourer la sérénité qui émane du lieu.

J'ai pratiqué le christianisme durant ma jeunesse aux États-Unis. Aujourd'hui, même si je ne m'identifie plus à aucune religion, je crois toujours en l'existence d'un Créateur et d'une puissance supérieure. Néanmoins, en venant au monastère, je voulais simplement méditer pendant quelques jours sur l'épreuve que je traversais et réfléchir à la façon dont j'avais mené ma vie jusqu'alors.

Un jour, après le premier enseignement matinal, j'ai été convié à partager un petit déjeuner végétarien avec maître Hsing Yun. Alors que le soleil n'était pas encore levé, nous avons dégusté ensemble des tranches de pain aux céréales, du tofu et du porridge. Maître Hsing Yun se déplace désormais en fauteuil roulant, mais son esprit est plus aiguisé que jamais.

Au cours du repas, il s'est tourné vers moi et m'a demandé de but en blanc : « Kai-Fu, avez-vous jamais songé à ce qu'était votre objectif dans la vie ? »

J'ai répondu par réflexe, avec la conviction qui m'habitait depuis des décennies : « Maximiser mon influence et changer le monde. »

Tout en prononçant ces mots, j'ai senti le rouge me monter aux joues, comme quand on expose aux autres ses ambitions les plus intimes. Le silence avec lequel le moine a accueilli ma déclaration n'a rien arrangé. Pourtant, ma réponse était honnête. Ce désir d'influence était comme une tumeur tenace et envahissante qui avait grandi en moi. J'avais lu de nombreux textes philosophiques et religieux, mais je n'avais jamais remis en question cette croyance, qui motivait tous mes actes.

Sans rien dire, maître Hsing Yun a entrepris de nettoyer son bol à l'aide d'un morceau de pain. Face à lui, je me tortillais sur mon siège.

« Qu'est-ce que cela veut dire, “maximiser son influence” ? a-t-il lâché au bout d'un moment. Quand on emploie des expressions de ce type, c'est souvent pour dissimuler son ego et sa vanité. Si vous êtes parfaitement sincère avec vous-même, pouvez-vous garantir que vous n'êtes pas motivé par votre ego ? C'est une question que vous devez adresser à votre cœur – et, quoi qu'il arrive, n'essayez pas de vous mentir. »

Je me creusais la tête pour trouver des arguments à lui opposer, cherchant la logique imparable qui pourrait racheter mes actions. Depuis l'annonce du diagnostic, lorsque je pensais aux relations que j'avais instaurées avec mes proches, j'étais rongé par les regrets. Je commençais lentement à reconnaître l'inanité de ma vie affective. Mais comme le décrit très bien Elisabeth Kübler-Ross dans sa théorie des cinq étapes du deuil, avant l'acceptation vient la négociation[4].

Inconsciemment, j'avais tenté d'utiliser le rôle que je jouais auprès de nombreux jeunes Chinois comme une monnaie d'échange, une façon de compenser le manque d'amour que je témoignais aux êtres qui m'étaient chers. Plus de 50 millions de personnes me suivaient sur Weibo, et je n'avais eu de cesse d'accroître mon influence sur ce groupe. J'étais même allé jusqu'à élaborer un algorithme d'intelligence artificielle qui m'indiquait quels posts je devais partager. C'est vrai, j'avais peut-être rogné sur le temps consacré à ma famille, mais songez à la quantité de personnes que j'avais pu toucher à travers mes conférences ! J'avais influencé des millions d'étudiants et participé à l'effort collectif pour extraire de la pauvreté notre pays autrefois si puissant. Si l'on faisait les comptes, les profits ne l'emportaient-ils pas sur les pertes ? Ce que j'avais offert à tous ces étrangers à travers mon travail ne compensait-il pas le déficit d'amour à l'égard de mes proches ?

Maître Hsing Yun achevait de me faire descendre de mon piédestal. J'essayais de m'expliquer, de justifier mes actions par ce qu'elles m'avaient permis d'accomplir, mais les résultats crachés par mon algorithme savant n'intéressaient pas le moine. Il prenait ces couches superposées d'excuses embrouillées et les retirait une à une. Il redirigeait la conversation vers l'essentiel, m'invitant à me regarder en face avec la plus grande honnêteté.

« Kai-Fu, les êtres humains ne sont pas censés penser ainsi. Ces calculs constants, cette quantification de tous les aspects de l'existence minent peu à peu notre moi profond et les liens qui nous unissent les uns aux autres. Ils asphyxient la seule chose qui nous maintienne réellement en vie : l'amour.

— Je commence tout juste à le comprendre, maître Hsing Yun, répondis-je en baissant la tête, les yeux fixés sur un point entre mes pieds.

— Beaucoup de gens le comprennent, mais encore faut-il le vivre. Pour cela, il est nécessaire de faire preuve d'humilité. Nous devons avoir conscience de notre insignifiance au plus profond de nous-mêmes et reconnaître que rien n'est plus important dans ce monde que de s'aimer les uns les autres. Si l'on commence par là, tout le reste se mettra en place progressivement. C'est la seule façon d'être vraiment soi-même. »

Sur quoi il me salua et s'éloigna dans son fauteuil roulant.

Resté seul, j'ai laissé ses mots me pénétrer. Les quelques semaines précédentes avaient été un tourbillon de souffrance, de regrets, de révélations et de doutes. Je saisissais maintenant combien mon ancienne mentalité avait été destructrice, mais je ne parvenais pas encore à la remplacer par un nouveau mode d'être au monde, un mode qui ne reproduise pas un aspect ou un autre de cette logique algorithmique.

En présence de maître Hsing Yun, j'avais senti quelque chose de nouveau. C'était moins la réponse à une énigme qu'une certaine disposition d'esprit, une manière de me comprendre et d'envisager mon environnement qui ne se résumait pas à des données, des résultats et des optimisations.

Quand j'étais chercheur, j'avais accès aux toutes dernières connaissances en intelligence artificielle. Pourtant, j'étais à des années-lumière de comprendre vraiment les autres êtres humains, ou moi-même. Cette compréhension ne me viendrait pas d'un algorithme savant. J'allais devoir me pencher, stoïquement, au-dessus du miroir de la mort et me tourner vers ce qui me différenciait des machines que je créais : la capacité d'aimer.

Deuxième avis, seconde chance

Tout au long de cette prise de conscience difficile, mon traitement suivait son cours. Le premier médecin consulté avait déclaré que la maladie était au stade IV, le plus avancé. À ce stade, les patients atteints de ce type de lymphome ont en moyenne 50 % de chances de s'en sortir au cours des cinq années suivantes. Mais je souhaitais avoir un deuxième avis avant de démarrer le traitement. Un de mes amis a réussi à m'obtenir un rendez-vous avec son médecin de famille, le meilleur hématologue de Taïwan.

Puisque je devais patienter une semaine avant la consultation, j'ai fait mes propres recherches. Dans ma vie personnelle, je commençais à me détourner de ma tendance obsessionnelle à la quantification et à l'optimisation, mais au plus profond de moi-même j'étais un scientifique. Je ne pouvais m'empêcher d'essayer d'en savoir plus sur ma maladie et d'évaluer mes chances de survie. J'ai donc passé des heures sur Internet, dévorant toute l'information que je pouvais trouver sur les lymphomes : les causes possibles, les derniers traitements, les taux de survie à long terme…

Au fil de mes lectures, j'en suis venu à comprendre comment les docteurs classifient les différents stades de cette maladie. Les manuels de médecine utilisent le concept de « stades » pour décrire l'avancement des tumeurs cancéreuses, les stades les plus avancés correspondant en général à des taux de survie plus bas. Pour les lymphomes, le stade est déterminé en fonction de quelques caractéristiques simples : le cancer affecte-t-il plus d'un ganglion lymphatique ? Les ganglions cancéreux sont-ils situés à la fois au-dessus et au-dessous du diaphragme ? Outre le système lymphatique, le cancer touche-t-il certains organes ou la moelle osseuse du patient ? Normalement, toute réponse positive à l'une ou l'autre de ces questions fait passer le diagnostic au stade supérieur. Le fait que mon lymphome ait affecté plus d'une vingtaine de zones, qu'il se soit étendu au-dessus et au-dessous du diaphragme et qu'il ait déjà atteint un organe en dehors du système lymphatique me propulsait automatiquement au stade IV.

Mais ce que j'ignorais au moment du diagnostic, c'est que cette méthode d'évaluation demeure sommaire, parce qu'elle est corrélée à la quantité d'informations que les étudiants en médecine sont capables de mémoriser ; en ce sens, elle n'exploite pas le réel potentiel de la médecine moderne.

Cette façon de déterminer les stades d'une maladie complexe selon des critères basiques est un exemple classique de la tendance à prendre des décisions en fonction de « paramètres majeurs ». Le potentiel humain de perception des corrélations entre plusieurs variables est extrêmement limité. Nous devons donc nous appuyer sur des éléments évidents. Dans le domaine des prêts immobiliers, par exemple, ces « paramètres majeurs » comprennent les revenus de l'emprunteur, la valeur du bien qu'il souhaite acquérir et sa note de solvabilité. Dans l'évaluation du stade d'avancement d'un lymphome, ils se résument au nombre et à la localisation des tumeurs.

En réalité, ces paramètres supposés « majeurs » ne sont pas les outils les mieux adaptés pour établir un pronostic nuancé. Leur mérite est d'être suffisamment simples pour qu'un cerveau humain les retienne facilement. Car, dans nos systèmes médicaux actuels, ce cerveau constitue le vecteur de la transmission, du stockage et de l'exploitation des connaissances. Dans le cas des lymphomes, la recherche médicale a identifié des dizaines d'autres caractéristiques plus fiables pour estimer les chances de survie. Mais tous ces indicateurs impliquent des corrélations et des calculs de probabilité si complexes que même le meilleur étudiant en médecine ne saurait les mémoriser. Par conséquent, la plupart des docteurs ne les incluent pas dans leurs évaluations.

Au cours de mes recherches, je suis tombé sur un article scientifique qui quantifie le pouvoir prédictif de ces données-là. Rédigé par une équipe de chercheurs de l'université de Modène et de Reggio d'Émilie, en Italie, il analyse quinze variables différentes et identifie les cinq caractéristiques qui, réunies, permettent de prédire les chances de survie les plus élevées dans les cinq années suivantes[5]. Ces caractéristiques comprennent des mesures traditionnelles (par exemple : le cancer a-t-il atteint la moelle osseuse ?), mais aussi d'autres, très précises, qui peuvent paraître plus insolites : certaines tumeurs ont-elles plus de 6 centimètres de diamètre ? Le taux d'hémoglobine est-il inférieur à 12 grammes par décilitre ? Le patient a-t-il plus de 60 ans ? L'étude indique ensuite le taux de survie moyen d'un patient en fonction du nombre de caractéristiques qu'il présente.

Pour une personne formée en intelligence artificielle – où même les algorithmes les plus simples fondent leurs décisions sur des centaines, voire des milliers, de caractéristiques –, cette nouvelle grille d'évaluation était encore loin d'être rigoureuse. Elle tentait de réduire un système complexe à une poignée d'indicateurs qu'un humain pouvait gérer. Mais elle prouvait aussi que les mesures employées habituellement étaient peu fiables pour déterminer l'issue de la maladie. Puisqu'elle était plus solide en termes de traitement des données, je me suis empressé de l'utiliser pour analyser mon propre cas.

J'ai étudié attentivement mes piles de rapports médicaux et de résultats d'examens afin d'en extraire tous les renseignements nécessaires : le diamètre des plus gros ganglions, l'état de la moelle osseuse, les niveaux de bêta-2 microglobuline et le taux d'hémoglobine. Des cinq caractéristiques le plus étroitement associées à un risque élevé de décès, je semblais n'en présenter qu'une seule.

Après de longues minutes à parcourir désespérément la page des yeux, à passer au crible les tableaux, à tracer des lignes entre mes facteurs de risque et mon taux de survie, j'ai enfin trouvé ma réponse : si le stade IV diagnostiqué par l'hôpital m'octroyait un taux de survie de 50 % dans les cinq années à venir, la nouvelle grille d'évaluation, plus détaillée et plus scientifique, portait ce chiffre à 89 %.

J'ai recommencé mes calculs, vérifié et revérifié les chiffres : tout concordait. Une vague de joie m'a submergé. Rien n'avait changé dans mon corps, et pourtant il me semblait que l'on m'avait hissé hors du gouffre. Quelques jours plus tard, mon rendez-vous avec le grand spécialiste taïwanais des lymphomes allait le confirmer : la classification en stade IV était trompeuse et ma maladie restait parfaitement curable. Rien n'était certain – je le savais maintenant plus que jamais –, mais il y avait de grandes chances pour que je m'en sorte. Je me suis senti revivre.

Guérir

La plupart des gens qui ont frôlé la catastrophe évoquent *a posteriori* une sensation similaire : un picotement qui parcourt la peau et le cuir chevelu quelques secondes après avoir évité un accident de justesse, au moment où la voiture dérape avant de s'immobiliser. Tandis que l'adrénaline se dissipe et que les muscles se détendent, on formule en silence la promesse qu'on ne nous y reprendra plus jamais – téléphoner au volant ou faire quoi que ce soit qui puisse nous conduire jusque-là. On tient sa promesse pendant quelques jours, peut-être quelques semaines, puis on renoue avec ses vieilles habitudes.

J'ai commencé la chimiothérapie et, peu à peu, mon cancer est entré en rémission. Moi aussi, je me suis fait le serment de garder toujours à l'esprit les révélations nées de ma maladie. Souvent, durant les semaines suivant le diagnostic, je restais éveillé la nuit, me repassant le film de ma vie. Comment avais-je pu être aveugle à ce point ? Quel que soit le temps qui me restait à vivre, je n'allais pas redevenir un automate. Je n'allais plus vivre en fonction d'algorithmes internes ni chercher à optimiser des variables. J'essaierais à mon tour d'ouvrir mon cœur aux personnes qui m'avaient donné tant d'amour – non pas pour atteindre un objectif précis, simplement parce que c'était une source de réconfort et de bien-être. Je ne m'évertuerais plus à devenir une machine hyperproductive ; être un humain aimant et attentionné serait amplement suffisant.

Au cours de cette période, l'amour de ma famille m'a constamment rappelé cette promesse, en plus de m'insuffler la force nécessaire pour lutter contre le cancer. Alors que j'avais été si avare de mon temps pendant des années, ma femme, mes sœurs et mes filles se sont aussitôt mobilisées pour prendre soin de moi. Shen-Ling restait à mon chevet pendant les interminables et épuisantes séances de chimiothérapie, cherchant à satisfaire mes moindres besoins. Elle se contentait de voler quelques heures de sommeil de-ci de-là. Comme la chimiothérapie perturbe la digestion, certaines odeurs ou saveurs peuvent provoquer des nausées ou des vomissements. Lorsque mes sœurs m'apportaient à manger, elles notaient scrupuleusement chacune de mes réactions, modifiant constamment les recettes et réajustant les ingrédients pour que je puisse profiter de leurs petits plats maison tout au long du traitement. Leur amour désintéressé et leurs constantes attentions me bouleversaient. Ce que j'avais compris récemment sur un plan purement intellectuel se traduisait enfin en émotions profondes.

Je chéris désormais tous les instants passés avec mes proches. Quand mes deux filles étaient étudiantes et rentraient à la maison pour les vacances, je me contentais de prendre un jour ou deux pour être avec elles. Maintenant, dès qu'elles font une pause dans leur vie professionnelle très active pour venir nous voir, je prends deux semaines de congé. Ma femme m'accompagne systématiquement dans mes déplacements, qu'il s'agisse de voyages d'affaires ou d'agrément. Je passe également plus de temps à la maison pour m'occuper de ma mère, tout en essayant de garder mes week-ends libres pour voir de vieux amis.

J'ai présenté mes excuses aux personnes que je pensais avoir blessées ou négligées par le passé. Évitant de m'en tenir aux communications de masse impersonnelles sur les réseaux sociaux, je tente de rencontrer en personne les nombreux jeunes Chinois qui me contactent. Je tâche de ne pas privilégier ceux qui montrent un « fort potentiel » et cherche à m'impliquer avec tous, indépendamment de leur statut ou de leurs talents.

Je ne pense plus à l'épitaphe qu'on lira sur ma tombe. Non pas que j'évite de songer à la mort – loin de là : je suis plus conscient que jamais de la façon dont notre mortalité influence nos vies. Mais je sais à présent que ma tombe n'est qu'un bloc de pierre sans vie qui ne pèse rien face aux êtres et aux souvenirs qui forment la merveilleuse complexité d'une existence humaine. Ce que je commence à peine à saisir, beaucoup de personnes autour de moi l'ont su intuitivement toute leur vie, je m'en rends bien compte. Pourtant, si simple qu'elle soit, cette prise de conscience a changé ma vie.

Elle a également changé ma vision du rapport entre l'homme et la machine, entre les cœurs humains et les esprits artificiels. Cette révélation inattendue a surgi pendant que je réfléchissais au processus de ma maladie – les examens médicaux, le diagnostic, l'angoisse qu'il a fait naître, puis ma guérison physique et émotionnelle.

J'ai commencé à envisager mon rétablissement sous deux angles : l'un technique, l'autre émotionnel – c'est-à-dire, selon moi, les deux piliers de notre futur avec l'intelligence artificielle.

J'ai un immense respect pour les professionnels qui ont coordonné mon traitement et je leur suis profondément reconnaissant. Ils ont mis leurs années d'expérience ainsi que des technologies médicales de pointe au service d'un objectif : éliminer le lymphome qui envahissait mes cellules. Leurs connaissances sur la maladie et leur aptitude à élaborer un protocole thérapeutique personnalisé m'ont sans doute sauvé la vie.

Pourtant, cela ne représente que la moitié du remède dont j'avais besoin. Je ne serais pas là pour vous raconter cette histoire si je n'avais pu compter sur Shen-Ling, mes sœurs et ma mère, qui m'ont enseigné par l'exemple et en toute simplicité ce qu'est une vie construite autour de l'amour désintéressé et du partage. Ou sur Bronnie Ware, dont le magnifique ouvrage consacré aux regrets des mourants m'a redonné vie dans un moment de grande faiblesse. Ou encore sur maître Hsing Yun, dont la sagesse m'a ouvert les yeux et m'a obligé à me confronter à mon ego.

Sans tous ces liens, impossibles à quantifier et à optimiser, je n'aurais jamais appris le sens véritable de la vie. Je n'aurais jamais revu l'ordre de mes priorités ni réorienté mon existence. Mon changement d'attitude a été bénéfique aux autres autant qu'à moi-même. Il m'a procuré un sentiment de plénitude, de satisfaction et de sérénité que les dérisoires succès de ma carrière n'avaient jamais suscité.

Ne nous leurrons pas : sous peu, les algorithmes d'intelligence artificielle sauront accomplir la plupart des opérations de diagnostic actuellement effectuées par le personnel médical humain. Ils identifieront les maladies et prescriront des traitements de façon plus efficace que n'importe quel médecin. Dans certains cas, les praticiens n'utiliseront ces équations que comme des outils ; dans d'autres, ils seront purement et simplement remplacés par les algorithmes.

Mais, en vérité, aucun algorithme n'est capable de jouer le rôle qu'a tenu ma famille dans mon processus de guérison. Ce qu'elle m'a apporté est infiniment plus simple, mais incommensurablement plus profond, que tout ce que l'intelligence artificielle pourra jamais produire, malgré son potentiel stupéfiant. Car il est une chose que les êtres humains sont les seuls à pouvoir offrir, et il se trouve que c'est celle dont ils ont le plus besoin : l'amour.

L'amour, c'est le bonheur qui nous envahit à la vue de notre enfant tout juste né ; c'est l'électricité qui nous traverse quand on a un coup de foudre ; c'est le réconfort que nous procure un ami lorsqu'il nous écoute avec empathie ; c'est le sentiment de réalisation de soi que l'on éprouve en aidant une personne dans le besoin... Nous sommes loin de comprendre le cœur humain, et à des années-lumière d'être à même de le reproduire. Tout ce que nous savons de l'amour, c'est qu'il donne un sens à notre vie.

C'est sur cette base, à mon avis, que nous devons construire notre avenir commun en tant qu'individus, pays et communauté mondiale : tenter d'associer la capacité de l'IA à penser et la capacité des humains à aimer. Si nous parvenons à créer cette synergie, nous serons en mesure de générer de la prospérité grâce au pouvoir de l'intelligence artificielle, tout en restant connectés à notre humanité profonde.

Cette évolution ne se fera pas d'elle-même. L'édification d'un tel futur exigera de réinventer et réorganiser nos sociétés de fond en comble. Pour cela, il faudra une forte unité sociale, des politiques créatives et beaucoup d'empathie. L'enjeu est de taille, les risques d'échec sont importants, mais le combat en vaut la peine, car le potentiel de développement humain n'a sans doute jamais été aussi élevé.

8

L'IA et les hommes : imaginer une coexistence réussie

Quand j'étais en chimiothérapie à Taïwan, un ami de longue date devenu entrepreneur m'a rendu visite. Il avait déjà fondé puis revendu plusieurs entreprises florissantes dans le domaine de la technologie grand public, mais, avec l'âge, il souhaitait s'investir dans un projet qui ait davantage de sens. Il voulait à présent s'adresser à des pans de la population que les start-up avaient souvent négligés. Tout comme moi, il atteignait un stade de son existence où ses parents avaient besoin d'aide au quotidien ; il avait donc décidé de concevoir un produit pour faciliter la vie des personnes âgées.

Mais sa toute dernière invention lui posait un problème. Elle consistait en un large écran tactile fixé sur un support qu'on plaçait, par exemple, à côté d'un lit. L'écran affichait quelques applications simples et pratiques correspondant à des services courants : se faire livrer des repas, regarder son feuilleton préféré à la télé, appeler son médecin, etc. Les personnes âgées ont souvent du mal à s'y retrouver dans les méandres d'Internet ou à manipuler les petites touches d'un smartphone. Aussi mon ami s'était-il efforcé de tout simplifier au maximum. Les applis s'ouvraient en un ou deux clics et, en cas de problème dans l'utilisation du dispositif, un bouton vous permettait d'appeler directement un service d'assistance.

L'idée paraissait fantastique et, à notre époque, promise à un grand succès. Beaucoup d'adultes, en Chine comme ailleurs, sont trop accaparés par leur travail pour pouvoir prendre soin de leurs parents vieillissants, comme le voudrait la forte tradition de piété filiale. Et leur culpabilité n'y change rien. Dans ce contexte, l'écran tactile était une solution intéressante.

Malheureusement, après la mise en place d'une version d'essai, un problème s'est présenté. De toutes les fonctions disponibles, la plus utilisée, et de loin, n'était pas la livraison de repas, la commande de la télé, ni même la consultation médicale. C'était le bouton du service d'assistance, rapidement saturé d'appels. Que se passait-il ? Les usagers étaient-ils incapables de suivre seuls la procédure, malgré la simplicité du système ?

Pas du tout. Après une petite enquête, mon ami a découvert que les personnes âgées appelaient tout simplement parce qu'elles se sentaient seules et avaient envie de parler à quelqu'un. La plupart d'entre elles avaient des enfants qui veillaient à ce que tous leurs besoins matériels soient pourvus : les repas étaient livrés, les rendez-vous médicaux pris et les médicaments renouvelés. Mais cela ne remplaçait pas le vrai contact humain, quelqu'un avec qui échanger.

Mon ami m'a fait part de ce « problème » au moment même où je prenais conscience du rôle central que joue l'amour dans l'expérience humaine. S'il était venu me voir quelques années plus tôt, je l'aurais sans doute orienté vers une solution technique – par exemple, la mise au point d'un robot capable de simuler une conversation élémentaire sans que l'interlocuteur se rende compte de rien. Mais la maladie avait commencé à transformer mon regard. De plus, j'étais sensible à la crise de l'emploi et du sens qui s'annonçait. Dans cet écran tactile inapte à satisfaire le besoin de contacts humains, j'ai vu se profiler l'ébauche d'un plan pour une coexistence fructueuse entre l'homme et l'intelligence artificielle.

Malgré tous les progrès de l'apprentissage automatique, nous sommes encore très loin de savoir fabriquer des machines capables de ressentir des émotions. Après son exploit au jeu de go, l'ordinateur AlphaGo n'a éprouvé aucun plaisir, aucune joie, et n'a pas eu envie de serrer contre lui un être cher. Des films de science-fiction comme *Her* imaginent qu'une relation amoureuse peut se nouer entre un homme et le système d'exploitation de son ordinateur, mais le fait est qu'un outil d'IA n'a ni la capacité ni le désir d'aimer ou d'être aimé. Si l'actrice Scarlett Johansson a réussi à nous convaincre du contraire dans ce film, c'est parce qu'elle s'est inspirée de son expérience humaine de l'amour pour reproduire des sentiments et les communiquer au spectateur.

Prenez une machine intelligente, dites-lui que vous allez la débrancher, avant de décider finalement de la gracier. Elle n'aura pas subitement de grandes révélations ; elle ne fera pas le serment de passer plus de temps avec ses semblables ; elle ne grandira pas émotionnellement, pas plus qu'elle ne découvrira la valeur de l'amour ou du don de soi.

Je fonde mes espoirs sur ce potentiel de croissance, de compassion et d'amour que recèle tout être humain. J'ai l'intime conviction que nous devons créer une synergie entre l'intelligence artificielle et nos cœurs et trouver des moyens de mettre l'abondance matérielle générée par l'IA au service de nos valeurs. Si nous y parvenons, nous nous acheminerons vers un futur où régneront à la fois le progrès économique et l'épanouissement spirituel. Le parcours sera certainement semé d'embûches, et nous devrons rester unis dans la poursuite de ce but commun. C'est le prix de notre prospérité à l'ère de l'IA.

Un nouveau contrat social : l'épreuve du feu

Il est vrai que le défi est immense. Comme je l'ai souligné au chapitre 6, dans une quinzaine d'années nous aurons les connaissances techniques suffisantes pour automatiser 40 % à 50 % de tous les postes aux États-Unis. Ces derniers ne disparaîtront pas du jour au lendemain, mais, pour peu qu'on laisse libre cours aux marchés, ce bouleversement soumettra les travailleurs à une pression énorme. La Chine et le reste du monde en développement ressentiront peut-être ces répercussions avec un léger décalage, puisque l'ampleur des destructions d'emplois dépend nécessairement de la structure de chaque économie. Mais tous les pays s'achemineront bien vers une hausse du taux de chômage, doublée d'un accroissement des inégalités.

Les techno-optimistes brandiront les exemples de la révolution industrielle et du secteur textile au XIXe siècle pour « prouver » que les choses finissent toujours par s'arranger. Mais, nous l'avons vu, cet argument repose sur des fondements de plus en plus fragiles. L'échelle et le rythme auxquels la révolution de l'IA va se déployer, ainsi que sa discrimination en faveur des plus qualifiés, en font un défi entièrement nouveau. Même si les prédictions les plus pessimistes ne se réalisent pas, l'IA ne fera que renforcer les inégalités apparues à l'ère d'Internet.

Nous le constatons de plus en plus : la stagnation des salaires et les inégalités croissantes sont mères de l'instabilité politique et de la violence. À mesure que l'intelligence artificielle se déploiera dans nos économies et nos sociétés, ces phénomènes risquent de s'aggraver et de s'accélérer. Le plus souvent, les marchés du travail parviennent à s'équilibrer sur le long terme. Mais, pour en arriver là, il faut avoir passé l'« épreuve du feu » : des destructions d'emplois et des inégalités d'une ampleur telle qu'elles menacent de faire dérailler tout le système.

Nous ne pouvons pas nous permettre d'attendre qu'il soit trop tard. Nous ne pouvons pas rester passifs. Nous devons saisir la chance qui nous est offerte de reconstruire nos économies, de réécrire nos contrats sociaux. Les révélations nées de ma confrontation avec le cancer me sont propres, mais il me semble avoir gagné une certaine lucidité, sur laquelle je veux m'appuyer pour imaginer une manière collective d'aborder ces problématiques.

Pour bâtir des sociétés florissantes à l'ère de l'intelligence artificielle, il va falloir opérer d'importants changements dans notre économie, mais aussi et surtout modifier notre culture et nos valeurs. L'économie industrielle qui s'est imposée au cours des derniers siècles a ancré en nous une conviction : seul un travail productif et rémunéré nous permet de tenir notre rôle dans la société (et nous confère donc une identité). C'est l'un des liens les plus forts qui unissent un individu à sa communauté. Or, en entrant dans l'ère de l'intelligence artificielle, cette mentalité va devoir évoluer. Nous devons cesser d'assimiler notre existence au travail et de traiter les humains comme les variables d'un immense algorithme visant à optimiser la productivité. À nous d'imaginer une nouvelle culture qui valorise plus que jamais l'amour, le service et la compassion.

Aucune politique économique ou sociale n'a le pouvoir d'imposer *de force* des changements dans notre for intérieur. Mais privilégier telle politique plutôt que telle autre permet de récompenser certaines attitudes et d'orienter les mentalités dans une direction donnée. L'une des options est l'approche purement technocratique : si l'on conçoit l'individu comme un ensemble de besoins financiers et matériels à satisfaire, on pourrait se contenter de verser à chacun suffisamment d'argent pour qu'il ne meure pas de faim et ait un toit au-dessus de la tête. C'est le concept de revenu universel de base (RUB), devenu très populaire.

Il me semble qu'un tel choix dévalorise notre humanité et nous fait passer à côté d'une occasion en or. J'aimerais développer ici d'autres manières d'exploiter l'opportunité créée par l'IA – celle d'affermir encore notre condition d'êtres humains. Pour cela, il faut donc réécrire nos contrats sociaux de base, mais aussi redéfinir les incitations économiques ; les activités productives sur le plan social doivent être aussi bien récompensées que les activités productives sur le plan économique.

Encore une fois, la tâche s'annonce difficile. Elle nécessite la participation de tous les pans de la société, une démarche constante d'exploration et des expérimentations audacieuses. Quels que soient les efforts déployés, il n'est pas garanti que la transition se fera en douceur. Mais le prix à payer en cas d'échec et les bénéfices à attendre en cas de succès sont trop énormes pour ne pas s'y essayer.

Et cela commence ici.

Je voudrais tout d'abord examiner les trois mesures les plus populaires suggérées pour faciliter l'adaptation à l'économie de l'IA, dont la plupart émanent de la Silicon Valley. Ce sont essentiellement des « solutions techniques »

– des ajustements apportés à des modèles politiques et économiques bien établis et qui cherchent à adoucir la transition sans modifier la culture existante en profondeur. J'exposerai leurs possibles applications et leurs faiblesses, avant de proposer trois changements analogues qui, à mon sens, bénéficieront à l'emploi et encourageront une transformation sociale plus radicale. Loin d'être de simples rafistolages techniques, ils constitueraient une nouvelle approche de la création d'emplois au sein du secteur privé, avec des effets sur l'investissement et les politiques publiques. Ces suggestions visent à nous préparer à l'automatisation qui guette, tout en ouvrant la voie à un enrichissement à la fois matériel et humain. Ensemble, elles jettent les bases d'un nouveau contrat social conçu pour construire un monde plus humain avec l'aide de l'intelligence artificielle.

La perspective chinoise sur l'IA et l'emploi

Avant de nous pencher sur les solutions techniques que propose la Silicon Valley, voyons comment la question est abordée en Chine. Jusqu'à présent, l'élite technologique chinoise a très peu évoqué les éventuelles répercussions négatives de l'intelligence artificielle sur l'emploi. Je ne pense pas que ce soit lié à une volonté de cacher la vérité au public : ces experts sont sincèrement convaincus qu'il n'y a rien à craindre des avancées de l'IA sur ce plan-là. En ce sens, ils rejoignent les économistes américains techno-optimistes qui sont persuadés que, à long terme, la technologie génère toujours plus d'emplois et de richesses pour tous.

Comment expliquer cette certitude inébranlable ? Depuis quarante ans, le peuple chinois a assisté à une déferlante du progrès technologique. Le gouvernement en a fait depuis longtemps un élément clé du développement, avec succès : autrefois essentiellement agricole, la Chine est devenue un poids lourd de l'industrie et, tout récemment, une superpuissance de l'innovation. Certes, les inégalités se sont creusées, mais cet inconvénient semble mineur face à l'amélioration globale des conditions d'existence de la population. Le contraste est frappant avec la stagnation et le déclin ressentis dans de nombreux secteurs de la société américaine – signes, comme on l'a vu, du « grand découplage » entre la productivité et les salaires. Voilà en partie pourquoi les technologues chinois semblent ne pas s'inquiéter des répercussions de leurs innovations sur le monde du travail.

Même lorsque c'est le cas, le sentiment général est que le gouvernement central n'abandonnera pas les travailleurs licenciés. L'idée est loin d'être absurde. Dans les années 1990, des réformes drastiques ont conduit à la suppression de millions de postes au sein des effectifs pléthoriques des entreprises publiques. À cette époque, le dynamisme de l'économie nationale et les efforts considérables du gouvernement pour aider les travailleurs à vivre la transition ont permis de limiter le taux de chômage. Aujourd'hui, de nombreux spécialistes des technologies et décideurs politiques semblent persuadés que les mêmes mécanismes épargneront à la Chine la crise majeure de l'emploi que promet le déploiement de l'intelligence artificielle.

À mon sens, ces prédictions sont trop optimistes. C'est pourquoi je m'attache à sensibiliser le public, en Chine comme aux États-Unis, aux défis de taille qui nous attendent. Il est important que tous les acteurs de cette transition les prennent au sérieux et préparent le terrain pour la mise en œuvre de solutions créatives. Or, la mentalité que nous venons de décrire empêche l'ouverture d'un véritable débat sur la crise à venir en Chine, sans parler de la recherche de réponses adéquates. Pour cela, nous devons à nouveau nous tourner vers les États-Unis.

Les trois « R » : requalifier, réduire et redistribuer

La plupart des solutions proposées par la Silicon Valley relèvent d'une des trois catégories suivantes : la requalification des travailleurs, la réduction du temps de travail ou la redistribution des revenus. Chacune de ces approches insiste sur une variable particulière du marché du travail (les compétences, le temps ou la rémunération) et repose sur un scénario différent quant à la rapidité et à la gravité du phénomène à venir.

Ceux qui prônent la *requalification* des travailleurs ont tendance à croire que l'IA va opérer un changement graduel des compétences requises sur le marché de l'emploi ; si les travailleurs parviennent à adapter leurs aptitudes et leur formation, il n'y aura donc pas d'augmentation notable du chômage. Les adeptes de la *réduction* du temps de travail estiment que l'intelligence artificielle fera baisser la demande globale de main-d'œuvre ; en réponse, on pourra partager les tâches entre davantage de salariés et/ou instaurer une semaine de travail de trois ou quatre jours[1]. Les partisans de la *redistribution*, enfin, sont les plus pessimistes. Selon eux, le nombre de travailleurs évincés par l'automatisation sera si élevé que ni la requalification ni l'ajustement des horaires ne suffiront à la compenser. Il faudra adopter des mesures de redistribution plus radicales pour soutenir les chômeurs et répartir les richesses créées par l'IA.

Étudions de plus près l'intérêt et les écueils de chacune de ces approches.

Les partisans de la requalification professionnelle défendent deux approches décisives pour préparer la main-d'œuvre à l'arrivée de l'IA : l'éducation en ligne et la formation continue. À leurs yeux, la multiplication des plates-formes d'éducation en ligne – sites de vidéos en streaming, cours de programmation, etc. –, payantes ou gratuites, permettra aux travailleurs dont le poste est menacé d'apprendre de nouveaux métiers. Elle leur fournira également les outils pour se former tout au long de leur vie, mettre constamment à jour leurs compétences et embrasser de nouvelles professions encore épargnées par l'automatisation. Dans cette dynamique de reconversion permanente, un courtier d'assurances nouvellement au chômage pourra se reconvertir dans la programmation informatique via une plate-forme comme Coursera. Et lorsque cette profession sera en passe d'être automatisée à son tour, il pourra recommencer pour devenir cette fois ingénieur en algorithmes ou psychologue.

La formation continue sur ces plates-formes est une idée séduisante. Je pense également que la requalification sera d'une aide précieuse, en particulier pour les individus qui se situent dans la « zone d'infiltration lente » de nos graphiques sur les risques de remplacement (voir le chapitre 6). Elle leur permettra d'avoir un temps d'avance sur l'intelligence artificielle, laquelle sera moins rapidement opérationnelle dans des environnements créatifs ou non délimités. Autre avantage : le sentiment d'accomplissement personnel pour les travailleurs, à qui cette méthode donne l'impression de prendre en charge leur propre existence.

Mais j'ai peur que cette solution soit loin d'être suffisante. À mesure que l'IA va s'étendre à de nouvelles professions, les salariés devront se reconvertir à intervalles de plus en plus rapprochés, essayant d'acquérir en très peu de temps des compétences que d'autres auront passé leur vie à forger. Et c'est compter sans l'incertitude qui entoure le rythme et le schéma de déploiement de l'automatisation. Même les experts ont du mal à prédire quels métiers seront automatisés dans les prochaines années. Dans un tel contexte, comment un travailleur lambda peut-il espérer faire un choix éclairé ?

Ma crainte, c'est que ces derniers soient constamment obligés de battre en retraite, comme des animaux qui, face à des eaux en crue, sauteraient désespérément d'un rocher à l'autre à la recherche d'un terrain plus élevé. La requalification aidera beaucoup de gens à trouver leur place au sein de l'économie de l'IA ; pour cette raison, nous devons chercher à amplifier le mouvement et à le rendre accessible au plus grand nombre. Mais cette méthode aléatoire semble peu fiable au vu de l'ampleur des bouleversements qui s'annoncent.

J'insiste : à mes yeux, l'éducation est bien, à long terme, la meilleure solution pour résoudre les problèmes d'emploi créés par l'intelligence artificielle. L'incroyable capacité des êtres humains à innover sur le plan technique et à s'adapter par la formation n'est plus à prouver. Mais, encore une fois, compte tenu de l'échelle et de la rapidité des changements à venir, nous ne pouvons nous contenter d'améliorations dans le domaine éducatif.

Conscientes de ce défi, des personnalités comme Larry Page, le cofondateur de Google, en sont venues à prôner une solution plus radicale : l'instauration de la semaine de quatre jours ou le « partage » d'un même poste entre plusieurs personnes. Dans une des versions proposées, un seul poste à temps plein pourrait être divisé en plusieurs postes à temps partiel. Certes, pour beaucoup de gens cela signifierait un salaire net inférieur, mais ils échapperaient ainsi au chômage.

Cette idée a déjà généré plusieurs applications créatives[2]. À la suite de la crise financière de 2008, plusieurs États américains ont mis en place des aménagements du temps de travail afin d'éviter des licenciements massifs dans les entreprises où l'activité avait fortement chuté. Plutôt que de congédier des salariés, ces compagnies ont choisi de réduire de 20 % à 40 % les heures de travail d'une partie d'entre eux. L'administration locale versait ensuite à ces derniers une compensation qui représentait jusqu'à 50 % de la part de salaire supprimée. Dans la majorité des cas, cette solution a eu des résultats positifs, évitant aux employés et aux entreprises les désagréments qu'auraient entraînés des licenciements suivis de réembauches au gré des aléas économiques. Elle a également permis aux collectivités locales d'économiser le versement d'allocations chômage complètes.

De tels aménagements pourraient atténuer les conséquences des destructions d'emplois, en particulier au sein de la « zone de vernis humain » de nos graphiques – là où l'intelligence artificielle accomplit l'essentiel des opérations et où un nombre plus réduit de salariés est requis pour interagir avec les clients. À l'instar des subventions ou des primes gouvernementales, ils permettraient à la compagnie de ne pas couper dans ses effectifs.

Mais cela ne fonctionne qu'en cas de perturbations temporaires. Face à une déstructuration continue du monde du travail, comme celle induite par l'IA, cette solution perd de sa pertinence. Dans les programmes existants, seule une partie du salaire perdu est compensée, ce qui signifie que les employés voient malgré tout leurs revenus nets baisser. C'est une situation acceptable durant une crise économique passagère, mais personne n'envisage volontiers une stagnation professionnelle ou un déclassement sur le long terme. Dire à un salarié qui gagnait 20 000 dollars par an qu'il va désormais travailler quatre jours par semaine pour gagner 16 000 dollars n'est pas une solution. J'encourage vivement les entreprises et les gouvernements à continuer de réfléchir à ce type d'aménagements en laissant libre cours à leur imagination, mais, une fois de plus, cette méthode ne résoudra pas à elle seule notre problème. Il nous faudra peut-être adopter des mesures de redistribution plus radicales.

Le b.a.-ba du revenu universel de base

Comme mentionné plus haut, la méthode de redistribution dont on parle le plus aujourd'hui est le revenu universel de base. L'idée est simple : chaque citoyen (ou chaque adulte) recevrait des aides régulières du gouvernement de son pays sans aucune contrepartie. La différence entre ce revenu et les allocations traditionnelles est qu'il serait versé à tout le monde, sans limite dans le temps et sans conditions – aucune exigence liée à la recherche d'un emploi, aucune contrainte quant à la façon dont il doit être dépensé. Une autre version, souvent appelée « revenu minimum garanti » (RMG), réserverait ce pécule aux plus pauvres, créant une sorte de revenu plancher au-dessous duquel personne ne pourrait tomber, mais sans l'universalité du RUB. Pour financer ces programmes, de lourds impôts seraient prélevés sur les grands gagnants de la révolution de l'IA : les principales entreprises du secteur, les firmes traditionnelles qui se seraient adaptées pour exploiter cette technologie, les millionnaires, milliardaires ou même multimilliardaires qui auraient tiré profit du succès de ces compagnies.

Le montant précis de ces prestations est sujet à controverse. Certains pensent qu'elles devraient rester très basses – peut-être autour de 10 000 dollars par an – afin d'encourager la recherche d'un travail fixe. D'autres estiment qu'elles devraient intégralement compenser le revenu que l'on tirait d'un emploi régulier perdu. Il s'agirait alors d'une première étape vers la création d'une « société de loisirs » dans laquelle les individus, exempts de la nécessité de travailler, seraient libres de s'adonner à leurs vraies passions.

Aux États-Unis, le débat autour du revenu universel de base ou du revenu minimum garanti remonte aux années 1960. Les défenseurs de cette mesure, qui comprenaient alors des personnalités aussi différentes que Martin Luther King Jr. et Richard Nixon, y voyaient une façon simple d'en finir avec la pauvreté. En 1970, le président Nixon a failli faire passer une loi qui prévoyait d'octroyer à chaque famille américaine une somme suffisante pour se hisser au-dessus du seuil de pauvreté. À la suite de cette tentative infructueuse, la question a quitté le devant de la scène.

Jusqu'à ce que la Silicon Valley la ressuscite. Plusieurs programmes de recherche et des projets pilotes autour du revenu universel de base ont récemment été financés par de grands noms du secteur, comme Sam Altman, président de l'incubateur Y Combinator[3], et Chris Hughes, cofondateur de Facebook[4]. Si le revenu minimum garanti a été pensé à l'origine pour combattre la pauvreté dans des circonstances économiques normales, il est désormais envisagé par l'élite de la tech américaine comme une solution au chômage de masse induit par l'IA.

De fait, les prédictions peu rassurantes sur la situation de l'emploi et l'agitation sociale qui nous attendent ont rendu de nombreux acteurs de la Silicon Valley très nerveux. Ceux-là mêmes qui ont passé toute leur carrière à préconiser le grand chambardement ont soudain pris conscience que, lorsqu'on désorganise une industrie, on affecte aussi les êtres humains qui en font partie. Après avoir créé et financé les entreprises numériques révolutionnaires qui ont contribué à renforcer les inégalités, ce petit groupe de millionnaires et de milliardaires semble aujourd'hui déterminé à atténuer les effets dévastateurs de la crise à venir. À leurs yeux, seul un programme massif de redistribution est à même de le faire ; la requalification professionnelle et l'aménagement du temps de travail auront un impact beaucoup trop limité.

Reste à voir comment mettre ce revenu universel de base en pratique. Un organisme de recherche associé à Y Combinator mène actuellement un projet pilote à Oakland, en Californie[5]. Mille familles vont recevoir une prestation de 1 000 dollars par mois pendant une durée de trois à cinq ans. L'équipe de chercheurs suivra leurs activités et leur bien-être grâce à des questionnaires réguliers, leurs réponses étant comparées à celles d'un groupe de contrôle qui reçoit seulement 50 dollars par mois.

Beaucoup d'entrepreneurs de la Silicon Valley voient le revenu universel de base à travers le prisme de leur propre expérience. Pour eux, cet argent ne constituerait pas seulement un filet de sécurité, mais aussi un investissement dans « la start-up que chacun porte en soi » ou une forme de « capital-risque pour le peuple », comme l'a écrit sur son blog un spécialiste des technologies[6]. Le RUB agirait en somme comme un petit *business angel* personnel pour les chômeurs, leur permettant de monter une nouvelle entreprise ou d'acquérir de nouvelles compétences. Dans son discours de remise des diplômes à Harvard, en 2017, Mark Zuckerberg a fait sienne cette vision du revenu universel, déclarant que la piste méritait d'être explorée afin que « tout le monde puisse avoir un matelas de sécurité pour innover[7] ».

Je comprends l'engouement de la Silicon Valley pour cette mesure, qui incarne une solution technique simple à un problème social immensément complexe – qu'elle a elle-même créé. Mais son adoption reviendrait à modifier profondément notre contrat social, et c'est une étape que nous ne devrions franchir qu'au terme d'une évaluation critique rigoureuse. Il me paraît important de garantir à chacun la satisfaction de ses besoins les plus élémentaires. Toutefois, penser que le RUB sera un remède universel à la crise à venir est une erreur. On le comprend mieux quand on se penche sur les vraies motivations de ses défenseurs et que l'on se représente le type de société qu'il ferait naître.

La Silicon Valley et sa « baguette magique »

Je ne pense pas qu'une préoccupation sincère pour les victimes de la technologie soit la seule cause du brusque regain d'intérêt en faveur du revenu universel de base. À mon avis, il y entre aussi une part de calcul. Les entrepreneurs de la Silicon Valley savent parfaitement qu'ils deviendront les cibles privilégiées de la vindicte publique si la situation tourne mal. Ne sont-ils pas assis sur des milliards de dollars ? N'ont-ils pas une lourde responsabilité dans les bouleversements économiques qui se préparent ? On peut se demander si, effrayés par cette perspective, ils n'ont pas cherché une solution rapide à ces futurs problèmes.

Même si tel était le cas, il serait dommage de rejeter en bloc les solutions qu'ils préconisent sur la seule base de leurs motivations ambivalentes. Après tout, certains d'entre eux comptent parmi les innovateurs les plus brillants de la planète sur le plan économique et technique. Nous aurons besoin de la Silicon Valley et de sa propension à rêver en grand, à expérimenter et à perfectionner lorsque nous nous aventurerons en ces terres inconnues.

Le cas du revenu universel de base doit mobiliser notre vigilance et notre esprit critique. Nous devons prendre conscience des partis pris culturels que portent en eux les ingénieurs et les investisseurs au moment d'aborder un nouveau problème, en particulier lorsqu'il a des dimensions sociales et humaines aussi vastes. Quels sont exactement leurs objectifs ? Veulent-ils vraiment s'assurer que cette technologie profitera à tous, d'un bout à l'autre de la société, ou cherchent-ils seulement à éviter le scénario du pire, celui de la révolte sociale ? Sont-ils prêts à fournir les efforts nécessaires pour construire de nouvelles institutions ou se contenteront-ils d'une solution à court terme afin de soulager leur conscience et de s'absoudre de toute responsabilité vis-à-vis des ravages psychologiques de l'automatisation ?

J'ai bien peur que la majorité des acteurs de la Silicon Valley se situent résolument dans le second camp. Ils conçoivent le revenu universel de base comme une sorte de baguette magique capable d'effacer d'un coup les innombrables difficultés économiques, sociales et psychologiques engendrées par leurs prouesses technologiques. Le RUB est l'exemple parfait de l'approche « pincettes » qu'ils affectionnent tant : s'en tenir à la stricte sphère numérique et éviter les complications du monde réel. Révisons les incitations financières ou transférons des fonds d'un compte à un autre, et le tour sera joué !

Cette approche dispense également les chercheurs de s'interroger sur les répercussions sociales des technologies qu'ils inventent; du moment que tout le monde reçoit son petit pécule mensuel, tout va bien. L'élite technologique peut ainsi continuer à créer des compagnies innovantes et à engranger des richesses faramineuses – certes légèrement entamées par les impôts nécessaires au financement de cette mesure, mais pas d'inquiétude, les bénéfices générés par l'IA continueront de profiter aux mêmes. Vu sous cet angle, le revenu universel de base n'est pas une solution constructive utilisant l'intelligence artificielle pour bâtir un monde meilleur. C'est un antalgique dont l'effet anesthésiant va dans les deux sens: il apaise la douleur des victimes de l'IA tout en soulageant la conscience de ceux qui sont à l'origine de ces bouleversements.

Ne nous contentons pas d'un revenu garanti qui assure simplement une sorte de plancher économique à tous les membres de la société. Cherchons plutôt activement des moyens de placer l'intelligence artificielle au service de ce qui, au bout du compte, nous distingue des machines: l'amour. C'est une tâche difficile, je l'admets. Il faudra beaucoup de créativité, un travail de terrain laborieux et une approche « rouleau compresseur » qui nous mettra aux prises avec les difficultés du monde réel. Mais j'ai la conviction que, si nous acceptons de faire le gros du travail maintenant, nous éviterons le désastre tout en faisant prospérer les valeurs humaines que j'ai redécouvertes lors de ma propre confrontation avec la mort.

La symbiose homme-machine sur le marché du travail

Actuellement, le secteur privé mène la danse dans le domaine de l'intelligence artificielle. À mon sens, il devrait également être pionnier dans la création des métiers plus humains qui seront au cœur de cette révolution. Ces derniers naîtront spontanément, grâce aux mécanismes du libre-échange, mais d'autres seront l'aboutissement d'efforts conscients de la part d'individus désireux de changer la donne.

La plupart des emplois créés par le marché libre découleront d'une symbiose naturelle entre hommes et machines. Pendant que l'IA se chargera des tâches d'optimisation de routine, les humains apporteront la touche personnelle, créative et empathique. Pour cela, il faudra redéfinir les professions actuelles ou en créer de nouvelles, dans lesquelles les services offerts seront à la fois extrêmement efficaces et éminemment humains.

Dans les graphiques du chapitre 6 sur les risques de remplacement, les professions de la « zone de vernis humain » sont celles où la possibilité de symbiose entre l'humain et l'IA est la plus forte – l'IA s'occupant de la pensée analytique, tandis que les humains l'enrobent de chaleur et de compassion. Dans la « zone d'infiltration lente » et la « zone de sécurité », les outils d'intelligence artificielle peuvent également améliorer la créativité ou la prise de décision, même si, au fil des avancées technologiques, les cercles de l'IA situés au centre des deux quadrants de gauche se déplaceront vers la droite (voir schéma page suivante).

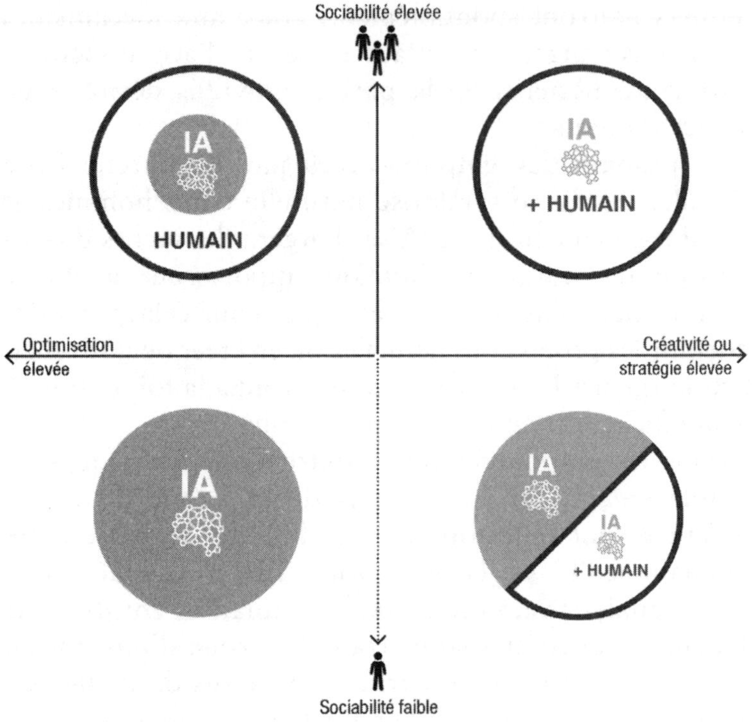

La coexistence entre l'humain et l'intelligence artificielle sur le marché du travail.

Le secteur de la médecine offre un très bon exemple de cette symbiose entre l'homme et l'intelligence artificielle pour les professions de la « zone de vernis humain ». Comme nous l'avons vu, les algorithmes surpasseront certainement les docteurs pour diagnostiquer les maladies et prescrire des traitements, et ce dans un futur proche. Les institutions traditionnelles – écoles de médecine, associations professionnelles, hôpitaux – vont peut-être tenter de freiner cette évolution en cantonnant ces instruments à une poignée de spécialités ou en s'en servant uniquement comme outils de référence. Mais je suis certain que, dans quelques décennies, leur précision et leur efficacité atteindront un tel niveau qu'ils finiront par prendre le relais.

À ce stade, l'une des options sera de se débarrasser purement et simplement des médecins pour les remplacer par des machines capables d'enregistrer les symptômes et de rendre un diagnostic. Or, personne n'a envie d'être soigné par un robot – même s'il incarne le savoir médical infaillible – qui ânonnerait d'une voix mécanique : « Vous avez un lymphome de stade IV et une probabilité de 70 % de mourir dans les cinq prochaines années. » Il faut aux patients une approche plus humaine de la médecine, et c'est ce vers quoi le marché tendra, j'en suis persuadé.

Qu'arriverait-il aux médecins traditionnels ? Ils pourraient évoluer vers une nouvelle profession, que j'appellerai le « personnel soignant-compatissant ». Ils combineraient les compétences d'un infirmier, d'un technicien médical, d'un assistant social et même d'un psychologue. Cette formation leur permettrait de manier et de comprendre les outils de diagnostic tout en communiquant mieux avec les patients, à qui ils sauraient apporter le réconfort et le soutien émotionnel nécessaires pendant toute la durée du traitement. En plus de leur annoncer leurs probabilités de survie, ils pourraient leur faire part de récits encourageants : « Vous savez, Kai-Fu a eu le même type de lymphome, et il a survécu. Je pense que vous pouvez vous en sortir, vous aussi. »

Inutile d'essayer de rivaliser avec les machines en termes de mémorisation des données ou d'optimisation des protocoles thérapeutiques : ce serait un combat perdu d'avance. Ces nouveaux praticiens bénéficieraient d'une formation approfondie s'appuyant sur l'intelligence *émotionnelle*, au-delà de la simple transmission du savoir médical. Ainsi, l'excellence du diagnostic serait garantie par la machine, tandis qu'ils apporteraient la touche humaine qui fait si cruellement défaut dans les hôpitaux de nos jours. C'est un exemple de symbiose entre l'humain et la machine qui nous permettrait d'avancer tout doucement vers une société plus chaleureuse et plus bienveillante.

Cette nouvelle profession serait surtout synonyme d'une augmentation simultanée du nombre d'emplois et de la quantité totale de soins délivrés. Aujourd'hui, le manque de médecins qualifiés fait grimper les prix des services de santé et baisser la qualité des soins reçus, et ce partout dans le monde. Au vu de l'offre et de la demande, accroître le nombre de médecins n'est pas envisageable financièrement, ce qui restreint grandement les soins dispensés. Comme personne n'aime passer des heures dans une salle d'attente bondée avant d'être examiné en coup de vent, la plupart des gens ne se rendent à l'hôpital qu'en cas d'absolue nécessité. Les personnels soignants-compatissants pourraient être recrutés au sein d'un cercle plus vaste que celui des médecins à strictement parler, et être dispensés des longues années de bachotage qu'impliquent aujourd'hui les études de médecine. Ainsi, les coûts d'un accroissement des effectifs deviendraient supportables pour la société, et nous y gagnerions tous sur le plan des soins, en quantité comme en qualité.

Des synergies similaires verront le jour dans bien d'autres domaines : l'enseignement, le droit, l'événementiel ou encore le commerce de luxe. Dans les cabinets d'avocats, les assistants juridiques pourront confier leurs tâches quotidiennes de recherche à des algorithmes et se concentrer davantage sur la communication avec les clients, qui apprécieront d'être l'objet de tant d'attentions. Les supermarchés fonctionnant à l'IA, comme les magasins Amazon Go, n'auront plus besoin de caissiers ; ils pourront améliorer l'expérience des consommateurs en recrutant des hôtes d'accueil prévenants, à l'image de celui décrit au chapitre 5.

Les professionnels qualifiés, eux, devront impérativement adopter les outils de l'intelligence artificielle à mesure qu'ils apparaissent sur le marché et apprendre à en tirer le meilleur parti. Beaucoup les trouveront imparfaits et potentiellement menaçants – c'est le cas dans toute révolution technologique –, mais ils constateront qu'ils se perfectionnent avec le temps. Quoi qu'il en soit, à long terme, il sera vain de résister. Ceux qui chercheront à rivaliser avec l'IA seront forcément perdants.

Enfin, l'économie de partage via Internet contribuera grandement à atténuer les destructions d'emplois et à redéfinir le travail. Nous verrons de plus en plus de gens abandonner des carrières traditionnelles désormais dominées par les algorithmes et se tourner vers de nouvelles plates-formes appliquant le modèle d'Uber à une grande variété de services. Le phénomène est déjà visible sur Care.com, une plate-forme numérique qui propose aux familles des services de garde (enfants, personnes âgées, animaux de compagnie, etc.). Je suis persuadé qu'il s'étendra bientôt à l'éducation et à d'autres secteurs. De nombreux biens et services destinés au grand public seront régis par les données et optimisés par les algorithmes, mais certaines opérations plus personnalisées au sein de l'économie de partage demeureront le domaine exclusif des humains. Autrefois, ce type de tâches était soumis aux contraintes bureaucratiques propres aux compagnies verticales : celles-ci attiraient des clients, répartissaient le travail entre leurs salariés et conservaient toujours l'ensemble de leurs effectifs, même quand l'activité baissait. Désormais, l'organisation de ces activités sur le modèle de la plate-forme les rend incroyablement plus efficaces, accroissant d'un même mouvement la demande totale de services et le salaire net des travailleurs. Intégrer l'intelligence artificielle à l'équation – ainsi que l'ont déjà fait des entreprises de VTC comme Didi et Uber – ne fera qu'améliorer le rendement et attirer davantage d'employés.

Mon sentiment est que, à mesure que l'IA libérera du temps, nous verrons apparaître des métiers de service entièrement nouveaux, à peine concevables aujourd'hui. Si vous aviez essayé d'expliquer dans les années 1950 ce qu'est un « coach de vie », on vous aurait ri au nez. De même, tentons d'imaginer ce qui pourrait sortir bientôt du cerveau d'entrepreneurs créatifs, ou même d'individus ordinaires. Peut-être inventeront-ils la profession de « décorateur de saison » – quelqu'un qui, plusieurs fois par an, viendrait repeindre votre penderie et l'emplir des senteurs et des fleurs du moment. Ou celle de « consultant en écologie domestique », qui vous aiderait à trouver des façons créatives et amusantes de réduire votre empreinte sur l'environnement.

Les sociétés à but lucratif ne manqueront pas d'idées. Malgré tout, je crains que les seuls mécanismes du marché ne suffisent pas à contrebalancer les destructions de postes et les inégalités criantes qui s'annoncent. Beaucoup d'emplois tournés vers les services à la personne ont déjà été créés par le secteur privé, mais ils sont mal rémunérés. En raison d'un ensemble de facteurs qui vont des choix de politique publique aux dispositions culturelles, en passant par les faibles incitations économiques, les professions centrées sur la compassion n'offrent ni la stabilité ni la dignité la plus élémentaire.

Selon le Bureau américain des statistiques du travail, les aides-soignants à domicile et les auxiliaires de vie sont les deux professions qui connaissent le taux de croissance le plus élevé aux États-Unis : on estime que 1,2 million de postes supplémentaires seront créés d'ici à 2026[8]. Mais le salaire annuel ne dépasse guère, en moyenne, 20 000 dollars[9]. D'autres formes de travail centrées sur l'altruisme et l'amour – comme élever ses enfants à la maison ou s'occuper d'un parent âgé ou handicapé – ne sont même pas considérées comme des professions à part entière et ne reçoivent à ce titre aucune rémunération officielle.

C'est précisément ce type d'activités que nous devrions privilégier dans l'économie de l'intelligence artificielle. Or, jusqu'à présent, le secteur public n'a pas été en mesure de les promouvoir. Le jour viendra peut-être où nous jouirons d'une telle abondance matérielle que les incitations financières ne seront plus nécessaires. Mais, dans la conjoncture économique et culturelle actuelle, l'argent fait encore loi.

Il ne suffira pas de créer ces emplois ; il faudra aussi les transformer en véritables carrières, associées à des revenus corrects et à une meilleure reconnaissance. Pour encourager et récompenser ces activités bénéfiques à la société, nous aurons besoin de dynamiser ces secteurs par le biais d'investissements à impact social et de politiques publiques qui, peu à peu, entraîneront une mutation culturelle plus profonde.

La lettre de Larry Fink et le nouvel investissement à impact social

Lorsqu'un homme qui gère 5 700 milliards de dollars prend la parole, le monde des affaires l'écoute. Ainsi, quand Larry Fink, fondateur et PDG de BlackRock, le plus gros gestionnaire d'actifs de la planète, a adressé aux dirigeants d'entreprise une lettre ouverte intitulée

« A Sense of Purpose » [« Avoir un but »] les exhortant à veiller davantage à l'impact social de leurs actions, l'onde de choc a été considérable[10]. Il y écrivait :

> Nous constatons [...] l'incapacité de nombreux gouvernements à préparer l'avenir, qu'il s'agisse des questions de retraite, d'infrastructures, d'automatisation ou de formation professionnelle. Par conséquent, la société se tourne de plus en plus vers le secteur privé et demande aux entreprises de répondre à des défis sociétaux plus vastes. [...] [Elle] exige que les entreprises, publiques et privées, se mettent au service du bien commun. [...] [Ces dernières] doivent profiter à l'ensemble de leurs parties prenantes : actionnaires, salariés, clients et membres des communautés dans lesquelles elles opèrent.

La lettre a été publiée quelques jours avant le Forum économique mondial de 2018 – le rassemblement annuel de l'élite financière internationale à Davos, en Suisse. J'étais présent au forum, et j'ai pu y entendre des PDG (notamment de firmes dans lesquelles BlackRock détient des parts importantes) discuter de la mise en garde de Fink avec inquiétude. En public, beaucoup approuvaient son message, mais, en aparté, les mêmes s'insurgeaient contre cet appel à la justice sociale, contraire, selon eux, à la logique de l'entreprise privée.

Sur le principe, ils ont raison : les sociétés cotées en Bourse sont là pour faire de l'argent ; elles sont astreintes par leurs obligations fiduciaires à maximiser les rendements. Mais à l'ère de l'intelligence artificielle, cette froide logique monétaire ne sera plus valable. S'enrichir aveuglément sans se soucier de son impact social, en plus d'être moralement contestable, deviendra tout simplement dangereux.

Dans sa lettre, Fink insiste sur l'automatisation et la formation professionnelle. Alors qu'il investit dans de multiples secteurs à travers le monde, il constate que la solution au problème de l'emploi ne peut être confiée aux seuls marchés. Il faut réinventer la responsabilité sociale des entreprises, l'investissement à impact social et l'entrepreneuriat social.

Jusqu'à présent, les sociétés privées s'intéressaient à ces questions quand il leur restait un peu de temps et d'argent. Elles se disaient alors : tiens, pourquoi ne pas contribuer au financement d'une start-up de microfinance ou acheter des compensations carbone, pour pouvoir se faire mousser dans un communiqué de presse ? À l'ère de l'intelligence artificielle, nous allons devoir nous engager beaucoup plus sérieusement dans ces activités et en élargir la définition. Au-delà des actions philanthropiques qui donnent bonne conscience – protection de l'environnement, lutte contre la pauvreté, etc. –, l'impact social englobera une nouvelle dimension : la création d'une myriade d'emplois de service pour les travailleurs supplantés.

En tant que capital-risqueur, je prédis que ce type d'investissement à impact social jouera à l'avenir un rôle déterminant. Un écosystème de capital-risque cherchant à favoriser la création d'emplois de service altruistes va voir le jour. Il financera des projets centrés sur l'humain et dotés d'un fort potentiel de recrutement : consultantes en lactation pour jeunes mères, entraîneurs sportifs pour adolescents, collecteurs de récits transmis oralement dans les familles, guides de parcs nationaux, partenaires de conversation pour personnes âgées, etc. De tels emplois revêtent un sens profond tant au niveau sociétal que personnel, et la plupart d'entre eux peuvent générer de réels retours sur investissement – sans aller jusqu'au taux de rendement de 10 000 % propre aux licornes de la high-tech, c'est certain.

Pour qu'un tel écosystème puisse émerger, il faudra que les sociétés de capital-risque qui le composent changent de mentalité. Le concept même de capital-risque s'est forgé autour des notions de risque élevé et de retour sur investissement exponentiel. Lorsqu'un investisseur mise sur dix start-up, il sait pertinemment que neuf d'entre elles mettront la clé sous la porte, tôt ou tard. Mais si la dixième devient une compagnie valant un milliard de dollars, la rentabilité exponentielle de cet investissement transforme l'opération en une réussite de taille. Toute l'économie de la sphère Internet repose sur ces taux de rendement. Les produits numériques peuvent croître à l'infini avec des coûts marginaux quasi nuls, faisant grimper les profits des entreprises les plus prospères à des niveaux stratosphériques.

Or, ces règles ne pourront pas s'appliquer à l'investissement à impact social tourné vers les services. Dans ce domaine, dès lors qu'entreront en jeu des créations d'emplois, il faudra accepter des retours *linéaires*. Lorsqu'un entrepreneur crée une compagnie spécialisée dans les soins aux personnes, même si elle est excellente, il ne peut reproduire ces services sur un support numérique et les diffuser tels quels partout dans le monde. Il lui faut repartir de zéro pour chaque nouvelle activité, en tenant compte de chaque travailleur.

En général, les firmes de capital-risque traditionnelles ne s'embarrassent pas de ce type de compagnies linéaires. Mais ce ne sera pas le cas des capital-risqueurs de demain. Parmi eux, on trouvera sans doute une majorité d'investisseurs d'un certain âge qui souhaitent changer les choses, ou encore de jeunes en congé sabbatique ou travaillant de façon bénévole. Ils utiliseront désormais leur instinct aiguisé, entraîné à choisir les entrepreneurs et à fonder des compagnies, pour développer ces sociétés de services.

Les financements viendront probablement des gouvernements, toujours à la recherche de moyens de créer de nouveaux emplois, ainsi que d'entreprises soucieuses de leur responsabilité sociale.

Tous ensemble, ces acteurs bâtiront un écosystème unique, à mi-chemin entre le pur capital-risque et la pure philanthropie, et prenant en compte à la fois l'emploi et les répercussions sur la société. En faisant entrer la conscience sociale au cœur du monde de l'entreprise, nous parviendrons à créer un nouveau type de filet de sécurité et édifierons simultanément des communautés qui promeuvent l'amour et la compassion.

Le rôle du gouvernement

Malgré la force du marché privé et les bonnes intentions des entrepreneurs sociaux, les laissés-pour-compte seront nombreux. Les inégalités criantes et la pauvreté extrême qui affligent une grande partie du monde aujourd'hui sont un enseignement : les mécanismes du libre-échange et les impératifs moraux ne suffisent pas. Pour refondre totalement les structures économiques, il faut souvent avoir recours à l'État. C'est pourquoi l'écriture d'un nouveau contrat social pour l'ère de l'intelligence artificielle va nécessiter d'actionner les leviers de la politique publique.

Pour certains acteurs de la Silicon Valley, c'est là qu'interviendrait le revenu universel de base. Si la croissance de l'emploi est insuffisante, le gouvernement se doit de fournir une certaine sécurité économique – sous la forme de ces indemnités qui sauveraient de la misère les travailleurs remplacés et qui, en outre, auraient l'avantage d'éviter à l'élite technologique de se remettre en question. La nature inconditionnelle de ce revenu est en adéquation avec le libertarianisme individualiste et le laisser-faire emblématiques de la Silicon Valley. De quel droit le gouvernement dicterait-il aux individus la façon dont ils doivent s'occuper ? s'indignent les partisans du RUB. Donnez-leur l'argent et laissez-les décider eux-mêmes ! Cette réaction reflète la perception du monde de la Silicon Valley – un monde peuplé d'utilisateurs plutôt que de citoyens, de clients plutôt que de membres d'une communauté.

Ma vision est bien différente. Je refuse de vivre dans une société divisée en castes technologiques, avec une élite enfermée dans un univers d'une richesse presque inconcevable et comptant sur des allocations dérisoires pour s'assurer que les masses inemployées restent bien sagement à leur place. Je veux créer un système qui subvienne aux besoins de tous les membres de la société et qui utilise la richesse produite par l'IA pour construire une société plus compatissante, plus bienveillante et, en définitive, plus humaine.

Pour y parvenir, il faudra faire preuve d'imagination et élaborer des politiques complexes. L'inspiration, parfois, vient de là où on ne l'attend pas. Pour moi, ce fut à Taïwan, dans le monastère de Fo Guang Shan évoqué au chapitre précédent.

Le PDG qui voulait être chauffeur

Le soleil n'était pas encore apparu à l'horizon. Je traversais à pied l'immense domaine du monastère pour rejoindre maître Hsing Yun, avec qui j'avais le privilège de petit-déjeuner ce jour-là. Tandis que je gravissais une côte d'un pas hâtif, une voiturette de golf s'est arrêtée à ma hauteur.

« Bonjour, m'a lancé l'homme au volant. Je peux vous conduire quelque part ? »

Ne souhaitant pas faire attendre maître Hsing Yun, j'ai accepté et suis monté à bord en indiquant ma destination au conducteur. L'homme était vêtu d'un jean et d'une simple chemise à manches longues. Par-dessus, il portait un gilet de sécurité orange. Il paraissait avoir la cinquantaine, comme moi, avec des cheveux poivre et sel. Nous avons roulé en silence durant quelques minutes, savourant la tranquillité du paysage et la brise fraîche du petit matin. Alors que nous contournions une colline, j'ai engagé la conversation :

« Vous travaillez ici à plein temps ?

— Non, je viens juste aider bénévolement quand j'arrive à me libérer de mon travail. »

J'ai alors remarqué, cousu sur son gilet orange, le mot « Bénévole » écrit en caractères chinois.

« Ah oui, et quel est votre domaine ?

— J'ai une entreprise de pièces électroniques. Je suis le PDG. Mais récemment j'ai passé moins de temps là-bas qu'à travailler ici, en tant que volontaire. Voir maître Hsing Yun partager sa sagesse avec tous ses visiteurs est une expérience unique. Cela me procure une grande sérénité de pouvoir y contribuer à ma façon. »

J'ai été autant frappé par ses mots que par son calme. La production électronique peut être un secteur impitoyable où règne une compétition féroce, avec des marges très réduites et une pression constante pour innover, actualiser et optimiser les opérations. Pour réussir, il faut souvent sacrifier sa santé, entre les longues journées à l'usine et les longues nuits passées à boire et à fumer pour distraire les clients.

Pourtant, l'homme assis à côté de moi semblait en parfaite santé et en paix avec lui-même. Tout en conduisant le long du sentier sinueux, il m'a raconté que les week-ends à Fo Guang Shan étaient devenus pour lui une façon de se délester de la tension accumulée pendant sa semaine de travail. Il n'était pas encore prêt à prendre sa retraite, mais le fait de se mettre au service des visiteurs du monastère lui faisait toucher du doigt quelque chose de plus simple et de plus profond que les manœuvres auxquelles il se livrait dans sa vie professionnelle.

Nous étions arrivés aux quartiers de maître Hsing Yun. Je suis descendu et l'ai remercié. Il m'a répondu par un sourire accompagné d'un hochement de tête. Les sages paroles qu'allait m'adresser le moine au cours de ce petit déjeuner me conduiraient à réviser radicalement ma vision du travail et de la vie. Mon échange avec ce chauffeur bénévole n'aurait pas un impact moins profond.

J'ai d'abord cru que ce système de volontariat au service d'autrui était propre au monastère. N'était-ce pas là un exemple du pouvoir de la religion, propre à inspirer et à rassembler ? Mais lorsque je suis retourné à Taipei pour suivre mon traitement, j'ai commencé à remarquer des gens vêtus de ces gilets orange un peu partout : à la bibliothèque, aux grands carrefours, dans les bureaux des administrations, dans les parcs nationaux, etc. Ils tenaient des pancartes de signalisation pour permettre aux enfants de traverser, faisaient découvrir la flore indigène aux visiteurs des parcs ou aidaient les citoyens à remplir leur dossier pour bénéficier de l'assurance maladie. La plupart d'entre eux étaient des personnes âgées ou de jeunes retraités. Leur pension de retraite couvrait leurs besoins élémentaires, si bien qu'ils choisissaient de consacrer leur temps à assister les autres et à maintenir des liens solides avec leur communauté.

Pendant ma chimiothérapie, tandis que je réfléchissais aux crises qui nous attendent, j'ai souvent repensé à tous ces volontaires. Au lieu d'un revenu universel de base qui agirait en quelque sorte comme un sédatif social, ces activités pleines d'humilité et la culture communautaire qu'elles créent m'ont paru empreintes d'une plus grande sagesse. Bien sûr, la ville continuerait à fonctionner sans cette armée de bénévoles grisonnants, mais elle serait un peu moins agréable à vivre et un peu moins humaine. Dans cette transformation subtile, j'ai entrevu la voie à suivre.

L'allocation d'investissement social : garantir les soins, les services et l'éducation

Prenons exemple sur ces volontaires qui donnent du temps et de l'énergie pour rendre leurs communautés plus solidaires. Il nous incombe d'exploiter l'abondance économique générée par l'intelligence artificielle pour entretenir ces valeurs et encourager ces activités. C'est pourquoi je propose la création d'une *allocation d'investissement social*. Il s'agirait d'un salaire décent versé par le gouvernement aux personnes qui s'investissent dans des activités promouvant une société chaleureuse, compatissante et créative. Celles-ci se répartiraient en trois grandes catégories : le travail centré sur les soins, les services à la communauté et l'éducation.

Nous aurions là les piliers d'un nouveau pacte social – un pacte qui valoriserait et récompenserait les activités *socialement bénéfiques* de la même façon que le sont actuellement les activités *économiquement productives*. Cette allocation ne remplacerait pas le filet de sécurité que constituent les prestations sociales traditionnelles, les allocations chômage et les services de santé, mais elle procurerait un revenu digne à tous ceux qui choisissent de se consacrer à des activités productives d'un point de vue social. Aujourd'hui, le statut d'un individu dépend encore largement de ses revenus et de son ascension professionnelle. Pour valoriser ces nouveaux métiers, il faut les doter d'un salaire convenable et de possibilités d'avancement, comme n'importe quelle autre carrière.

Chacune de ces trois catégories – les soins, les services et l'éducation – comprendrait un vaste éventail d'activités et différents niveaux de rémunération selon l'ampleur de la participation (à temps complet ou à temps partiel). Les tâches liées aux soins incluraient le fait de s'occuper de jeunes enfants à la maison, l'aide offerte à un parent ou ami âgé ou malade, ou encore le soutien apporté à des personnes atteintes d'un handicap physique ou mental. On encouragerait ainsi la constitution d'une véritable armée d'individus capables de porter assistance à ceux qui en ont besoin – êtres chers, amis ou même inconnus. Il y a là une différence fondamentale avec l'assistance automatisée aux personnes âgées inventée par mon ami de longue date (et évoquée au début de ce chapitre) : c'est la chaleur humaine.

Le domaine des services offre un champ d'action tout aussi large. Il inclura notamment des activités qui relèvent aujourd'hui d'organisations à but non lucratif : programmes extra-scolaires, visites guidées dans les parcs nationaux, dépollution environnementale, collecte d'histoires orales auprès des anciens, etc. Les participants pourraient s'inscrire auprès d'un groupe dédié et s'engageraient à effectuer un certain nombre d'heures pour pouvoir prétendre à l'allocation.

Enfin, nous pourrions diversifier l'éducation, aussi bien dans la formation professionnelle aux métiers de l'IA (acquérir un diplôme en apprentissage automatique dans le but de décrocher un poste bien rémunéré) que dans des cours susceptibles de transformer un passe-temps en carrière (théâtre, marketing numérique, etc.).

Il me faut ajouter une précision importante: le système ne viserait en aucun cas à contrôler les occupations quotidiennes des personnes qui reçoivent l'allocation. La beauté des êtres humains réside dans leur diversité. Chacun de nous se caractérise par un milieu d'origine, des compétences, des intérêts et des petites particularités qui lui sont propres. L'idée n'est pas d'étouffer cette diversité en récompensant seulement une gamme réduite d'activités approuvées par la société. En revanche, exiger une contribution sociale en échange de l'allocation a le mérite de rompre avec l'individualisme et le laisser-faire attachés au revenu universel de base. Le message est clair: d'immenses efforts ont été nécessaires, dans tous les secteurs de la société, pour atteindre ce niveau d'abondance économique. Cette prospérité devrait nous permettre aujourd'hui de nous engager collectivement les uns envers les autres afin de renforcer les liens de compassion et d'amour qui sont au cœur de l'aventure humaine.

Je suis convaincu que l'éventail d'activités sera suffisamment large pour que tous les travailleurs évincés par l'intelligence artificielle puissent trouver leur bonheur. Les individus dotés de bonnes capacités relationnelles choisiront peut-être de se tourner vers les soins. Les plus ambitieux pourront s'inscrire à des programmes de formation professionnelle. Et ceux qui sont inspirés par une cause sociale auront la possibilité d'opter pour un métier de service ou de défense des droits. Dans une économie dont les machines intelligentes seront devenues les rouages, j'espère que nous saurons valoriser l'ensemble de ces domaines d'activité comme faisant partie de notre nouveau projet social: bâtir une société plus humaine.

Questions ouvertes et complications futures

Qui dit nouvelles mesures dit nouvelles questions – et résistances. Quel devrait être le montant de cette allocation ? Faut-il récompenser les personnes en fonction de leurs performances ? Comment savoir si quelqu'un s'acquitte consciencieusement de son travail ? Quels types d'activités devraient entrer dans la catégorie des services ? Autant de questions auxquelles il est difficile d'apporter des réponses précises. Dans des pays comptant des centaines de millions d'habitants, la gestion d'une telle allocation exigera une bureaucratie gouvernementale considérable et un énorme travail de terrain de la part des organisations impliquées.

Mais ces défis sont loin d'être insurmontables. Les gouvernements des sociétés développées s'acquittent déjà d'un ensemble vertigineux de tâches administratives pour maintenir les services publics, le système éducatif et le filet de sécurité que constitue l'aide sociale. Ils sont chargés d'inspecter les bâtiments, d'accréditer les écoles, de distribuer les allocations chômage, de contrôler les conditions sanitaires dans les restaurants, de fournir une couverture santé à des dizaines de millions de personnes, etc. L'allocation d'investissement social n'est pas impossible à gérer en termes de charge de travail ; j'ai même la conviction que ces difficultés d'organisation nous paraîtront minimes comparées aux incroyables bénéfices humains et sociaux que nous en retirerons.

Qu'en est-il de l'aspect financier ? Dans de nombreux pays lourdement endettés, les dépenses colossales qu'entraînerait le versement de cette allocation sont actuellement inenvisageables. Que faire si les sommes générées par les gains de productivité de l'IA sont insuffisantes pour les couvrir ? Cela fait partie des questions ouvertes ;

il faudra probablement attendre que les technologies de l'IA soient solidement implantées dans nos économies pour le savoir. Si les prévisions de gains se réalisent ou sont dépassées, l'imposition élevée des très gros profits me semble être une bonne solution de financement. Certes, cela réduit quelque peu l'incitation économique à faire progresser l'IA, mais l'ampleur des bénéfices attendus est telle que l'on ne pénaliserait pas lourdement l'innovation.

Il est certain que ces profits astronomiques ne se matérialiseront pas avant des années, au cours desquelles les travailleurs seront durement affectés. Afin d'adoucir la transition, je propose un renforcement graduel des dispositifs d'assistance. Prétendre qu'il est possible d'instaurer dès demain l'allocation d'investissement social généralisée est irréaliste. Néanmoins, nous serons vite en mesure d'appliquer certaines politiques de manière progressive, ce qui nous permettra à la fois de compenser les pertes d'emplois et de nous diriger vers un nouveau contrat social.

Pourquoi ne pas commencer par améliorer nettement les aides financières versées aux parents de jeunes enfants, afin qu'ils puissent choisir entre s'occuper d'eux à la maison et les confier à une garderie à plein temps ? Si les parents choisissent la scolarisation à la maison, l'État leur versera une aide équivalente à un salaire de professeur, à condition qu'ils aient un niveau de diplôme comparable. Au sein du système éducatif public, on verrait certainement augmenter les effectifs d'enseignants – avec une multiplication par dix dans certaines écoles –, chacun d'entre eux étant chargé d'un nombre inférieur d'élèves auxquels ils feraient la classe à l'aide de programmes éducatifs d'intelligence artificielle. Les subventions et allocations du gouvernement pourraient également encourager les travailleurs engagés dans une reconversion professionnelle ou les personnes qui prennent soin d'un parent âgé. Ces mesures simples permettraient de bâtir les fondations de l'allocation d'investissement social, tout en faisant évoluer les mentalités et en préparant le terrain pour la croissance à venir.

Au fur et à mesure que l'intelligence artificielle continuera à remplacer des travailleurs, la portée de ces aides s'élargira au-delà des soins et de la formation professionnelle. Ainsi, une fois que les conséquences de cette révolution se feront clairement sentir – très positives pour la productivité, très négatives pour l'emploi –, il devrait être possible de mettre en œuvre des programmes comparables à l'allocation d'investissement social. J'espère alors que ces derniers ne se contenteront pas d'apaiser les souffrances sociales et psychiques engendrées par cette technologie, mais qu'ils nous permettront aussi de profiter de l'amour de notre entourage, ce qu'aucune machine ne pourra jamais faire.

Autour de nous et au-delà

Nous avons étudié dans ce chapitre plusieurs solutions techniques qui contribueraient à adoucir la transition vers une nouvelle économie : la requalification des travailleurs, la réduction du temps de travail et la redistribution des richesses par le biais du revenu universel de base. Elles constituent un pas en avant important, mais insuffisant selon moi. Il faut aller plus loin. Le secteur privé doit promouvoir une symbiose créative entre l'homme et la machine. L'investissement à impact social doit financer des emplois de service centrés sur l'humain. Et la puissance publique doit colmater les brèches en versant une allocation d'investissement social à ceux qui s'engagent dans des activités de soins, de service et d'éducation. Menées de front, toutes ces mesures permettraient de réorienter notre économie et de réécrire notre contrat social en mettant à l'honneur les tâches productives à l'échelle de la société.

Il ne s'agit pas là d'une liste exhaustive ni d'un jugement prétendant faire autorité. Cependant, j'espère sincèrement que ces quelques pistes offriront au moins un cadre de réflexion pour nous guider dans ce processus. Ces idées sont nées de ma connaissance de l'intelligence artificielle et de la sphère internationale des technologies. Toutefois, les valeurs qui les sous-tendent s'enracinent dans quelque chose de beaucoup plus intime : mon expérience du cancer et la transformation personnelle qu'elle a provoquée. Sur ce chemin, j'ai été inspiré par ma femme, par maître Hsing Yun et par tant d'autres qui m'ont offert leur amour et leur sagesse de façon profondément désintéressée.

Si je n'avais pas traversé cette terrible épreuve, je n'aurais peut-être jamais pris conscience du rôle central que joue l'amour dans la vie humaine. Aujourd'hui, j'en serais peut-être à envisager les crises futures à travers le même prisme que les experts de l'IA – comme un simple problème de répartition des ressources qu'il conviendrait de régler avec un maximum d'efficacité, par exemple en distribuant un revenu universel de base. Je perçois désormais l'inanité de ce type d'approche.

La maladie m'a également appris à apprécier la sagesse que recèlent les actions les plus humbles. Après tant d'années à me prendre pour un « homme de fer » dans ma vie professionnelle, j'avais besoin de tomber de mon piédestal et de faire face à la mort pour entrevoir ce que les personnes plus modestes ou moins « accomplies » ont à offrir.

Je pense que nous assisterons bientôt à une évolution semblable à l'échelle mondiale. Les États-Unis et la Chine, superpuissances de l'IA, ont peut-être les compétences nécessaires pour mettre au point ces nouvelles technologies, mais ce sont des individus de tout profil et venus des quatre coins de la planète qui nous montreront les différentes voies menant à l'épanouissement humain.

Tournons-nous vers l'avenir, mais prenons aussi le temps de regarder autour de nous.

9

L'histoire universelle de l'IA

Le 12 juin 2005, Steve Jobs a pris le micro dans l'immense stade de l'université Stanford, au cœur de la Silicon Valley. Son discours de remise des diplômes est resté gravé dans les mémoires. Il y retraçait les méandres de sa carrière, du jour où il avait abandonné ses études à celui où il avait cofondé Apple, avant d'être brutalement renvoyé de sa compagnie, de partir créer Pixar, puis de faire un retour triomphant chez Apple dix ans plus tard. S'adressant à une foule d'étudiants ambitieux et impatients de gravir les sommets, Jobs leur a conseillé de ne pas chercher à tracer leur vie et leur carrière à l'avance: « Vous ne pouvez pas relier les différents points de votre vie en regardant vers l'avant. Vous ne pouvez le faire qu'en regardant votre passé. Il faut avoir confiance: les points finiront un jour par former un ensemble[1]. »

Quand j'ai entendu ce discours pour la première fois, la sagesse des paroles de Steve Jobs m'a profondément touché. C'est d'autant plus le cas aujourd'hui. En écrivant ce livre, j'ai eu la chance de pouvoir tirer les conclusions de quatre décennies de travail, de croissance et d'évolution.

Ce parcours m'a fait naviguer entre deux cultures et m'a mené d'une compagnie à l'autre, tour à tour scientifique et cadre d'entreprise, investisseur en capital-risque et auteur rescapé du cancer. Il m'a mis face à des problématiques à la fois universelles et profondément personnelles : l'essor de l'intelligence artificielle, les destins entremêlés des pays où j'ai grandi et vécu, mais aussi ma propre progression, de bourreau de travail à père, mari et, finalement, un être humain plus aimant.

Toutes ces expériences ont convergé pour dessiner ma vision du futur sous le signe de l'IA. Elles m'ont permis de regarder en arrière et de relier les points entre eux. À présent, ces constellations doivent me guider vers l'avant. Ma formation technique et mes compétences commerciales m'ont aidé à appréhender la façon dont ces technologies se développent en Chine et aux États-Unis. Ma confrontation soudaine avec le cancer m'a fait comprendre pourquoi nous devons y recourir pour promouvoir une société plus bienveillante. Enfin, mon expérience intime de deux cultures très différentes m'a fait mesurer l'importance d'un progrès commun et d'une compréhension réciproque par-delà les frontières nationales.

L'avenir n'est pas une course

En écrivant sur l'intelligence artificielle, il est tentant de recourir à des métaphores militaires et à une mentalité gagnant-perdant. Nombreux sont ceux qui comparent la « course à l'IA » d'aujourd'hui à la course à l'espace des années 1960[2] ou, pire, à la course aux armements de la guerre froide, avec ses armes de destruction massive[3]. Même le terme « superpuissances », utilisé tout au long de cet ouvrage, est associé aux rivalités géopolitiques. Je l'emploie pour refléter l'équilibre des capacités technologiques, et non pour suggérer une quelconque lutte en vue de la suprématie militaire. C'est le genre de distinction qui ne préoccupe pas ceux qui s'intéressent davantage au positionnement politique qu'au développement humain.

Si nous n'y prenons garde, cette rhétorique obtuse autour de l'idée d'une « course à l'IA » nous empêchera de planifier et de bâtir un futur commun. Une course ne peut avoir qu'un seul gagnant. Mais la victoire de la Chine signerait la défaite des États-Unis, et *vice versa*. Les notions de progrès commun ou de prospérité partagée perdraient leur sens ; seul prévaudrait le désir de surpasser l'autre à tout prix. C'est parce qu'ils raisonnent ainsi que de nombreux observateurs, aux États-Unis, exhortent vivement les dirigeants politiques à passer à l'action aujourd'hui. L'Amérique, disent-ils, courrait le risque de perdre l'avantage dans la technologie qui alimentera la compétition militaire du XXIe siècle.

Mais nous ne sommes pas entrés dans une nouvelle guerre froide. Si l'intelligence artificielle a d'innombrables applications militaires potentielles, sa véritable valeur réside non pas dans la destruction, mais dans la création. Comprise et exploitée correctement, elle peut véritablement générer des gains pour tous et nous permettre d'atteindre un niveau de richesse jamais vu dans l'histoire humaine.

À cet égard, le boom actuel de l'IA s'apparente beaucoup plus aux débuts de la révolution industrielle ou à l'invention de l'électricité qu'à la guerre froide. Certes, les entreprises chinoises et américaines vont entrer en concurrence pour rentabiliser au mieux cette technologie, mais leur but n'est pas de conquérir l'autre nation. Lorsque Google commercialise son TensorFlow à l'étranger ou lorsque Alibaba installe son City Brain à Kuala

Lumpur, cela ressemble davantage à l'exportation des premières machines à vapeur ou ampoules électriques qu'aux salves annonciatrices d'une nouvelle course mondiale aux armements.

Un examen lucide des répercussions de l'intelligence artificielle sur le long terme nous oblige à faire ce constat: dans les décennies à venir, le plus grand potentiel de destruction ne viendra pas d'éventuels conflits militaires internationaux, mais des bouleversements qui se produiront au niveau des marchés du travail et des systèmes sociaux. Un tel horizon devrait contenir sa propre leçon d'humilité. Il devrait nous conduire à troquer notre instinct de compétition contre la recherche de solutions collectives aux défis communs qui nous attendent – nous, humains, dont les destins sont inextricablement mêlés par-delà les catégories économiques et les frontières nationales.

Pour une sagesse mondiale à l'ère de l'IA

Secoués par la force tant créatrice que destructrice de l'IA dans le monde entier, nous devrons nous aider mutuellement. Les États-Unis et la Chine montreront la voie sur le plan économique en déployant des applications productives de l'IA. D'autres pays et d'autres cultures apporteront certainement une contribution précieuse à cette évolution sociale à l'échelle globale. Aucun pays n'aura à lui seul les réponses à la multitude de problèmes qui se présenteront. C'est ensemble, j'en ai la conviction, que nous saurons surmonter les pires difficultés. Cela passera aussi bien par des réformes pragmatiques du système éducatif que par de subtils changements de certaines valeurs culturelles, ou encore par une révision de notre façon d'appréhender le développement, le secteur privé et la gouvernance.

Pour réformer l'éducation, nous avons beaucoup à apprendre de la Corée du Sud. Ce pays a choisi de privilégier la recherche de talent. Plusieurs programmes cherchent à identifier les esprits les plus brillants sur le plan technique et à développer leur potentiel, afin de générer une prospérité matérielle qui bénéficiera ensuite à toute la société. Les écoles du monde entier peuvent également s'inspirer des expériences américaines en matière d'éducation sociale et émotionnelle : ces compétences se révéleront inestimables pour une future main-d'œuvre centrée sur l'humain.

En ce qui concerne la vision du travail, la culture du savoir-faire artisanal propre à la Suisse et au Japon est riche d'enseignements. Là-bas, la quête de la perfection a élevé certaines tâches routinières au rang d'expressions artistiques à part entière. Le dynamisme de la culture du bénévolat dans des pays comme le Canada ou les Pays-Bas devrait aussi nous encourager à élargir la notion traditionnelle de « travail ». La culture chinoise, quant à elle, peut être source de sagesse en ce qui concerne les soins apportés aux personnes âgées et l'art de faire vivre plusieurs générations sous le même toit. Par ailleurs, à mesure que politiques publiques et valeurs personnelles se rejoindront, nous devrions nous pencher sur les expériences qui proposent de définir et mesurer autrement le progrès – à l'image du Bhoutan, qui a fait du « Bonheur national brut » (BNB) son principal indicateur de développement.

Enfin, les gouvernements du monde devront se concerter en permanence pour réfléchir aux compromis qu'ils choisissent sur des questions épineuses telles que la confidentialité des données, les monopoles numériques, la sécurité en ligne ou les biais algorithmiques. Nous apprendrons beaucoup en comparant les politiques de régulation européennes, américaines et chinoises. L'Europe a opté pour une position interventionniste, infligeant une amende à Google pour avoir violé les lois antitrust et s'efforçant de retirer le contrôle des données aux entreprises de technologie. La Chine et les États-Unis, au contraire, ont fait le choix de laisser la technologie et les marchés se développer, avant d'intervenir à la marge. Chacune de ces approches repose sur des compromis. Pour réussir à construire le type de société que nous voulons, il nous faut rester attentifs aux répercussions réelles de ces politiques d'un pays à l'autre et garder l'esprit ouvert quant aux différentes manières d'envisager la gouvernance de l'IA.

Écrire notre propre histoire

Avant de prendre position par rapport à cette technologie qui évolue si vite, gardons une foi inébranlable en notre capacité d'action. Aujourd'hui, l'IA est partout ; comment ne pas nous sentir impuissants face aux prophéties mettant en scène des robots dominateurs ou face à celles qui peignent l'émergence d'une « classe inutile » de travailleurs sans emploi ? Ces visions catastrophistes reposent toutes sur un fond de vérité, mais elles ne doivent pas occulter un fait essentiel : s'agissant de construire le futur de l'intelligence artificielle, les actions des êtres humains seront le facteur le plus déterminant.

Nous ne sommes pas les spectateurs passifs de l'histoire de l'IA ; nous en sommes les acteurs. Les valeurs qui sous-tendent notre vision de l'avenir peuvent se transformer en scénarios réels. Si nous nous persuadons que la valeur des êtres humains réside exclusivement dans leur contribution économique, alors nous agirons en conséquence. Les machines supplanteront les humains sur leurs lieux de travail, et nous en arriverons peut-être à l'univers sordide de « Pékin origami » – une société divisée en castes qui séparera les individus prétendument utiles des masses « inutiles ».

Mais cette issue n'a rien d'inévitable. L'idéologie au cœur de ce récit dystopique révèle à quel point nous nous sommes égarés. Nous n'avons pas été placés sur terre pour trimer à des tâches répétitives. Nous ne sommes pas tenus de passer notre vie à amasser des richesses que nous transmettrons à nos enfants à notre mort – la dernière « itération » de l'algorithme humain – afin qu'eux-mêmes répètent le processus en l'améliorant.

Si nous pensons que la vie a un sens au-delà de cette course à l'accumulation matérielle, l'IA pourrait être l'outil de cette quête de soi.

Les cœurs et les esprits

En 1983, j'ai commencé ma carrière dans l'intelligence artificielle en m'improvisant philosophe. Reprenons ma lettre de candidature au doctorat de l'université Carnegie Mellon, où je décrivais l'IA comme « la clé pour [...] mettre en chiffres le processus de la pensée et expliquer nos comportements », mais aussi « l'étape ultime sur le chemin menant à la découverte de [la] nature profonde » de l'homme. C'était un condensé succinct des idées romantiques qui fleurissaient sur le sujet à l'époque et ma source d'inspiration tandis que je m'efforçais de repousser les limites des capacités de l'IA et des connaissances humaines.

Trente-cinq ans plus tard, avec le bénéfice de l'âge et – je l'espère – d'une certaine sagesse, je vois les choses différemment. Les programmes d'IA que nous avons créés se sont révélés capables d'imiter – voire de dépasser – les cerveaux humains dans de nombreuses tâches. En tant que chercheur et scientifique, ces avancées font ma fierté. Mais si l'objectif initial était de comprendre réellement l'être humain, alors ces décennies de « progrès » ne m'ont mené nulle part. Mon erreur est anatomique : au lieu de chercher à surpasser le cerveau de l'homme, j'aurais dû tenter de percer le secret de son cœur.

J'ai mis bien trop longtemps à apprendre cette leçon. J'ai passé l'essentiel de ma vie d'adulte à travailler avec acharnement et à perfectionner mon algorithme personnel afin d'accroître mon influence. Tandis que je sautais d'un pays et d'un fuseau horaire à l'autre, je ne me rendais pas compte que le cœur des êtres qui m'étaient chers renfermait quelque chose de beaucoup plus profond et humain. Il m'a fallu traverser l'épreuve du cancer, soutenu par l'amour désintéressé de ma famille, pour enfin relier tous ces points entre eux et percevoir ce qui nous sépare des machines.

Cette expérience a changé ma vie et, indirectement, m'a ramené à mon objectif premier : utiliser l'IA pour tenter de révéler ce en quoi consiste la nature humaine. Si nous y parvenons un jour, ce ne sera pas parce que les algorithmes auront saisi l'essence mécanique de notre esprit, mais parce qu'ils nous dispenseront des tâches d'optimisation, nous permettant de nous concentrer sur le sentiment qui nous rend profondément humains : l'amour.

Pour atteindre cet objectif, il va nous falloir travailler dur et effectuer des choix conscients. Par chance, contrairement aux machines, nous sommes dotés du libre arbitre. Nous pouvons décider de nous réunir, de collaborer par-delà les distinctions de classes et les frontières afin d'écrire la fin de l'histoire comme nous l'entendons.

Laissons les machines être ce qu'elles sont. Contentons-nous de les utiliser, et autorisons-nous, individus, à vivre pleinement notre humanité.

Remerciements

Je souhaite d'abord remercier Matt Sheehan, mon collaborateur, qui a fourni sur cet ouvrage un travail immense dans des délais extrêmement serrés. Si mon livre vous a paru agréable à lire et plein d'informations, sachez que c'est en grande partie grâce à lui. J'ai beaucoup de chance d'avoir trouvé quelqu'un comme Matt : non seulement il connaît parfaitement la Chine, les États-Unis et le monde des technologies, mais il a une belle plume.

Mon ami et agent John Brockman, aidé de son équipe, est la personne qui m'a décidé à entreprendre ce projet. Il était persuadé que je pouvais apporter une contribution unique au débat sur ce sujet particulièrement brûlant. Il a fini par me convaincre et, rétrospectivement, je dois dire qu'il a eu raison.

Je veux témoigner ma gratitude à Rick Wolff, mon éditeur, qui a pris le risque de me suivre sur un thème qui n'avait pas encore fait ses preuves. C'est un professionnel extraordinaire qui a réalisé des miracles pour lancer ce livre. Travailler avec lui s'est aussi révélé être une vraie partie de plaisir, notamment grâce à cette constante stimulation mutuelle qui nous a poussés à donner le meilleur de nous-mêmes.

Je remercie également Erik Brynjolfsson, James Manyika, Jonathan Woetzel, Paul Triolo, Shaolan Hsueh, Chen Xu, Ma Xiaohong, Lin Qiling, Wu Zhuohao, Michael Chui, Yuan Li, Cathy Yang, Anita Huang, Maggie Tsai et Laurie Erlam, qui ont relu les versions préliminaires du manuscrit et m'ont fait part de leurs précieux commentaires.

Enfin, je souhaite dire ma profonde reconnaissance à tous les membres de ma famille, qui ont accepté que je sois si peu présent auprès d'eux ces six derniers mois. Je suis impatient de les retrouver et de les serrer dans mes bras, car cette étreinte, qui m'a déjà tant appris, est ce qui me porte. Ce livre devrait être le dernier avant un bon moment. Mais il est vrai que je leur ai déjà promis cela à sept reprises – j'espère qu'ils vont encore y croire cette fois-ci !

L'auteur

Kai-Fu Lee est le PDG de Sinovation Ventures, société d'investissement en capital-risque qu'il a fondée en 2009, et président du Sinovation Ventures' Artificial Intelligence Institute. Sinovation est leader dans le domaine du capital-risque tourné vers la haute technologie et gère des fonds d'investissement en double devise à hauteur de 1,7 milliard de dollars.

Auparavant, Kai-Fu Lee a occupé plusieurs postes éminents au sein de Microsoft, SGI et Apple. Il a ensuite pris la direction de Google China. Titulaire d'une licence en informatique obtenue à Columbia, d'un doctorat obtenu à l'université Carnegie Mellon et de doctorats honorifiques délivrés par Carnegie Mellon et la City University de Hong Kong, Kai-Fu Lee est également membre de l'IEEE (Institute of Electrical and Electronics Engineers). Il a publié sept best-sellers en Chine.

Qu'il s'agisse de R&D ou d'investissement, Kai-Fu Lee évolue dans le secteur de l'intelligence artificielle depuis plus de trente ans. En 1998, il a fondé Microsoft Research China, considéré par la *MIT Technology Review* comme « le plus dynamique des laboratoires de recherche en informatique ». Rebaptisé par la suite Microsoft Research Asia, cet institut a formé la plupart des grands noms chinois du secteur, dont certains ont officié au plus haut niveau chez des géants tels que Baidu, Tencent, Alibaba, Lenovo, Huawei ou Haier. Chez Apple, Kai-Fu Lee a mené plusieurs projets d'intelligence artificielle axés sur la reconnaissance vocale et le traitement automatique du langage naturel. Ces derniers ont été présentés dans l'émission *Good Morning America* et ont fait la une du *Wall Street Journal*. Kai-Fu Lee est l'auteur de dix brevets déposés aux États-Unis et de plus de cent articles et communications de conférence.

Pour en savoir plus, consultez :
www.aisuperpowers.com
ou suivez Kai-Fu Lee sur Twitter :
@kaifulee.

Notes

1. La Chine et son « moment Spoutnik »

1. « Go and Mathematics », article Wikipédia, sous-section « Legal Positions », https://en.wikipedia.org/wiki/Go_and_mathematics#Legal_positions.

2. Cade Metz, « What the AI Behind AlphaGo Can Teach Us About Being Human », *Wired*, 19 mai 2016, https://www.wired.com/2016/05/google-alpha-go-ai/.

3. Paul Mozur, « Beijing Wants A.I. to Be Made in China by 2030 », *The New York Times*, 20 juillet 2017, https://www.nytimes.com/2017/07/20/ business/china-artificial-intelligence.html.

4. James Vincent, « China Overtakes US in AI Startup Funding with a Focus on Facial Recognition and Chips », *The Verge*, 22 février 2018, https://www.theverge.com/2018/2/22/17039696/china-us-ai-funding-startup-comparison.

5. Kai-Fu Lee et Sanjoy Mahajan, « The Development of a World Class Othello Program », *Artificial Intelligence*, vol. 43, n° 1, avril 1990, p. 21-36.

6. Kai-Fu Lee, « On Large-Vocabulary Speaker-Independent Continuous Speech Recognition », *Speech Communication*, vol. 7, n° 4, décembre 1988, p. 375-379.

7. John Markoff, « Talking to Machines: Progress Is Speeded », *The New York Times*, 6 juillet 1988, https://www.nytimes.com/1988/07/06/business/business-technology-talking-to-machines-progress-is-speeded.html.

8. ImageNet Large Scale Visual Recognition Challenge 2012, résultats complets, http://image-net.org/challenges/LSVRC/2012/results.html.

9. Catherine Shu, « Google Acquires Artificial Intelligence Startup DeepMind for More Than $500 Million », *TechCrunch*, 26 janvier 2014, https://tech- crunch.com/2014/01/26/google-deepmind/.

10. Shana Lynch, « Andrew Ng: Why AI is the New Electricity », The Dish (blog), *Stanford News*, 14 mars 2017, https://news.stanford.edu/thedish/2017/03/14/andrew-ng-why-ai-is-the-new-electricity/.

11. Anand S. Rao et Gerard Verweij, « Sizing the Prize », PwC, 27 juin 2017, https://www.pwc.com/gx/en/issues/analytics/assets/pwc-ai-analysis-sizing-the-prize-report.pdf.

2. Dans l'arène des copieurs

1. Gady Epstein, « The Cloner », *Forbes*, 28 avril 2011, https://www.forbes.com/global/2011/0509/companies-wang-xing-china-groupon-friendster-cloner.html#1272f84055a6.

2. 孙进, 李静颖 孙进 et 刘佳, « 社交媒体冲向互联网巅峰 », 第一财经日报, 21 avril 2011, http://www.yicai.com/news/739256.html.

3. « To Each According to His Abilities », *The Economist*, 31 mai 2001, https://www.economist.com/node/639652.

4. Gabriel H. Sanchez, « China's Counterfeit Disneyland Is Actually Super Creepy », *BuzzFeed*, 11 décembre 2014, https://www.buzzfeed.com/gabrielsanchez/chinas-eerie-counterfeit-disneyland.

5. Xueping Du, « Internet Adoption and Usage in China », 27th Annual Telecommunications Policy and Research Conference, Alexandria, Virginie, 25-27 septembre 1999, https://pdfs.semanticscholar.org/4881/088c67ad919da32487c567341f8a0af7e47e.pdf.

6. « Ebay Lectures Taobao That Free Is Not a Business Model », *South China Morning Post*, 21 octobre 2005, http://www.scmp.com/node/521384.

7. 周鸿祎, « 颠覆者 » (北京: 北京联合出版公司, 2017).

8. Andrew Ng, Sebastian Thrun et Kai-Fu Lee, « The Future of AI », discussion modérée par John Markoff, Sinovation Ventures, Menlo Park, Californie, 10 juin 2017, http://us.sinovationventures.com/blog/ the-future-of-ai.

3. L'Internet chinois : bienvenue dans une autre dimension

1. Francis Tan, « Tencent Launches Kik-Like Messaging App in China », *The Next Web*, 21 janvier 2011, https://thenextweb.com/asia/2011/01/21/tencent-launches-kik-like-messaging-app-in-china/.

2. Connie Chan, « A Whirlwind Tour Through Tech Trends in China », Andreessen Horowitz (blog), 6 février 2017, https://a16z.com/2017/02/06/china-trends-2016-2017/.

3. Josh Horwitz, « Chinese WeChat Users Sent out 20 Million Cash-Filled Red Envelopes to Friends and Family Within Two Days », *TechinAsia*, 4 février 2014, https://www.techinasia.com/wechats-money-gifting-scheme-lures-5-million-chinese-users-alibabas-jack-ma-calls-pearl-harbor-attack-company.

4. « Premier Li's Speech at Summer Davos Opening Ceremony », *Xinhua*, 10 septembre 2014, http://english.gov.cn/premier/speeches/2014/09/22/content_281474988575784.htm.

5. Zero2IPO Research, « 清科观察：《2016 政府引导基金报告》发布，管理办法支持四大领域、明确负面清单 », 清科研究中心, 30 mars 2016, http://free.pedata.cn/1440998436840710.html.

6. « Venture Pulse Q4 2017 », *KPMG Enterprise*, 16 janvier 2018, https://assets.kpmg.com/content/dam/kpmg/xx/pdf/2018/01/venture-pulse-report-q4-17.pdf.

7. Thomas Laffont et Daniel Senft, « East Meets West 2017 Keynote », East Meets West 2017 Conference, Pebble Beach, Californie, 26-29 juin 2017.

8. Joshua Brustein, « GrubHub Buys Yelp's Eat24 for $288 Million », *Bloomberg*, 3 août 2017, https://www.bloomberg.com/news/articles/2017-08-03/grubhub-buys-yelp-s-eat24-for-288-million.

9. Kevin Wei Wang, Alan Lau et Fang Gong, « How Savvy, Social Shoppers Are Transforming Chinese E-Commerce », McKinsey & Company,

avril 2016, https://www.mckinsey.com/industries/retail/our-insights/how-savvy-social-shoppers-are-transforming-chinese-e-commerce.

10. 第41次 « 中国互联网络发展状况统计报告 », 中国互联网络信息中心, 18 janvier 2018, http://www.cac.gov.cn/2018=01/31/c_1122346138.htm.

11. « 你的城市还用现金吗? 杭州的劫匪已经抢不到钱了 », 吴晓波频道, 3 avril 2017, http://www.sohu.com/a/131836799_565426.

12. « China's Third-Party Mobile Payment Report », iResearch, 28 juin 2017, http://www.iresearchchina.com/content/details8_34116.html.

13. Analysis 易观, « 中国第三方支付移动支付市场季度监测报告2017年第4季度 », http://www.analysis.cn/analysis/trade/detail/1001257/.

14. Cate Cadell, « China's Meituan Dianping Acquires Bike-Sharing Firm Mobike for $2.7 Billion », *Reuters*, 3 avril 2018, https://www.reuters.com/article/us-mobike-m-a-meituan/chinas-meituan-dianping-acquires-bike-sharing-firm-mobike-for-2-7-billion-idUSKCN1 HB0DU.

15. Thomas Laffont et Daniel Senft, « East Meets West 2017 Keynote », *op. cit.*

4. Le conte de deux pays

1. Sarah Zhang, « China's Artificial Intelligence Boom », *The Atlantic*, 16 février 2017, https://www.theatlantic.com/technology/archive/2017/02/china-artificial-intelligence/516615/.

2. Kai-Fu Lee et Paul Triolo, « China Embraces AI: A Close Look and a Long View », présentation à l'Eurasia Group, 6 décembre 2017, https://www.eurasiagroup.net/live-post/ai-in-china-cutting-through-the-hype.

3. Shigenori Arai, « China's AI Ambitions Revealed by List of Most Cited Research Papers », *Nikkei Asian Review*, 2 novembre 2017, https://asia.nikkei.com/Business/Biotechnology/China-s-AI-ambitions-revealed-by-list-of-most-cited-research-papers.

4. Sam Shead, « Eric Schmidt on AI: "Trust Me, These Chinese People Are Good" », *Business Insider*,

1er novembre 2017, http://www.businessinsider.com/eric-schmidt-on-artificial-intelligence-china-2017-11.

5. Gregory Allen et Elsa B. Kania, « China Is Using America's Own Plan to Dominate the Future of Artificial Intelligence », *Foreign Policy*, 8 septembre 2017, http://foreignpolicy.com/2017/09/08/china-is-using-americas-own-plan-to-dominate-the-future-of-artificial-intelligence/.

6. Allison Linn, « Historic Achievement: Microsoft Researchers Reach Human Parity in Conversational Speech Recognition », The AI Blog, Microsoft, 18 octobre 2016, https://blogs.microsoft.com/ai/historic-achievement-microsoft-researchers-reach-human-parity-conversational-speech-recognition/.

7. Andrew Ng, « Opening a New Chapter of My Work in AI », *Medium*, 21 mars 2017, https://medium.com/@andrewng/opening-a-new-chapter-of-my-work-in-ai-c6a4d1595d7b.

8. Paul Mozur et John Markoff, « Is China Outsmarting America in A.I.? », *The New York Times*, 27 mai 2017, https://www.nytimes.com/2017/05/27/technology/china-us-ai-artificial-intelligence.html?_r=0.

9. « Capitalizing on "Venture Socialism" », *The Washington Post*, 18 septembre 2011, https://www.washingtonpost.com/opinions/capitalizing-on-venture-socialism/2011/09/16/gIQAQ7sYdK_story.html?utm_term=.5f0e532fcb86.

10. « Scale of Traffic Deaths and Injuries Constitutes "a Public Health Crisis" – Safe Roads Contribute to Sustainable Development », Organisation mondiale de la santé, région Pacifique ouest, communiqué de presse, 24 mai 2016, http://www.wpro.who.int/china/mediacentre/releases/2016/20160524/en/.

5. Les quatre vagues de l'intelligence artificielle

1. Frederick Jelinek, « Some of My Best Friends Are Linguists », présentation à l'International Conference on Language Resources and Evaluation, 28 mai 2004, http://www.lrec-conf.org/lrec2004/doc/jelinek.pdf.

2. « Toutiao, a Chinese News App That's Making Headlines », *The Economist*, 18 novembre 2017, https://www.economist.com

/business/2017/11/18/toutiao-a-chinese-news-app-thats-making-headlines.

3. Conversation avec l'auteur, octobre 2017.

4. 朱晓颖, « 江苏 » 案管机器人 » 很忙：辅助办案 还考核检察官 », 中国新闻网, 2 mars 2018, http://www.chinanews.com/sh/2018/03-02/8457963.shtml.

5. Sarah Dai, « China's Baidu, Xiaomi in AI Pact to Create Smart Connected Devices », *South China Morning Post*, 28 novembre 2017, http://www.scmp.com/tech/china-tech/article/2121928/chinas-baidu-xiaomi-ai-pact-create-smart-connected-devices.

6. Shona Ghosh, « Xiaomi Is Picking up Underwriters for an IPO Worth up to $100 Billion », *Business Insider*, 15 janvier 2018, http://www.businessinsider.com/xiaomi-goldman-sachs-ipo-100-billion-2018-1.

7. April Glaser, « DJI Is Running away with the Drone Market », Recode, 14 avril 2017, https://www.recode.net/2017/4/14/14690576/drone-market-share-growth-charts-dji-forecast.

8. Fred Lambert, « Google's Self-Driving Car vs Tesla Autopilot: 1.5M Miles in 6 Years vs 47M Miles in 6 Months », *Electrek*, 11 avril 2016, https://electrek.co/2016/04/11/google-self-driving-car-tesla-autopilot/.

9. « Xiong'an New Area: China's Newest Special Economic Zone? », *CKGSB Knowledge*, 8 novembre 2017, http://knowledge.ckgsb.edu.cn/2017/11/08/all-articles/xiongan-china-special-economic-zone/.

6. Les utopies, les dystopies – et la crise bien réelle

1. Dom Galeon et Christianna Reedy, « Kurzweil Claims That the Singularity Will Happen by 2045 », *Futurism*, 5 octobre 2017, https://futurism.com/kurzweil-claims-that-the-singularity-will-happen-by-2045/.

2. James Titcomb, « AI Is the Biggest Risk We Face as a Civilisation, Elon Musk Says », *The Telegraph*, 17 juillet 2017, https://www.telegraph.co.uk/technology/2017/07/17/ai-biggest-risk-face-civilisation-elon-musk-says/.

3. Greg Kumparak, « Elon Musk Compares Building Artificial Intelligence to "Summoning the Demon" », *TechCrunch*, 26 octobre

2014, https://techcrunch.com/2014/10/26/elon-musk-compares-building-artificial-intelligence-to-summoning-the-demon/.

4. Nick Bostrom, *Superintelligence: Paths, Dangers, Strategies*, Oxford, Oxford University Press, 2014, p. 19. Trad. fr. *Superintelligence*, Paris, Dunod, 2017.

5. Geoffrey Hinton, Simon Osindero et Yee-Whye Teh, « A Fast Learning Algorithm for Deep Belief Nets », *Neural Computation*, vol. 18, nº 7, 2006, p. 1527-1554.

6. Robert Allen, « Engel's Pause: A Pessimist's Guide to the British Industrial Revolution », University of Oxford Department of Economics Working Papers, avril 2007, https://www.economics.ox.ac.uk/department-of-economics-discussion-paper-series/engel-s-pause-a-pessimist-s-guide-to-the-british-industrial-revolution.

7. Erik Brynjolfsson et Andrew McAfee, *The Second Machine Age: Work, Progress, and Prosperity in a Time of Brilliant Technologies*, New York, Norton, 2014, p. 75-77. Trad. fr. *Le Deuxième Âge de la machine. Travail et prospérité à l'heure de la révolution technologique*, Paris, Odile Jacob, 2015.

8. Erik Brynjolfsson et Andrew McAfee, « Jobs, Productivity and the Great Decoupling », *The New York Times*, 11 décembre 2012, http://www.nytimes.com/2012/12/12/opinion/global/jobs-productivity-and-the-great-decoupling.html.

9. Eduardo Porter et Karl Russell, « It's an Unequal World. It Doesn't Have to Be », *The New York Times*, 14 décembre 2017, https://www.nytimes.com/interactive/2017/12/14/business/world-inequality.html.

10. Matt Egan, « Record Inequality: The Top 1% Controls 38.6% of America's Wealth », CNN, 27 septembre 2017, http://money.cnn.com/2017/09/27/news/economy/inequality-record-top-1-percent-wealth/index.html.

11. Lawrence Mishel, Elise Gould et Josh Bivens, « Wage Stagnation in Nine Charts », Economic Policy Institute, 6 janvier 2015, http://www.epi.org/publication/charting-wage-stagnation/.

12. Claire Cain Miller, « As Robots Grow Smarter, American Workers Struggle to Keep Up », The Upshot (blog), *The New York Times*, 15 décembre 2014, https://www.nytimes.com/2014/12/16/

upshot/as-robots-grow-smarter-american-workers-struggle-to-keep-up.html.

13. *Ibid.*

14. Dana Olsen, « A Record-Setting Year: 2017 VC Activity in 3 Charts », *PitchBook*, 15 décembre 2017, https://pitchbook.com/news/articles/a-record-setting-year-2017-vc-activity-in-3-charts.

15. « Top AI Trends to Watch in 2018 », *CB Insights*, février 2018, https://www.cbinsights.com/research/report/artificial-intelligence-trends-2018/.

16. Carl Benedikt Frey et Michael A. Osborne, « The Future of Employment: How Susceptible Are Jobs to Computerisation », Oxford Martin Programme on Technology and Employment, 17 septembre 2013, https://www.oxfordmartin.ox.ac.uk/downloads/academic/future-of-employment.pdf.

17. Melanie Arntz, Terry Gregory et Ulrich Zierahn, « The Risk of Automation for Jobs in OECD Countries: A Comparative Analysis », *OECD Social, Employment and Migration Working Papers*, n° 189, 14 mai 2016, https://doi.org/10.1787/5jlz9h56dvq7-en.

18. Richard Berriman et John Hawksworth, « Will Robots Steal Our Jobs? The Potential Impact of Automation on the UK and Other Major Economies », PwC, mars 2017, https://www.pwc.co.uk/economic-services/ukeo/pwcukeo-section-4-automation-march-2017-v2.pdf.

19. James Manyika *et al.*, « Jobs Lost, Jobs Gained: What the Future of Work Will Mean for Jobs, Skills, and Wages », McKinsey Global Institute, novembre 2017, https://www.mckinsey.com/global-themes/future-of-organizations-and-work/what-the-future-of-work-will-mean-for-jobs-skills-and-wages.

20. Karen Harris, Austin Kimson et Andrew Schwedel, « Labor 2030: The Collision of Demographics, Automation and Inequality », Bain & Company, 7 février 2018, http://www.bain.com/publications/articles/labor-2030-the-collision-of-demographics-automation-and-inequality.aspx.

21. Martin Ford, « China's Troubling Robot Revolution », *The New York Times*, 10 juin 2015, https://www.nytimes.com/2015/06/11/opinion/chinas-troubling-robot-revolution.html.

22. Vivek Wadhwa, « Sorry China, the Future of Next-Generation Manufacturing Is in the US », *Quartz*, 30 août 2016, https://qz.com/769897/sorry-china-the-future-of-next-generation-manufacturing-is-in-the-us/.

23. Yuval N. Harari, « The Rise of the Useless Class », TED Ideas, 24 février 2017, https://ideas.ted.com/the-rise-of-the-useless-class/.

24. Binyamin Appelbaum, « The Vanishing Male Worker: How America Fell Behind », The Upshot (blog), *The New York Times*, 11 décembre 2014, https://www.nytimes.com/2014/12/12/upshot/unemployment-the-vanishing-male-worker-how-america-fell-behind.html.

25. Rebecca J. Rosen, « The Mental-Health Consequences of Unemployment », *The Atlantic*, 9 juin 2014, https://www.theatlantic.com/business/archive/2014/06/the-mental-health-consequences-of-unemployment/372449/.

26. Anne Case et Angus Deaton, « Mortality and Morbidity in the 21st Century », *Brookings Papers on Economic Activity*, printemps 2017, https://www.brookings.edu/wp-content/uploads/2017/08/casetextsp17bpea.pdf.

7. Les leçons du cancer

1. 李开复, 做最好的自己 (北京: 人民出版社, 2005), https://www.amazon.cn/dp/B00116LO0W.

2. Kai-Fu Lee, Haitao Fan et Crystal Tai (traductrice), *Making a World of Difference*, Amazon Digital Services, 13 avril 2018.

3. Bronnie Ware, « Top 5 Regrets of the Dying », *Huffington Post*, 21 janvier 2012, https://www.huffingtonpost.com/bronnie-ware/top-5-regrets-of-the-dyin_b_1220965.html.

4. Elisabeth Kübler-Ross, *On Death and Dying*, New York, Macmillan, 1969. Trad. fr. *Les Derniers Instants de la vie*, Genève, Labor et Fides, 1975.

5. Massimo Federico *et al.*, « Follicular Lymphoma International Prognostic Index 2: A New Prognostic Index for Follicular Lymphoma Developed by the International Follicular Lymphoma

Prognostic Factor Project », *Journal of Clinical Oncology*, vol. 27, n° 27, septembre 2009, p. 4555-4562.

8. L'IA et les hommes : imaginer une coexistence réussie

1. Seth Fiegerman, « Google Founders Talk About Ending the 40-Hour Work Week », *Mashable*, 7 juillet 2014, https://mashable.com/2014/07/07/google-founders-interview-khosla/#tXe9XU.mr5qU.

2. Steven Greenhouse, « Work-Sharing May Help Companies Avoid Layoffs », *The New York Times*, 15 juin 2009, http://www.nytimes.com/2009/06/16/business/economy/16workshare.html.

3. Kathleen Pender, « Oakland Group Plans to Launch Nation's Biggest Basic-Income Research Project » , *San Francisco Chronicle*, 21 septembre 2017, https://www.sfchronicle.com/business/networth/article/Oakland-group-plans-to-launch-nation-s-biggest-12219073.php.

4. The Economic Security Project, https://economicsecurityproject.org/.

5. Kathleen Pender, « Oakland Group Plans to Launch Nation's Biggest Basic-Income Research Project », *op. cit.*

6. Steve Randy Waldman, « VC for the People », Interfluidity (blog), 16 avril 2014, http://www.interfluidity.com/v2/5066.html.

7. Chris Weller, « Mark Zuckerberg Calls for Exploring Basic Income in Harvard Commencement Speech », *Business Insider*, 25 mai 2017, http://www.businessinsider.com/mark-zuckerberg-basic-income-harvard-speech-2017-5.

8. Ben Casselman, « A Peek at Future Jobs Shows Growing Economic Divides », *The New York Times*, 24 octobre 2017, https://www.nytimes.com/2017/10/24/business/economy/future-jobs.html.

9. US Department of Labor, Bureau of Labor Statistics, Occupational Employment Statistics, « Home Health Aides and Personal Care Aides », https://www.bls.gov/ooh/healthcare/home-health-aides-and-personal-care-aides.htm, et « Personal Care Aides », https://www.bls.gov/oes/current/oes399021.htm.

10. Larry Fink, « Larry Fink's 2018 Letter to CEOs: A Sense of Purpose », BlackRock, 18 janvier 2018, https://www.blackrock.com/corporate/investor-relations/2018-larry-fink-ceo-letter.

9. L'histoire universelle de l'IA

1. Steve Jobs, « 2005 Stanford Commencement Address », Stanford University, publié le 7 mars 2008, https://www.youtube.com/watch?v=UF8uR6Z6KLc&t=785s.
2. John R. Allen et Amir Husain, « The Next Space Race Is Artificial Intelligence: And the United States Is Losing », *Foreign Policy*, 3 novembre 2017, http://foreignpolicy.com/2017/11/03/the-next-space-race-is-artificial-intelligence-and-america-is-losing-to-china/.
3. Zachary Cohen, « US Risks Losing Artificial Intelligence Arms Race to China and Russia », CNN, 29 novembre 2017, https://www.cnn.com/2017/11/29/politics/us-military-artificial-intelligence-russia-china/index.html.

Table

L'EXEMPLAIRE QUE VOUS TENEZ ENTRE LES MAINS
A ÉTÉ RENDU POSSIBLE GRÂCE AU TRAVAIL DE TOUTE UNE ÉQUIPE.

ÉDITION : Flore Gurrey
COUVERTURE : Mélina Bourgoin
RÉVISION SCIENTIFIQUE : Hedi Ben-younes
CORRECTION : Jean-Luc Demizieux, Isabelle Paccalet et Aleth Stroebel
MISE EN PAGE : Soft Office
DESIGN SCHÉMAS : Constance Rossignol
FABRICATION : Maude Sapin et Lucie Le Bon
COMMERCIAL : Pierre Bottura
RELATIONS LIBRAIRES : Jean-Baptiste Noailhat
PRESSE/COMMUNICATION : Jérôme Lambert et Adèle Hybre

DIFFUSION : Élise Lacaze (Rue Jacob diffusion), Katia Berry (grand Sud-Est), François-Marie Bironneau (Nord et Est), Charlotte Jeunesse (Paris et région parisienne), Christelle Guilleminot et Pascal Hostein (grand Sud-Ouest), Laure Sagot (grand Ouest), Diane Maretheu (coordination) et Charlotte Knibiehly (ventes directes), avec Christine Lagarde (Pro Livre), Béatrice Cousin et Laurence Demurger (équipe Enseignes), Fabienne Audinet (LDS), Nathalie Laroche et Alodie Auderset (Suisse), Mansour Mezher (Grand Export)

DISTRIBUTION : Hachette

DROITS FRANCE ET JURIDIQUE : Geoffroy Fauchier-Magnan
DROITS ÉTRANGERS : Sophie Langlais
LIBRAIRIE : Laurence Zarra
ANIMATION : Sophie Quetteville
ENVOIS AUX JOURNALISTES ET LIBRAIRES : Vidal Ruiz Martinez
COMPTABILITÉ ET DROITS D'AUTEUR : Christelle Lemonnier, Camille Breynaert et Christine Blaise
SERVICES GÉNÉRAUX : Isadora Monteiro Dos Reis

Achevé d'imprimer par Normandie Roto s.a.s
à Alençon (Orne) en juin 2019.

ISBN : 978-2-7112-0152-5
N° d'impression : 1902839
Dépôt légal : Septembre 2019